Kohlhammer

Gerd Iben
Dieter Katzenbach

**Schriftspracherwerb
in schwierigen Lernsituationen**

Verlag W. Kohlhammer

Alle Rechte vorbehalten
© 2010 W. Kohlhammer GmbH Stuttgart
Gesamtherstellung:
W. Kohlhammer Druckerei GmbH + Co. KG, Stuttgart
Printed in Germany

ISBN 978-3-17-019922-4

Inhaltsverzeichnis

Vorwort 7

I Soziale Benachteiligung, Analphabetismus und Medienkompetenz 9

1 Soziale Benachteiligung und Schulversagen 10
   1.1 Bedingungen des Schulversagens und
       der Lese-Rechtschreibproblematik 11
   1.2 Kinder und Jugendliche mit besonderen Problemen 13
2 Der Förderansatz: Der Einsatz neuer Medien im Rahmen
   einer lebensweltorientierten Didaktik 14
3 Durchführung 25
4 Ergebnisse: Erfolge und Misserfolge 27
5 Möglichkeiten und Notwendigkeit unterrichtsbegleitender Hilfen 58

II Sinnhaftes Lernen mit neuen Medien 63

1 Wissenskluft-Hypothese 64
2 Verwendung von neuen Medien im Unterricht 66
3 Lernsoftware im Unterricht 67
4 Medien-Schrift-Kompetenz (*media literary*) 68
5 Arbeiten mit dem Internet 69

III Von der Sprache zur Schrift 70

1 Voraussetzungen im Vorschulalter und Schulalter 70
   1.1 Die phonologische Bewusstheit als Voraussetzung für
       den erfolgreichen Schriftspracherwerb 77
   1.2 Die Entwicklungsstufen des Schreiben- und Lesenlernens 78
   1.3 Die Diagnostik im Vorschulalter und einige ausgewählte Verfahren ... 80
   1.4 Förderprogramme im Vorschulalter 88
2 Wege zur Schrift im Schulalter 95
   2.1 Diagnostik im Schulalter und einige ausgewählte
       diagnostische Verfahren 103
   2.2 Förderprogramme im Schulalter 106
   2.3 Ausgewählte Computerprogramme im Vorschulalter und
       im Schulalter 108
   2.4 Unterrichtsstile im Förderkonzept 113

IV Falldarstellungen.. 123
1 Paul.. 123
2 Eren 138
3 Anmerkungen zu den Falldarstellungen.............................. 146

V Anregungen zur Leseförderung..................................... 147
1 „Am Anfang steht eine Geschichte" 147
2 Empfehlenswerter Lesestoff 150

Literaturverzeichnis... 156

Die Autoren 162

Vorwort

Analphabetismus und Leseförderung sind ein hochaktuelles Thema in der Öffentlichkeit. In unserer Arbeit mit sozial benachteiligten Kindern und Erwachsenen ist es schon seit der Diskussion um die kompensatorische Erziehung Ende der 1960er Jahre Teil unserer Förderungs- und Bildungskonzepte. Ein neues Anliegen setzte die Stiftung der BHF-Bank in Frankfurt am Main, indem sie uns ein entsprechendes Projekt über insgesamt drei Jahre anbot. Dieses Projekt: „Soziale Benachteiligung, Analphabetismus und Medienkompetenz", das Ende 2005 auslief, wurde zur Grundlage dieser „Arbeitshilfe". Sie wurde mit einigen Projektstudenten zusammengestellt und soll die Erfahrung des Projekts für Lehrer, Lehramtsstudenten und Lernhelfer auswerten. Sie ist eine didaktische Hilfe für die Ausbildung und für die Fortbildung. Selbst Studenten des Lehramts stehen den hier angesprochenen Problemen oft wenig informiert und hilflos gegenüber. Zwar ist die Literatur zum Erstlesen inzwischen sehr umfangreich, doch scheint eine komprimierte und praxisorientierte Darstellung eher selten zu sein.

Die Arbeitshilfe informiert meist über den Austausch und die Erfahrungen des Forschungsprojekts, indem große Teile des Forschungsberichtes übernommen wurden. Es folgen ergänzende Informationen zum Analphabetismus und schichtenspezifischen Bildungsproblemen.

Der Praxisteil geht auf die Förderbedingungen im Vorschulalter und im Schulalter ein und setzt sich mit den Möglichkeiten und Angeboten von Computerprogrammen auseinander. Er schildert zwei Fälle mit den entsprechenden Fördererfahrungen.

Eine Bibliographie am Schluss verweist auf Grundlagen und weiterführende Literatur sowie auf hilfreiche Programme.

Unser Dank gilt der BHF-Bank Stiftung, ohne deren großzügige finanzielle Förderung das Projekt nicht hätte durchgeführt werden können.

Unser Dank gilt auch den Studierenden, die sich mit hohem persönlichen Engagement an der Förderung „ihrer" Schülerinnen und Schüler und mit großer Offenheit am Nachdenken über diese Prozesse beteiligt haben, und den drei StudentInnen, die an dieser Arbeitshilfe mitgearbeitet haben (W. Bouda, H. Martin, V. Peters).

Dank gilt weiterhin den beteiligten Schulen und den Lehrerinnen und Lehrern, die den Zugang zu einem nicht immer einfachen beruflichen Alltag ermöglicht haben.

Unser besonderer Dank gilt schließlich den Schülerinnen und Schülern, die das Wagnis auf sich genommen haben, es noch mal mit dem Lesen- und Schreiben-Lernen zu versuchen.

Die verantwortliche Redaktion lag bei Gerd Iben.

I Soziale Benachteiligung, Analphabetismus und Medienkompetenz

Gerd Iben, Dieter Katzenbach und Dominique Rössel

Nach den Ergebnissen der PISA-Studie 2000, die durch die Untersuchung aus dem Jahr 2003 bestätigt wurden, überschreiten in Deutschland mehr als 20 % der Fünfzehnjährigen im Bereich der Lesekompetenz die so genannte Kompetenzstufe eins nicht und werden daher der Risikogruppe potenzieller Nicht-Leser zugerechnet. Noch dramatischer ist der Befund, dass ca. 10 % der Schülerinnen und Schüler eines Jahrgangs nicht einmal diese Kompetenzstufe eins erreicht haben, das heißt, sie sind nicht in der Lage, den Sinn selbst einfacher Texte zu erfassen. Jahr für Jahr verlassen damit etwa 90 000 Jugendliche das deutsche Schulsystem, ohne vernünftig lesen und schreiben zu können (vgl. *PISA Konsortium 2002, 2004*). Es handelt sich mithin um ein gesellschaftliches und bildungspolitisches Problem von gewaltigem Ausmaß.

Das Forschungsprojekt *Soziale Benachteiligung, Analphabetismus und Medienkompetenz* wurde von der BHF-Bank-Stiftung durch die Bereitstellung einer wissenschaftlichen Mitarbeiterstelle und die Zahlung von Honoraren an studentische Projektmitarbeiter über eine Laufzeit von drei Jahren gefördert. Es setzte sich zum Ziel, Schülerinnen und Schülern aus bildungs- und schriftfernen Milieus einen neuen Zugang zur Schriftkultur zu eröffnen. Wir arbeiteten mit Schülerinnen und Schülern, die nach drei, vier und mehr Schuljahren und trotz intensiver sonderpädagogischer Förderung über reine Buchstabenkenntnisse in der Regel nicht hinaus gekommen sind. Mit dieser Fokussierung auf Jugendliche, die akut bedroht sind, die Schule als funktionale Analphabeten zu verlassen, siedelte sich das Forschungsprojekt an zwischen den zahlreichen Ansätzen zur Prävention von Lese-Rechtschreib-Störungen, die primär auf das Kindergarten- und Grundschulalter zielen, und den vielfältigen Maßnahmen zur (nachträglichen) Alphabetisierung Erwachsener.

Hierzu wurden in den Schuljahren 2003/04 und 2004/05 Schülerinnen und Schüler von Schulen für Lernhilfe in Einzelsituationen durch studentische Lernhelfer gezielt gefördert. Es zeigte sich, dass die sehr unterschiedlichen Problemlagen der unterstützten Jugendlichen ein hochgradig individualisiertes Vorgehen verlangten, das die Anwendung eines einheitlichen, standardisierten Programms von vornherein ausschloss. Die Kernidee unseres Förderkonzepts bestand in der Kombination des Situativen Ansatzes mit dem Einsatz der Neuen Medien. Dem Situativen Ansatz folgend sollten gemeinsam mit den Schülerinnen und Schülern individuell bedeutsame Lernanlässe gesucht bzw. geschaffen werden. Der Einsatz der Neuen Medien sollte das didaktisch bedeutsame Wechselspiel zwischen der Rezeption und der Produktion von Texten mit einer neuen, motivierenden und zudem gesellschaftlich hoch bewerteten Technik ermöglichen. Als anspruchsvolles Ziel wurde die Erstellung eigener Internetseiten durch die Schülerinnen und Schüler ausgegeben.

In einem Forschungsbericht werden die Erfahrungen mit diesem Förderkonzept dokumentiert und an ausgewählten Fallbeispielen illustriert. Die Ergebnisse des Forschungsprojekts zeigen, dass die Förderung von Schülerinnen und Schülern, die in unserem Schulsystem als mehr oder weniger aufgegeben gelten, durchaus gelingen kann, wenn das professionelle Know-how *und* die erforderlichen personellen Ressourcen zur Verfügung stehen.

Dazu bedarf es der Verbesserung des methodisch-didaktischen Vorgehens. Mindestens genauso wichtig ist nach unseren Befunden allerdings der Aufbau einer schulischen ‚culture of care‘, wie es das finnische Schulsystem beispielhaft vormacht (vgl. *FNBE 2004*). Die simple Einsicht, dass Kinder, die sich nicht wohl fühlen, auch nicht gut lernen können, hat beim „PISA-Sieger" Finnland dazu geführt, dass mittlerweile an jeder Schule Maßnahmen zur Sicherung und Förderung des Wohlbefindens ihrer Schülerinnen und Schüler vorgehalten werden müssen. Dazu gehört vor allem ein ausgebautes System der Unterrichtsassistenz, das den Schülerinnen und Schülern mit Lernschwierigkeiten individuelle oder gruppenbezogene Hilfen direkt und ohne jegliches Antragswesen gewährt.

Den Finnen scheint es damit gelungen zu sein, aus der Schule einen Ort zu machen, an dem Kinder und Jugendliche auch bei Problemen im Lernen nicht Beschämung und Entwertung, sondern Anerkennung und Respekt erfahren. Für die von uns untersuchten Jugendlichen trifft letzteres nicht zu, trotz des häufig postulierten „Schonraums", den die Sonderschule bieten soll. Für sie war die Schule – bestenfalls – unwichtig.

Die hier vorgelegten Erfahrungen mit der Förderung besonders benachteiligter Schülerinnen und Schüler eignen sich zur inhaltlichen Gestaltung eines unterrichtsbegleitenden Unterstützungssystems, dessen organisatorische Rahmenbedingungen freilich erst geschaffen werden müssen. Ohne ein solches Unterstützungssystem, dies zeigen die internationalen Vergleichsuntersuchungen allerdings nachdrücklich, wird es Deutschland kaum gelingen, den Anschluss an das internationale Bildungsniveau zu halten.

1   Soziale Benachteiligung und Schulversagen

Bereits in der Gründungsphase der Lernhilfeschulen in der Mitte des 19. Jahrhunderts wurde das Schulversagen nicht nur mit „Schwachbefähigung", sondern mit familiären und sozialen Bedingungen erklärt, was später durch die Intelligenz- und Begabungsforschung verdrängt wurde. Erst Ende der 20er Jahre des 20. Jahrhunderts wiesen Adolf Busemann in seiner „Pädagogischen Milieukunde" und Hildegard Hetzer mit „Kindheit und Armut" wieder auf die Bedeutung des Milieus hin, doch blieb auch dies ohne Auswirkungen auf eine Schulstruktur, die sich ausschließlich auf dogmatisch bis heute vertretene Begabungsunterschiede zur Begründung der Drei- bzw. Viergliedrigkeit des Schulsystems beruft.

Erst die in den 1960er Jahren beginnende Schulkritik und die verkündete „Bildungskatastrophe" (*Picht* 1964) sowie die von uns mit initiierte Randgruppenarbeit wiesen auf sozialbenachteiligte Gruppen und ihre Selektierung in Sonderschulen und Erziehungsheimen hin. Mit der zur gleichen Zeit entstehenden Sozialisationsforschung und der „kompensatorischen Erziehung" rückten „Kinder am Rande der Gesellschaft" (*Iben* 1968) stärker in den Mittelpunkt des Erziehungsdenkens. Auch versprach die nach skandinavischem Vorbild propagierte Gesamtschule eine breitere Förderung benachteiligter Schüler. Die Definition von „Begabung" als eine zu fördernde „Energie" (*H. Roth*) und die „Frühlesebewegung" lenkten das Interesse auf Sprach-, Denk- und Leseförderung schon im Vorschulalter. Die Bildungshoffnungen der frühen 1970er Jahre brachten zwar einige zukunftsweisende Modellschulen hervor (Glockseeschule Hannover, Laborschule Bielefeld, Helene-Lange-Schule Wiesbaden u. a.), doch verlor ab 1975 selbst die Gesamtschule im unseligen Wettstreit mit Gymnasien ihre Reformimpulse und führte in ihrem eigenen Rahmen die Dreigliedrigkeit (ABC-Kurse) ein. Auch die kompensatorische Erziehung oder der „Situationsansatz" in der Vorschulerziehung erreichten keine flächendeckende Förderung benachteiligter Gruppen. Der Ausbau des Bildungswesens, auch der Universitäten, stagnierte trotz steigender Abiturienten- und Studentenzahlen.

Erst durch die PISA-Studien ab 2000 und ihre für Deutschland negativen Ergebnisse kam es zu einer erneuten Bildungsdiskussion und zu neuen Reformanstrengungen.

1.1 Bedingungen des Schulversagens und der Lese-Rechtschreibproblematik

Die Auswirkungen von Armut und sozialer Benachteiligung auf das Bildungsschicksal sind insofern nur schwer direkt nachweisbar, weil es immer Einzelne gegeben hat, die aus armen Verhältnissen den Aufstieg geschafft haben. Dennoch besteht eine hohe Korrelation zwischen sozialer Herkunft und Bildungserfolg. So haben die PISA-Studien dem deutschen Bildungswesen bescheinigt, dass es wie kein anderes soziale Benachteiligung nicht ausgleicht, sondern verstärkt.

Da die Definition von Armut lange Zeit umstritten war und auch der Begriff von Betroffenen als diskriminierend abgelehnt wurde, führten wir im Anschluss an die amerikanische Diskussion Ende der 1960er Jahre den Begriff der „sozialen Benachteiligung" ein, da er zugleich einen politischen Aufforderungscharakter besitzt und nicht die Schuld auf die Betroffenen verlagert. Eine ausführliche Diskussion des Armutsbegriffs und der „sozialen Benachteiligung" findet sich in unseren Beiträgen zum 1. Armutsbericht des Paritätischen Wohlfahrtsverbandes von 1989 oder in G. Iben „Kindheit und Armut" (1998).

Die Bildungssituation benachteiligter Gruppen lässt sich einerseits an ihren Abitur- und Studienquoten ablesen, andererseits auch an den Überweisungszahlen zur

Sonderschule für Lernhilfe, die fast ausschließlich von Kindern aus sozial schwachen Gruppen, im Ballungsraum überwiegend von Kindern ausländischer Herkunft besucht wird, obwohl die Überweisungen von Intelligenztests gesteuert werden sollen. In der Regel führen Sprachmängel und das Versagen im Lesen und Schreiben in den ersten beiden Schuljahren zur Selektion. Trotz dieser Ausfilterung von etwa 4 % der Schüler (vgl. *KMK* 2006) bleiben in der Regelschule, vor allem in der Hauptschule, nach PISA etwa ein Fünftel aller Schüler mit 15 Jahren so schwache Leser, dass sie Texte kaum lesen und verstehen können. Unter ihnen können fast 10 % als „funktionale Analphabeten" gelten. Während in einer Untersuchung der Grundschulen (IGLU, vgl. *Bos* u. a. 2003) die Leseleistungen noch etwas über dem internationalen Durchschnitt lagen, verdoppelt sich die Zahl der Risikoschüler im Laufe der Sekundarschule. Jugendliche aus Zuwandererfamilien erreichen sogar zu 50 % kein ausreichendes Leseverständnis (nach der ersten PISA-Studie) und haben so kaum Chancen auf dem Ausbildungsmarkt.

Die eigentliche Ursache des festgestellten Lese- und Schulversagens liegt in der mangelnden Förderung bestimmter Kinder im Vorschulalter, in fehlender Motivation und Unterstützung im Schulalter und in der Möglichkeit des Schulwesens zur Abschiebung von Problemfällen statt der Verpflichtung zur individuellen Förderung, wie es z. B. die skandinavischen Staaten realisieren. Das Schulversagen dieser Kinder ist auch ein Versagen der Schule.

Allein die Aufwendungen von Eltern für außerschulische Nachhilfe in Höhe von etwa drei Milliarden Euro jährlich stellt der Schule ein schlechtes Zeugnis aus und benachteiligt zusätzlich die sozial schwächeren Schüler.

Demgegenüber rangierten die staatlichen Bildungsausgaben in der Bundesrepublik Deutschland deutlich unter dem Durchschnitt europäischer Staaten. So gaben wir 2003 4,53 % vom Bruttoinlandprodukt für Bildung aus, Schweden und Dänen dagegen 7,39 % und 8,38 %. Nur drei Staaten gaben weniger aus als wir (*Wetterauer Zeitung*, 2004, S. 2). Die derzeitigen Regelsätze für Sozialhilfe und ALG II sehen monatlich für Schulmaterial 1,33 Euro vor, wie der Paritätische Wohlfahrtsverband kritisiert (*FR* v. 25.06.05, S. 5).

Die mangelnde individuelle Förderung besonders im Leselernprozess ist sicher auch ein Problem der Lehrerbildung, denn nur die Grundschullehrer werden generell mit dem Erstleseunterricht vertraut gemacht. Aber auch sie fordern in hohem Umfang Vor- und Übungsleistungen der Eltern. Wo diese ausfallen, ist das Leseversagen sehr wahrscheinlich.

Noch immer wächst die Zahl armer Kinder in Deutschland, die gegenwärtig auf 1,5–2,7 Mio. geschätzt werden. Viele beziehen zwar Sozialhilfe, doch ist diese nachweislich zu niedrig angesetzt, um Armut wirksam zu verhindern. Vor allem bei länger anhaltender Armut entstehen für die Kinder schwere Beeinträchtigungen der Entwicklung. Sie sind öfter krank, fehlernährt, unkonzentriert und versagen in der Schule. Der schulische Misserfolg führt dann oft zum Schulschwänzen und zu einer negativen Karriere. So wird Armut vererbt (vgl. *Iben* 1998). 2003 ist die Zahl von armen Kindern unter 16 Jahren auf 15 % und das Armutsrisiko insgesamt auf 13,5 % der Bevölkerung gestiegen (vgl. *Butterwegge* et al. 2003, *Martens* 2005).

Diese Verarmung mit all ihren Folgen lässt sich mit monetären Maßnahmen allein nicht bekämpfen, sondern verlangt einen vielseitigen Ansatz mit Vorschul- und Elternarbeit, Veränderungen der Schule und der Lehrerbildung neben sozialpolitischen und Arbeitsmarktinitiativen. Die Bekämpfung des Analphabetismus durch gezielte Programme ist ebenfalls ein wichtiger Beitrag zum Abbau sozialer Benachteiligung.

1.2 Kinder und Jugendliche mit besonderen Problemen

Bei den PISA-Untersuchungen wurden Schülerinnen und Schüler aus Sonderschulen nur am Rande erfasst und in die systematische Auswertung nicht einbezogen. Ein Grund hierfür liegt darin, dass sich die Problemlagen bei dieser Schülergruppe so erheblich verdichten, dass sich die bei PISA eingesetzten Erhebungsinstrumente als untauglich erweisen. Diese Schülerinnen und Schüler entstammen mehrheitlich bildungs- und schriftfernen Milieus – soziale Randständigkeit, prekäre finanzielle Verhältnisse und reduzierte Zukunftsperspektiven kennzeichnen ihre Lebenslage. Kinder und Jugendliche mit Migrationshintergrund sind an deutschen Sonderschulen deutlich überrepräsentiert (vgl. *Wocken* 2000, 2005; *Klein* 2001; *Kornmann* et al. 1997). Es ist davon auszugehen, dass die Schülerinnen und Schüler der Schule für Lernhilfe – das sind in Hessen ca. 3 % eines Jahrgangs – überwiegend der genannten Risikogruppe im Bereich des Lesens angehören.

Wir haben uns im Rahmen unseres Forschungsprojekts in der schon stark problembelasteten Population der Schülerinnen und Schüler der Schule für Lernhilfe wiederum auf jene Jugendliche konzentriert, die auch hier als besonders schwierig galten. Wir arbeiten mit Schülerinnen und Schülern, die nach vier und mehr Schuljahren noch immer keinen Zugang zur Schriftkultur gefunden haben und die trotz jahrelanger intensiver sonderpädagogischer Förderung über die Kenntnis einzelner Buchstaben in der Regel nicht hinaus gekommen sind.

Diese Auswahl von Kindern und Jugendlichen wurde aus zwei *forschungsstrategischen* Gründen vorgenommen:

- Der Schriftspracherwerb zählt zu den national und international am intensivsten untersuchten Gegenstandsbereichen der Lehr-/Lern- bzw. Unterrichtsforschung. Die Forschung konzentriert sich zum einen auf den Bereich des schriftsprachlichen Anfangsunterrichts in der Grundschule sowie den Bereich der Vorläuferkompetenzen, die im Kindergartenalter erworben werden sollten (wie die Phonologische Bewusstheit; vgl. *Schneider* et al. 1998). Daneben gibt es den großen Forschungsbereich der Alphabetisierung von Erwachsenen (vgl. *Döbert/Hubertus* 2000). Dagegen ist unsere Zielgruppe, also Jugendliche, die noch zur Schule gehen, aber den Einstieg in die Schriftkultur fundamental verfehlt haben, in der Forschung kaum berücksichtigt. Wir haben diese Fokussierung aus zwei Gründen vorgenommen: Zum einen geht es um die Entwicklung wirksamer Hilfen für eine mehr oder weniger vergessene Schülergruppe, zum anderen hält die Forschung

in diesem Sektor, so unsere Erwartung, größere Innovationspotenziale bereit, als in den bereits genannten Bereichen der Elementar- und Primarpädagogik bzw. der Erwachsenenbildung, die schon sehr lange und mit ungleich höherem Aufwand beforscht werden.
- Unser Forschungsdesign ist allerdings so angelegt, dass die Erkenntnisse nicht auf diese spezielle Schülerpopulation beschränkt bleiben. Die Konzentration auf Kinder und Jugendliche, die als besonders problematisch galten, diente dem Zweck, beispielhaft – gleichsam wie unter dem Brennglas – Problemkonstellationen identifizieren zu können, die letztlich für *alle* Kinder und Jugendlichen von Bedeutung sind. An den Extremfällen – so unsere Erwartung – wird sich besonders ausgeprägt zeigen, *welche* Faktoren die Lern- und Entwicklungsprozesse von Kindern und Jugendlichen *wie* beeinträchtigen können. Daraus ist abzuleiten, welche Hilfen gegebenenfalls nötig sind, damit Schülerinnen und Schüler den Anforderungen des Lernens dauerhaft und krisenfest gewachsen sind.

Auch wenn die Konzentration auf „besonders schwierige" Schülerinnen und Schüler (innerhalb der schon problembelasteten Klientel der Sonderschule) aus guten Gründen vorgenommen wurde, ist damit natürlich das Risiko verbunden, keine schnellen Erfolge in der Förderung vorweisen zu können. Denn zum einen sind die Schülerinnen und Schüler zum Teil schon seit Jahren in der Obhut speziell qualifizierter Fachkräfte, ohne dass deren Fördermaßnahmen sonderlich gegriffen hätten, und zum anderen haben die Kinder und Jugendlichen aufgrund des andauernden Scheiterns eine äußerst stabile Misserfolgserwartung ausgeprägt, die zunächst einmal jede Förderbemühung konterkariert. Die Erfolgserwartungen an die einzelnen Förderverläufe sind diesen Ausgangsbedingungen anzupassen. Es ist nicht realistisch, in diesem Feld hochverdichteter und komplexer Problemlagen einfache und schnelle Veränderungen zu erwarten.

2 Der Förderansatz: Der Einsatz neuer Medien im Rahmen einer lebensweltorientierten Didaktik

Eine lebensweltorientierte Didaktik, wie sie seit den 1970er Jahren im Frankfurter Institut für Sonderpädagogik entwickelt worden war, in Verbindung mit Computer gestütztem Unterricht erscheint uns als besonders aussichtsreicher Ansatz zur Entwicklung von neuer Lernmotivation und zur Förderung der Alphabetisierung. In der langjährigen Arbeit mit sozial benachteiligten Gruppen und erwachsenen Analphabeten waren bereits gute Erfahrungen mit dem Lebenswelt- oder Situativen Ansatz gesammelt worden (*Iben* 1980, 1998, 2002). Er sucht in der Lebensweltanalyse nach Situationen, die das jeweilige Leben eines Individuums oder einer Gruppe bestimmen und prägen, um daraus Ziele und Wege der Veränderung und Lernprozesse mit den Betroffenen zu entwickeln. Im Mittelpunkt stehen der Dialog und gemeinsame Lernprozesse anstelle der Belehrung.

Dieser Ansatz, den wir wiederholt beschrieben haben, ist nicht auf Wissenserwerb allein konzentriert, sondern zielt auch auf soziales Lernen, auf Entwicklung von Selbstbewusstsein und auf Bewusstwerdung. Er setzt nicht bei den Defiziten, sondern bei den Stärken der Zielgruppen an. Unser Situationsansatz wurde durch den brasilianischen Pädagogen Paulo Freire gestützt, der in seiner Analphabetisierung von Landarbeitern seine dialogische Methode entwickelte. Diese nutzt die Lebenserfahrungen der Zielgruppe und ihre „Schlüsselsituationen" zu gemeinsamen Lernprozessen. Dieser Ansatz wurde hierzulande auch in der Arbeit mit erwachsenen Analphabeten erfolgreich eingesetzt. Der Situationsansatz hat auch viele Gemeinsamkeiten mit den so genannten „Erfahrungslernen" (*Pädagogik* 2006) und fußt wesentlich auf dem Dialog. Unser Verständnis vom Dialog gründet sich auf Martin Buber und Paulo Freire und benutzt das Bild einer Wippe, um die Momente der Wechselseitigkeit, Gleichrangigkeit, Offenheit und Solidarität zu verdeutlichen (vgl. *Iben* 1996, S. 243 ff.). Ähnlich wie die Freinet-Pädagogik entwickelten beide mit Schülern und Erwachsenen Eigentexte aus deren Erfahrungen und Interessen (ähnlich Kretschmann mit seinem Konzept der „Erlebnisbezogenen Lese- und Schreibförderung", vgl. *ders.* 1998).

Bereits in der Reform-Pädagogik wurde erkannt, dass für den Schriftspracherwerb sowohl die Rezeption wie auch die Produktion von Texten gleichermaßen bedeutsam sind. In der Freinet-Pädagogik etwa wurde dieses Prinzip durch die Druckerei beispielhaft umgesetzt. Aktuelle didaktische Ansätze des schriftsprachlichen Anfangsunterrichts wie z. B. Reichens Konzept des „Lesens durch Schreiben" (*Reichen* 1988) basieren ebenfalls auf diesem Prinzip.

Mit den Neuen Medien steht nun eine Technologie bereit, die im Hinblick auf ihre Handhabbarkeit gegenüber der klassischen Druckwerkstatt offensichtlich zahlreiche Vorteile aufweist: So sind am Computer Korrekturen an Texten einfacher einzuarbeiten, Dokumente können durch Bilder und Zeichnungen illustriert und attraktiv gestaltet werden. Die Möglichkeit, eigene Dokumente im Internet zu veröffentlichen, eröffnet völlig neue Dimensionen der Kommunikation und Selbstdarstellung. Vor allem aber können die Jugendlichen an einer für sie selbst attraktiven und zudem gesellschaftlich hoch bewerteten Technologie partizipieren. Wir erhofften uns hieraus eine erhebliche Steigerung der Motivation, sich mit dem ansonsten gemiedenen Thema Schrift auseinander zu setzen.

Die Betonung des Situativen Ansatzes mag in diesem Zusammenhang wenig innovativ erscheinen. Die Notwendigkeit eines individualisierten, lebensweltbezogenen und an den Interessen der Kinder und Jugendlichen orientierten didaktischen Vorgehens gerade bei bildungsbenachteiligten Schülerinnen und Schülern ist seit langem belegt. Die Frage ist auch nicht, *ob* man diesem Ansatz folgt – das wäre in der Tat trivial –, sondern *wie* man ihn realisiert. Denn es wäre naiv zu glauben, die Schülerinnen und Schüler unserer Zielgruppe würden nur darauf warten, „dort abgeholt zu werden, wo sie stehen" – wie es in populärwissenschaftlicher Verallgemeinerung gerne heißt. Mannigfaltige Erfahrungen des Scheiterns und die damit einhergehenden Kränkungen bestimmen die Lernbiographien dieser Schülerinnen und Schüler. Wir haben daher mit massiven Lernwiderständen bis hin zur Lernverweigerung zu rechnen. Diese können sich zu einem nur noch schwer zu durchbrechenden, weil identitätsstabilisierenden Schutzmechanismus verfestigen – ein Mechanismus, der diese Kinder und Jugendlichen zwar vor weiteren seelischen Verletzungen bewahrt, allerdings um den hohen Preis des mehr oder weniger weitreichenden Ausklinkens aus dem schulischen Lernen.

> Ob und wie das Medium Computer hier als „Türöffner" wirken kann, ist die zentrale Forschungsfrage des Projekts.

Es ging uns also nicht um ein einheitliches Leselernverfahren, sondern um einen verstehenden und offenen Zugang, der größtmögliche Individualisierung durch ein breit gefächertes und flexibel einsetzbares Instrumentarium ermöglicht. Dies hat an die mitarbeitenden Studenten hohe Anforderungen gestellt. Sie hätten manchmal lieber ein erprobtes Rezept zur Verfügung gehabt.

Die Funktion der Neuen Medien im Rahmen des Projekts

In unserem Konzept kamen den Neuen Medien verschiedene Funktionen zu.

1. Zum einen sollte der Computer als Übungs- und Trainingsgerät eingesetzt werden. Das Angebot an entsprechender Software wächst zwar stetig. Für unsere Zielgruppe besteht allerdings das Problem, dass die Lernprogramme an Kinder im Grundschulalter gerichtet sind. Sie entsprechen zwar in ihrem Anforderungsniveau häufig den Lernständen unserer Schülerinnen und Schüler, sind für sie aber in der Aufmachung oftmals nicht mehr altersangemessen. Wir haben in einer Arbeitshilfe eine Aufstellung von Lernprogrammen erarbeitet, die beide Aspekte – angemessener Schwierigkeitsgrad und altersgemäße Präsentation – hinreichend erfüllen.
2. Weiterhin sollte der Computer als Werkzeug zur Textproduktion genutzt werden, wobei wir hier ein weites Verständnis von Text zugrunde legen: dies umfasst auch Zeichnungen, Fotos etc. Hier sollte auch die Nutzung des Internets ansetzen: Die Schülerinnen und Schüler sollten das Internet als Informationsquelle kennen lernen und es als Plattform für die Präsentation eigener Projekte nutzen. Die Schülerinnen und Schüler sollten hier ihren eigenen Interessen folgen können, was allerdings voraussetzt, dass es im Förderverlauf gelingt, gemeinsam bedeutsame Themen zu identifizieren und zu bearbeiten. Auf der anderen Seite brauchte es hierzu eine Technik, die den Schülerinnen und Schülern eine möglichst selbstständige Bearbeitung erlaubt.[1] Die „Expertheit", die die Schülerinnen

---

1 In der Phase der Projektkonzeption befand sich kein für Kinder taugliches Werkzeug zur Erstellung von Internetseiten auf dem Markt. Daher haben wir anfänglich die Entwicklung einer entsprechenden Software – eines „kinderfreundlichen" Html-Editors – in Erwägung gezogen. Da die Entwicklung von Software aufwändig und wegen der kurzen Innovationszyklen in der

und Schüler bei dieser Arbeit erlangen, soll der sozialen Aufwertung in der Klassengemeinschaft und der Selbstwertstabilisierung dienen.
3. Schließlich kann der Computer von den Schülern als Vehikel zur Regulation von Nähe und Distanz in seiner Beziehung zum Pädagogen genutzt werden. Die von uns geförderten Schülerinnen und Schüler waren wiederholt kränkenden und entwertenden Beziehungserfahrungen gerade im Kontext des schulischen Lernens ausgesetzt. Daher kann das Angebot von (zu viel) Nähe durch den Pädagogen für diese Kinder und Jugendlichen auch etwas Bedrohliches haben. Der Computer als Medium ist hervorragend geeignet, um etwas „Drittes" zwischen sich und den Pädagogen zu schieben. Man macht sich dabei die vielfach beschriebene Eigenart des Computers zu Nutze, ein „Zwischending" zwischen belebt und unbelebt, zwischen Innen und Außen zu sein. Die Interaktion mit dem Computer weist Eigenschaften zwischenmenschlicher Kommunikation auf, ohne deren Risiken zu teilen. Der Computer kann in diesem Sinne beziehungsentlastend wirken, ohne den zwischenmenschlichen Kontakt völlig abbrechen zu lassen.

Studenten als Förderpädagogen

Wir verfügen im Institut für Sonderpädagogik der Frankfurter Universität über eine mehr als 30-jährige Erfahrung mit dem Projektstudium, in dem sich Studenten als Lernhelfer, vor allem im außerschulischen Bereich, bewährt haben. So lag es nahe, auch für das neue Projekt Studenten zu werben.

Die erste Gruppe von Studenten wurde in einer einjährigen Vorlaufphase in der Methodik und Didaktik des Schriftspracherwerbs geschult und mit den Problemen sozialer Benachteiligung vertraut gemacht. Der nachfolgende Jahrgang Studierender konnte von den Erfahrungen der Vorgänger und den aufbereiteten Materialien profitieren und sollte daher ohne längere Vorlaufzeit in die Förderung einsteigen.

Die Arbeit mit Studierenden bot sich auch aus dem Grund an, dass bei ihnen noch keine stabile berufliche Rollendefinition vorliegt. Sie werden auf die widersprüchlichen Rollenerwartungen, die unser Förderkonzept impliziert, sensibler (aber auch irritierter) reagieren, als dies bei berufserfahrenen Kolleginnen und Kollegen zu erwarten ist.

Die institutionellen Konflikte, die sich aus der Auswahl der Schülerinnen und Schüler ergeben, sollten nicht unterschätzt werden. Es kann durchaus als Provoka-

---

IT-Branche wenig nachhaltig ist, haben wir diesen Gedanken rasch aufgegeben, zumal die Entwicklung im Bereich der Web-Auftritte eindeutig in Richtung von Content-Management-Systemen geht, die vom Endanwender keinerlei Kenntnisse in Html-Programmierung mehr verlangen. Damit werden WYSIWYG-html-Editoren in absehbarer Zeit vermutlich überflüssig. Im Bildungsbereich hat sich ein ähnliches Modell bereits durchgesetzt. Das von der Initiative „Schulen ans Netz" vor kurzem bereit gestellte Internet-Portal primolo (http://www.primolo.de) erfüllt diese Funktionen weitgehend. Wir haben dieses Portal, das zwar für Kinder im Grundschulalter konzipiert ist, für unsere Zwecke nutzen können. Andere Internetseiten wurden mit dem Programm Mediator von Matchware erstellt.

tion erlebt werden, wenn Studierende das leisten sollen, was der Schule, einschließlich der Sonderschule nicht gelang. Insofern ist nicht nur von harmonischen Kooperationsbeziehungen, sondern auch mit Konkurrenzverhältnissen in der Zusammenarbeit mit den beteiligten Lehrkräften zu rechnen.

Alles in allem haben wir dem von uns vertretenen offenen Ansatz mit einem hohen Maß an Verunsicherung bei den studentischen Lernhelfern gerechnet, dem wir durch ein differenziertes Unterstützungsangebot zu begegnen suchten. Die fachliche Kompetenz der Studierenden im Bereich des Schriftspracherwerbs sollte durch intensive Beratung (unter Einbezug externer Experten) gesichert werden. Das über den gesamten Projektzeitraum laufende Projektseminar ermöglichte den fachlichen Austausch auf der Basis fallbezogener Präsentationen.

Da die meisten Förderungen in Sonderschulen stattfinden, erschienen die Förderstunden als Verlängerung der Schule und die Studenten als Hilfslehrer. Andererseits brauchten die an den Schulen gescheiterten Schüler, die auch meist ihre Schule negativ beurteilen (15 von 20), ein alternatives Angebot, um ihre Misserfolgsgewöhnung und Vermeidungsstrategien mit neuen Lernansatz zu durchbrechen. Die Studenten verstanden sich nicht als Lehrer, obwohl sie Lesen und Schreiben vermitteln sollten. Es war ihnen empfohlen worden, sich als Student vorzustellen, der mit dem Schüler gemeinsam einen Weg zum Lesen und Schreiben suchen wolle.

Unterblieb diese klare Vorstellung, wurde lediglich auf der Freund-/Helfer-Ebene agiert, kam es nicht zu einer klaren Absprache und einem Aushandeln des Förderauftrags. Dies trug in einigen Fällen zum Scheitern bei. Die vom Studenten gern angebotene Freundesrolle ist unangemessen, da man sich Freunde selbst sucht, und führt nur zu gegenseitigen Enttäuschungen. Es wäre sinnvoll und leichter gewesen, nur Schüler auszuwählen, mit denen ein Fördervertrag hätte geschlossen werden können, die also eine eindeutige Motivation mitbrachten. Das hätte allerdings die schwierigsten Fälle aussortiert, was wir nicht wollten.

Unser dialogischer Ansatz legt zwar eine Wertschätzung und Gleichrangigkeit der Partner nahe, doch kann das nicht heißen, dass um der guten Beziehung willen die Einfälle und Launen der Schüler allein bestimmen. Ausgehandeltes muss auch eingehalten und es muss eine Balance der Gegenseitigkeit eingehalten werden. Die Rolle der Pädagogen war insofern schwierig, als sie auf unterschiedlichen Ebenen handeln mussten: 1. Sie sollten Wissen und Können vermitteln. 2. Sie sollten das Umfeld des Schülers kennen und verstehen lernen. 3. Sie sollten den individuellen Ursachen für das Lernproblem nachgehen. Das alles war möglich, wenn es gelang, einen guten Zugang und eine stabile Beziehung zu dem Schüler aufzubauen.

Entsprechend unserem Lebensweltansatz ging es darum, Erfahrungen, Stärken und Interessen des Schülers in den Förderprozess einzubringen, um Selbstwertgefühl zu steigern und neue Lernmotivation zu entwickeln. Dazu muss auch der Student im Dialog eigene Interessen und Erfahrungen offen legen, um nicht in ein einseitiges Ausforschen der Schüler zu verfallen. Es kam aber auch vor, dass sich ein Schüler dagegen wehrte, dass seine Interessen für das Lesen und Schreiben genutzt bzw. missbraucht werden sollten. Es ist immer eine Gefahr des Lebenswelt- und Situativen Ansatzes, dass er zum didaktischen Trick wird und als solcher auch erkannt wird. In vielen Fällen ist es aber sehr gut gelungen, mit den Interessen und Stärken der Schüler neue Motivationen und Lernanlässe zu verbinden, nicht nur mit Hilfe des Computers.

Die Anwendung von Leistungstests im Rahmen der Förderung sollte Aufschluss über den Lern- und Leistungsstand der Schüler geben, doch belastete die Rolle des damit verbundenen Prüfers die partnerschaftliche Beziehung. Deshalb war es nützlich, eventuell eine andere Person damit zu beauftragen.

Eine weitere Problematik lag in der Kooperation mit den jeweils zuständigen Lehrern. Diese suchten in der Regel die zu fördernden Schüler aus. Dabei wurde auch ein notorischer Schulschwänzer vermittelt oder ein schwer behinderter Schüler, so dass eine erfolgreiche Förderung nicht möglich war.

Wenn es zum Scheitern der Förderung kam, so lag das in wenigen Fällen an einer gewissen Rollendiffusion. Doch hatten fast alle Schüler eine so lange Geschichte des Versagens im Lesen und Schreiben hinter sich, dass es großer Mühen bedurfte, die aus dem Versagen entstandenen Vermeidungsstrategien aufzubrechen, bei einigen waren es vergebliche Mühen.

Das Forschungsprojekt verlangte von den beteiligten Studenten die Kompetenzen der Analyse oder Diagnostik und der Wissensvermittlung, die auch den Lehrerberuf prägen. Sie mussten auf den genannten drei Ebenen die Entwicklung des Lesens und Schreibens sowie seine möglichen Probleme kennen und vermitteln können und sie mussten in einer Art Lebensweltanalyse das Kind in seiner Umwelt und in seinen individuellen Bewältigungsstrategien verstehen lernen.

Diese Kompetenzen wurden im Projektstudium zu vermitteln versucht, soweit sie nicht bereits im Lehrer- oder Diplomstudium erworben wurden. Obwohl die Schüler zum Teil massive Störungen entwickelt hatten, konnten sich die Pädagogen nicht als Therapeuten verstehen, da ihnen die nötige Ausbildung und auch ein entsprechender Auftrag fehlte. Die therapeutischen Grundhaltungen der Akzeptanz und des Verstehens der kindlichen Entwicklungsgeschichte und seiner familiären Verflochtenheit sind aber auch für die guten Pädagogen bestimmend. Allerdings waren die zeitlich begrenzte Förderung und ihre Rahmenbedingungen auch nur wenig geeignet, viele Informationen über den Schüler und seine Lebenswelt zu gewinnen. Dazu waren die Studenten überwiegend auf Gespräche mit den Schülern angewiesen.

Wesentlich war, dass die Studenten mit ihrem meist großen Engagement nicht sich selbst überlassen waren, sondern eng begleitet wurden von einer wissenschaftlichen Mitarbeiterin, die auch die Supervision durchführen konnte, und von zwei Professoren der Sonderpädagogik, die sich im Semester wöchentlich im Projektseminar mit ihnen zusammensetzten und für alle Probleme ansprechbar waren.

Auch schätzten die Studenten den gegenseitigen Austausch und die vertrauensvolle Zusammenarbeit, die nach ihren Aussagen sehr zu einem erfüllten und kompetenzerweiternden Projektstudium beitrugen und meinten: „Es wäre das Beste, was uns im Studium begegnete."

Einige Auszüge aus den Abschlussberichten belegen die Motivation, Schwierigkeiten und Erfolge ihrer Arbeit.
Zur eigenen Motivation schrieb U. R.:

„Als ich von dem Projekt hörte, war ich zwar neugierig, aber auch unentschlossen, ob ich mitarbeiten wollte. Diese anfängliche Unsicherheit rührte daher, dass ich keinerlei praktische Erfahrungen mit einer solchen pädagogischen Situation und Bedenken hatte, ob ich den Schüler überhaupt fördern kann. Ich hatte zwar viele Ideen im Kopf, aber was waren denn die konkreten Ziele und Inhalte des Projekts? Durch die ersten Seminar- und Supervisionsstunden wurden mir meine Bedenken genommen und die Aufgabenstellung klar genug formuliert. Dazu kam, dass sich ein Vertrauen zwischen Lehrenden und Studenten aufbaute, was jedes Nachfragen, wenn Unsicherheiten und Probleme auftraten, möglich machte. Auch zwischen den „Förderern" gab es schon nach kurzer Zeit eine Vertrauensbasis und man lernte nicht nur aus Büchern Theoretisches, sondern konnte jederzeit praktische Tipps und Ideen bekommen oder auch weiter gehen.

Ich habe viel über mein pädagogisches Handeln gelernt. Hauptsächlich durch Karim, aber auch durch den Austausch mit den anderen Studenten, die ebenfalls ein Kind förderten, durch die Supervisionsstunden und auch durch das Seminar.

Einige Fragen bleiben für mich vorerst noch offen. Dadurch, dass Karim in einem anderen Land aufgewachsen ist und hier erst seit kurzer Zeit lebt, habe ich mir z. B. die Frage gestellt, ob ich ihn noch anders und besser fördern könnte, wenn ich mehr Kenntnisse über die Wissensvermittlung seines Heimatlandes wüsste."

Oder dieselbe Studentin zur Motivation und zu Fortschritten des Schülers Karim (alle Namen sind geändert):

„Es fiel mir nicht leicht, Karim zu erklären und vor allem zu motivieren, seine eigene Internetseite zu gestalten. Viel lieber wollte er mir Internetseiten zeigen, Spiele oder Musik downloaden. Ich glaube, ihm fehlte ein Argument für das Bauen einer solchen Seite. Die Argumente, dass andere dann etwas über ihn erfahren können und er über sich und seine Interessen berichten kann, motivierten ihn mäßig. Erst als er seine Fotos, die ich von ihm geschossen, gescannt und auf die Primoloseite geladen habe, auf der zu gestaltenden Internetseite standen, hatte er mehr Interesse. Neben zwei der Bilder schrieb ich die Texte. Den mittleren Text schrieb er selbst neben sein Bild. Er fand es gut, dass nun Bilder von ihm im Internet stehen.

Aus Gesprächen mit Karim erfuhr ich, dass sein Vater ein Internetcafé in Offenbach führte. Karim hielt sich oft in Offenbach auf. Verwandte wohnten dort und sein Fußballverein war lange Zeit der Offenbacher. Karim nutzt die Zeit in Offenbach zwar hauptsächlich, um dort Fußball zu spielen, jedoch im Anschluss, im Geschäft seines Vaters Computerspiele zu spielen.

Auf dem Schulrechner kannte sich Karim zwar nicht mit dem Windows-Office-Paket aus, jedoch sehr gut mit den Lernprogrammen im Schulnetzwerk. Er wählte gerne und oft die so genannte ‚Lernwerkstatt' aus, um mir seine Erfolge zu zeigen und daran anzuknüpfen, indem er weitere Aufgaben löste. Das Programm ‚Lernwerkstatt' verfügt über unterschiedliche Lernbereiche und Niveaus. Die Schüler können in den jeweiligen Fächern Punkte sammeln. In jedem Lernbereich gibt es unterschiedliche Aufgabenstellungen und Schwierigkeitsgrade. Karim machte es immer sehr stolz, wenn er mir seinen aktuellen Punktestand zeigen konnte und er sich gegenüber dem vorigen Mal verbessert hatte."

„Was mir im Verlauf der Förderung auffiel, dass sich sein Wortschatz erweitert hatte und auch die Gliederung und Grammatik seiner Sätze. Wenn er mal ein Wort etwas ungewöhnlich aussprach und ich ihn nicht verstand und nachfragte, fing er an, mir das, was er meinte, mit anderen Wörtern, die er kannte, zu umschreiben. Ich kann mir vorstellen, dass sich auch dadurch sein Wortschatz in der Förderzeit mehr erweitert hat, als wenn er so oft die Umschreibungen nicht hätte gebrauchen müssen. Aber ich merkte daran auch, dass er sich mir mitteilen will."

Ein anderer Student beschreibt die Entwicklung von Malim im Lesen und Schreiben:

„Am Ende des Förderzeitraums war bei Malim eine Verbesserung in ziemlich allen Bereichen des Lesens festzustellen. Er erlas Wörter nicht Buchstabe für Buchstabe, sondern konnte Silben erfassen, was besonders beim lauten Lesen deutlich wurde. Dies hatte positiven Einfluss auf Lesegeschwindigkeit und die Fähigkeit, unbekannte Wörter zu erlesen. Er ging auch dazu über, Rücksicht auf Satzzeichen (Satzende) zu nehmen und sich daran zu orientieren. Seine Fähigkeit, sinnentnehmend zu lesen, hat sich sehr verbessert. Es gelang ihm zunehmend, komplizierte Sätze zu lesen und zu verstehen. Er konnte Texte lesen und den Inhalt nicht nur verbal wiedergeben, sondern auch praktisch umsetzen. Es verbesserte sich auch das Pensum an Text, welches während einer Sitzung bearbeitet werden konnte. Was sich nicht vollständig abstellen ließ, war Mailms Strategie, Wörter nicht komplett zu lesen, sondern zu raten, wenn er glaubte, ein Wort erkannt zu haben. Dies beschränkte sich aber nach meiner Einschätzung auf die Situationen, in denen er gestresst oder aufgeregt war, zum Beispiel, weil eine positive Sache nach dem Lesen in Aussicht war. In diesen Situationen kam es auch noch vor, dass Buchstabendreher oder -verwechslungen entstanden. Allgemein kann sicherlich gesagt werden, dass Malim mehr Fortschritte beim Lesen als beim Schreiben gemacht hat."

Zuweilen führte die Beschäftigung mit den Interessen der Schüler auch zu wichtigen persönlichen Weichenstellungen (T. S.):

„Ich regte bei ihr an, dass es Sandra gut tun würde, Reitstunden zu bekommen. Die Lehrerin war sofort begeistert davon und setzte sich direkt mit dem Familienhelfer in Verbindung. Soweit ich noch mitbekommen habe, stehen die Chancen für Sandra nicht schlecht. Es wäre wohl möglich, dass sie auf einem Reiterhof arbeitet und dafür Reitstunden bekommt.

Nach diesem Ausflug hatten wir natürlich eine Menge zu tun. Ich habe nämlich, mit Sandras Einverständnis, Fotos auf dem Reiterhof gemacht, diese wollten wir dann auf der Primolo-Seite veröffentlichen. Außerdem sollte auch ein kurzer Text über unsere Erlebnisse dazu kommen. Sandra formulierte kurze Sätze und ich schrieb sie dann auf, was ziemlich gut funktionierte. Sie konnte sich sehr genau an alles erinnern. Jede Stunde bastelten wir weiter an dem Text, bis er veröffentlicht werden konnte. Sandra tippte den Text dann selbstständig am Computer ab, was ihr sichtlich Spaß gemacht hat. Jedes Mal wurde sie sicherer und es klappte immer schneller. Auch die Primolo-Seite beherrschte sie in sehr kurzer Zeit, sie suchte sich sogar ohne meine Hilfe ihre persönliche Websitegestaltung heraus. Ich glaube, sie war am Ende richtig stolz auf ihre eigene Seite. Zum Glück sind wir vor der letzten Förderstunde damit fertig geworden."

Die Vielseitigkeit aller Lernangebote griff auch bewährte Lernhilfen auf und beschränkte sich nicht nur auf den „situativen Ansatz", wie in dem folgenden Beispiel deutlich wurde, das auch die Beziehungsthematik deutlich werden lässt (A. M.):

„Die Schülerin nahm dieses Angebot dankbar an. Sie arbeitete sehr gut mit. Die Frage zu Beginn jeder Stunde, was sie heute machen möchte, verwirrte sie oftmals. Sie wollte meist lesen und schreiben. Doch wenn ich gezielt fragte, ob sie heute lieber spielen möchte, war sie auch hierfür einige Male dankbar. Andere Male bestand sie auf Lesen und Schreiben. Sie fühlte sich in meiner Gegenwart sichtlich wohler von Sitzung zu Sitzung. Das Zittern und Stottern hörte nach wenigen Sitzungen gänzlich auf. Auch war sie nicht mehr so verkrampft und saß entspannt auf ihrem Stuhl. Wie der Lehrer mir mitteilte, fragte sie stets jeden Tag der Woche nach, wann ich wiederkäme. Sie wartete ungeduldig auf unser nächstes Treffen. Besonders traurig war sie daher, wenn ein Treffen mal nicht stattfinden konnte, etwa wegen Krankheit oder wegen Feiertagen. Sie gewöhnte sich sehr schnell an mich und unsere Arbeit. Oft kam sie schon auf dem Flur auf mich zugerannt, sobald sie mich gesehen hatte. Sie umarmte mich gerne von sich aus und nahm meine Hand, etwa wenn wir mit der Klasse zum Spielplatz gingen. Dann zeigte und betonte sie auch gerne vor allen Mitschülern, dass ich nur wegen ihr da bin und ich zu ihr gehöre."
„Die Fördersitzungen begannen jeweils mit einem kurzen Gespräch über die vergangene Woche. Dann fragte ich sie, ob sie heute etwas Bestimmtes machen wolle. Diese Möglichkeiten waren meist: nach draußen gehen, etwas spielen, etwas am Computer machen, lesen und schreiben und vorlesen unserer Geschichte. Wenn sie keine bestimmten Wünsche hatte oder lesen und schreiben wollte, begann ich meist, mit Üben der Lautgebärden, die einheitlich an dieser Lernhilfeschule verwendet werden. Oftmals gab ich ihr Rätsel auf, d. h. ich zeigte ihr durch die Gebärden ein Wort und sie schrieb es auf. Anschließend machte ich mit ihr verschiedene Schreib- und Leseübungen. Diese Übungen waren meist von mir zusammengestellt oder aus den Heften ‚Lesen mit Lisa I' und ‚Schreiben mit Lisa I', aber auch manchmal Teil der Hausaufgabe. Ich versuchte diese Übungen so gut wie möglich zu variieren und immer etwas Neues zu machen, jedoch die Übungen auch so oft zu wiederholen, dass sie selbst sicherer wird im Umgang mit den Übungen und Fortschritte besser erkennbar werden. Zwischendurch und am Ende las ich ihr vor.

Ich wählte ein bekanntes Buch aus, zu dem sie bereits die Verfilmung gesehen hatte, deren Geschichte ihr also bekannt war. Wenn wir am Computer arbeiteten, fielen die üblichen Gebärdeübungen und Lese- und Schreibübungen meist weg. Am Computer schrieben wir beispielsweise Kinderreime ab und gestalteten den Text, oder wir waren im Internet und gestalteten ihre Internetseite bei Primolo. Anfangs freute sie sich stets, am Computer arbeiten zu dürfen, doch sie verlor sehr schnell das Interesse am Computer. Sie wollte nicht mehr unbedingt an den Computer und wollte auch nie im Internet surfen. Auch wenn wir nach draußen gingen, fielen meist die üblichen Übungen aus. Am Ende der Sitzungen brachte ich sie stets zurück in ihre Klasse."

„Ich denke, dass die Förderung erfolgreich war. Die Schülerin ist sicherer geworden, sowohl im Umgang mit Sprache als auch in Bezug auf ihr Selbstbewusstsein. Stresssymptome wie Zittern und Stottern hörten schnell auf. Auch war sie nicht mehr so verkrampft und angespannt. Sie wirkte zunehmend gelassener, nicht aber unkonzentriert oder unmotivierter. Sie traute sich zunehmend mehr an Aufgaben heran, fragte aber mal nach, fand selbst Fehler, die sie gemacht hatte, hatte Spaß an den Aufgaben, Übungen und Spielen, wurde zunehmend sicherer, etwa in der Unterscheidung von ‚ei‘, ‚a‘ und ‚er‘. Ihr Selbstbewusstsein ist stärker geworden. Sie schämte sich nicht etwa dafür, in eine Förderung zu ‚müssen‘, sondern war stolz, wenn ich bei ihr war und die anderen Schüler neidisch fragten, was wir bei unseren Treffen so täten. Sie nahm zunehmend mehr Körperkontakt zu mir auf und suchte den Blickkontakt. Sie hatte sich sehr schnell an mich und unsere gemeinsame Arbeit gewöhnt. Sie wirkte erleichtert, dass sie Hilfe bekommt.

Auch der Lehrer bestätigte, sie sei sicherer geworden und habe mehr Selbstvertrauen.

Ich hoffe, dass sie weitere Förderung bekommt und sich ihre Situation zunehmend bessert. Auch ich hatte mich zunehmend an sie gewöhnt und am Ende hatte ich doch ein schlechtes Gefühl im Magen, als würde ich sie nun sich selbst überlassen.

Ich glaubte, dass ich viel gelernt habe und selbst in der Durchführung der Förderung immer sicherer geworden bin. Am Anfang hatte ich das Gefühl, ich brauche ein Konzept, an dem ich mich entlang hangeln kann. Jedoch konnte ich, je sicherer ich wurde, flexibler sein und auch mal ohne große Vorbereitung in die Förderung gehen. Wir sind beide zunehmend sicherer geworden. Vielleicht haben wir uns zu stark aneinander gewöhnt und ich hoffe, dass die Schülerin in neuen Schuljahr nicht in ein ‚Loch‘ fällt und wieder unsicher wird."

Auswahl und Schulung der studentischen Förderpädagogen

Im Wintersemester 2002/2003 begannen wir mit der Auswahl und Schulung der Studierenden des Institutes für Sonderpädagogik, die als Förderpädagogen die Schülerinnen und Schüler unterstützen sollten. Die Förderpädagogen befanden sich im Studiengang Diplompädagogik oder Lehramt an Sonderschulen. Voraussetzung zur Mitarbeit im Projekt war, dass die Studierenden bereits über praktische Erfahrungen in pädagogischen Arbeitsfeldern verfügten. Sie wurden in Blockseminaren im Bereich der Auswahl und Anwendung von Lernsoftware, der Nutzung des Internet-Portals *primolo* (http://www.primolo.de) und dem Autorenprogramm Mediator geschult. Wir stellten eine Plattform bereit, auf der mit den Schülern gemeinsam produzierte Internetseiten eingestellt werden konnten. In weiteren Blockseminaren erwarben die Studierenden Kenntnisse zur Durchführung einer umfassenden Diagnostik im Sinne der Erstellung eines Fähigkeitsprofils und der Feststellung der Lernausgangslagen der Schüler. In projektbegleitenden Seminaren vertieften die Förderpädagogen ihre Kenntnisse in folgenden Bereichen:

- Analyse von Lernsoftware, Edutainment-Programmen und Internetseiten,
- Zugang zur Schriftsprache, Schriftspracherwerb, Lesekompetenz und Bedeutsamkeit der Phonologischen Bewusstheit,
- Lernstörungen und ihre Bedeutung sowie
- Ansätze der lebensweltorientierten Pädagogik.

Zur Erweiterung der pädagogischen Handlungskompetenz erhielten die Studierenden eine systemtheoretisch angelegte Supervision. In den Fallbesprechungen, die innerhalb der Projektseminare abgehalten wurden, fand ein fachlicher Austausch zur methodisch-didaktischen Vorgehensweise und Verwendung verschiedener Arbeitsmaterialien statt.

Den Studierenden wurde für ihre Arbeit ein Laptop-Computer zur Verfügung gestellt, den sie in der Förderung einsetzen konnten. Am Ende des Projekts ist das Gerät anstelle einer Aufwandsentschädigung in ihren Besitz übergegangen.

Weitere Details zur Arbeit und Rolle der Studenten finden sich in der Schilderung der Förderung.

Supervision in doppelter Funktion

Darüber hinaus wurde eine begleitende Supervision eingerichtet, die eine doppelte Funktion im Rahmen des Projekts einnehmen sollte: Zum einen dient sie der Begleitung und Unterstützung der Förderpädagoginnen und Förderpädagogen, indem sie einen geschützten Rahmen bietet, in dem beziehungsdynamische, institutionelle und rollenbedingte Konflikte bearbeitet werden können. Zum anderen stellt sie aber auch ein Instrument der Forschung dar: die Studierenden bringen in die Supervision – in der Regel konflikthafte – Szenen aus der Arbeit mit ihren Schülern ein, über die unter der methodischen Leitung der Supervisorin in der Gruppe reflektiert wird. Wir gehen davon aus, dass sich in der Dynamik der Fallbesprechung und ihrer Bearbeitung das innere Erleben des Schülers spiegelt (vgl. *Kutter* 1994) und somit über die Analyse des Supervisionsprozesses ein Zugang zur subjektiven Wirklichkeit der Schüler erschlossen werden kann.

3 Durchführung

Der Kern unseres Ansatzes besteht in der konsequenten Individualisierung des Förderangebots, orientiert an den Bedürfnissen und Lernvoraussetzungen jedes einzelnen Schülers. Dies begründet auch die organisatorische Entscheidung für die Einzel- bzw. Kleingruppenförderung. Dieser Ansatz hat zur Folge, dass letztlich kein Förderverlauf dem anderen gleicht.

Trotz der Einzigartigkeit der Problemlagen und der daran angepassten Förderstrategien sind bestimmte Aspekte allen Förderprozessen gemeinsam und die daraus gewonnnen Erfahrungen generalisierbar. Eine summarische Darstellung der Effekte der Förderung erfolgt im nächsten Kapitel. Wir können zeigen, so viel sei schon vorweg genommen, dass sich bei relativ bescheidenem Ressourceneinsatz (in der Regel zwei Förderstunden pro Woche im Zeitraum November bis Juli) bei fast allen Schülerinnen und Schülern deutliche Lernfortschritte eingestellt haben. Das Konzept des hochgradig individualisierten, lebensweltorientierten und computergestützten Förderansatzes hat sich also als erfolgreich erwiesen. Bevor wir im nächsten Kapitel auf die Ergebnisse im Detail eingehen, werden wir im Folgenden zunächst die Rahmenbedingungen des Projekts darstellen.

Rahmenbedingungen

Zeitraum und Intensität der Förderung

Das Forschungsprojekt wurde im Zeitraum von Oktober 2002 bis Oktober 2005 durchgeführt. Der Förderzeitraum für die Schülerinnen umfasste jeweils ein Schuljahr, aus organisatorischen Gründen in der Regel beschränkt auf den Zeitraum nach den Herbstferien (Mitte/Ende November) bis zum Schuljahresende. Es fanden zwei Förderzyklen statt (Schuljahre 2003/2004 und 2004/2005).

Die Förderung umfasste in der Regel zwei Schulstunden pro Woche. Zwei Förderungen fanden bei den Schülern zu Hause statt, ansonsten trafen sich die Förderpädagogen mit den Schülern in der Schule.

Beteiligte Schulen und Auswahl der SchülerInnen

Die geförderten Schülerinnen und Schüler besuchten die Klassen drei bis neun aus fünf Schulen für Lernhilfe des Ballungsraums Rhein-Main.

An dem Projekt haben insgesamt 26 Schülerinnen und Schüler im Alter zwischen neun und siebzehn Jahren teilgenommen, darunter sieben Mädchen und 19 Jungen. 15 der teilnehmenden Jugendlichen wiesen einen Migrationshintergrund auf.

Die Teilnahme am Projekt erfolgte auf Empfehlung der Lehrerinnen und Lehrer. Die Lehrer waren aufgefordert, Schülerinnen und Schüler zu nennen, die „besondere Schwierigkeiten" im Schriftspracherwerb hatten. Die Teilnahme am Projekt war freiwillig, für die Schülerinnen und Schüler bestand jederzeit die Möglichkeit, aus dem Projekt auszusteigen. Davon hat allerdings nur ein Schüler Gebrauch gemacht.[2] Eine weitere Förderung musste von uns abgebrochen werden, da die Förderlehrerin aus persönlichen Gründen das Projekt verlassen musste und für sie kurzfristig kein Ersatz gefunden werden konnte. Ein Schüler wurde auch nach Abschluss des Projekts auf freiwilliger Basis weiter gefördert.

Die beiden Schüler, bei denen die Förderung abgebrochen wurde, sind in der Tabelle 1 und in den folgenden Auswertungen nicht mehr mit berücksichtigt.

Tabelle 1: Alter und Geschlecht der SchülerInnen

Alter	w	m	Σ
9	1	–	1
10	1	1	2
11	2	5	7
12	1	3	4
13	1	1	2
14	1	3	4
15	–	2	2
16	–	1	1
17	–	1	1
Σ	7	17	24

Uns begegnet bei den im Projekt geförderten Schülerinnen und Schülern eine große Bandbreite von Altersstufen, Lebenslagen und Lern-Biographien. Allen Schülerinnen und Schülern gemeinsam ist das Merkmal, dass sie trotz langjährigem Schulbesuch und sonderpädagogischer Förderung im Schriftspracherwerb nicht einmal den erwartbaren Stand des ersten Grundschuljahres erreicht haben.

In der Untersuchungsgruppe finden sich die für die Gesamtpopulation bildungsbenachteiligter Schülerinnen und Schüler typischen Sozialindikatoren wieder: Überrepräsentation von Armutslagen, Überrepräsentation von Familien mit Migrationshintergrund, häufig beengte Wohnverhältnisse bei kinderreichen Familien sowie eingeschränkte Möglichkeiten der Eltern zur Unterstützung ihrer Kinder in schulischen Belangen.

Die Schülerinnen und Schüler besuchen alle die Schule für Lernhilfe. Ihnen ist schmerzlich bewusst, dass diese Schulform ein Ort sozialer Ausgrenzung darstellt und sie schämen sich, diese Schule besuchen zu müssen. Dies zeigt sich unter an-

---

2 Dieser Junge besuchte die Schule äußerst unregelmäßig. Dadurch fielen auch die vereinbarten Fördersitzungen immer wieder aus. Trotz intensiver Bemühungen der Förderpädagogin ist es nicht gelungen, dem Jungen mehr Kontinuität und Verlässlichkeit abzugewinnen. Daher wurde in gegenseitigem Einvernehmen die Förderung beendet.

derem an ihren durchgängig zu beobachtenden Anstrengungen, gegenüber Gleichaltrigen tunlichst zu verheimlichen, auf welche Schule sie gehen. Innerhalb dieser schon ausgegrenzten Gruppe zählten unsere Projektschüler wiederum zu den leistungsschwächsten ihrer Lerngruppen – zumindest was den Schriftspracherwerb betrifft. Es ist daher verständlich, dass diese Schülerinnen und Schüler eine ausgeprägte Misserfolgserwartung aufgebaut haben. Hieraus ergibt sich zwangsläufig, dass neben der Arbeit am Lerngegenstand Schrift die emotionale und motivationale Stabilisierung sowie der Aufbau einer stabilen Arbeitshaltung im Zentrum der Förderung stehen müssen.

4 Ergebnisse: Erfolge und Misserfolge

Wir stellen die Ergebnisse des Projekts in zwei Abschnitten dar. Im ersten Teil berichten wir unter quantitativen Aspekten summarisch über den Erfolg der Fördermaßnahmen. Im zweiten Teil gehen wir unter qualitativen Gesichtspunkten auf den Prozess der Förderung selbst ein.

Auswertungsdimensionen

Die Auswertung basiert auf den Daten von vierundzwanzig Förderverläufen. Dem ganzheitlichen Förderansatz folgend beurteilen wir die Lernentwicklung der Schülerinnen und Schüler nicht allein im Hinblick auf die schriftsprachlichen Kompetenzen, sondern beobachteten auch deren Entwicklung im Bereich des *Lernverhaltens* und der *Lernmotivation*. Den Neuen Medien – Computer und Internet – kommt in unserem Förderkonzept eine doppelte Funktion zu, einerseits als Medium zur Förderung der schriftsprachlichen Kompetenz und andererseits als eigenständigem Lerngegenstand im Sinne einer vierten Kulturtechnik. Aus diesem Grund betrachten wir Lernzuwächse in diesem Bereich analog zu den Lernfortschritten auf dem Gebiet des Lesens und Schreibens.

Die drei Bereiche *Lernzuwachs, Lernverhalten* und *Lernmotivation* wurden zwecks besserer Operationalisierbarkeit in jeweils vier Unterbereiche gegliedert.

Der *Lernzuwachs* in Bezug auf Schriftsprache und Medienkompetenz wurde unter den Aspekten

- Lesen,
- Schreiben,
- Bedienfertigkeiten am Computer und
- Internetnutzung

ausgewertet.

In die Beurteilung des *Lernverhaltens* flossen ein:

- Konzentrationsfähigkeit,
- Mitarbeit in den Fördersitzungen (Zuverlässigkeit und positive Veränderungen in der Kommunikationsleistung),
- Verantwortungsübernahme für den eigenen Lernprozess (Mitbestimmung zur Gestaltung der Förderstunden, persönliche Zielentwicklung) und
- Steigerung des Vertrauens in die eigene Leistungsfähigkeit und zunehmende Öffnung zum Lesen und Schreiben.

Zur *Lernmotivation* wurden die Bereiche

- Schule
- Förderung
- Nutzung von Computer und Internet
- Lesen und Schreiben

abgefragt.

Lernzuwachs und *Lernverhalten* beziehen sich auf die äußere, beobachtbare Seite des Lernprozesses, während die *Lernmotivation* auf innere, subjektive Vorgänge zielt. In der folgenden Ergebnisdarstellung werden wir die Bereiche Lernzuwachs und Lernverhalten gemeinsam behandeln und auf die Lernmotivation gesondert eingehen.

Die Befunde zu den Bereichen Lernzuwachs und Lernverhalten basieren auf der Beurteilung durch die FörderpädagogInnen, es wurde aber auch die Selbsteinschätzung der SchülerInnen (insbesondere im Bereich des Lernverhaltens) berücksichtigt. Die Beurteilung der Lernfortschritte im Bereich des Lesens und Schreibens basiert auf standardisierten bzw. halb-standardisierten Diagnoseverfahren sowie auf der Analyse der Schülerarbeiten. Die Befunde zur Entwicklung von Lernverhalten und Lernmotivation gründen sich auf die Analyse der Stundenprotokolle der Fördersitzungen in Kombination mit der Selbsteinschätzung der Schülerinnen und Schüler. Ergänzend wurden zu allen Bereichen Einschätzungen der Klassenlehrer herangezogen.

Um den unterschiedlichen Ausgangslagen und Entwicklungsverläufen gerecht zu werden und gleichzeitig eine gewisse Vergleichbarkeit der Ergebnisse zu gewährleisten, wurde die Bewertung der Förderverläufe in eine dreistufige Likert-Skala überführt. In den folgenden Darstellungen kennzeichnet das Symbol (+) einen günstigen Verlauf bzw. deutliche Lernzuwächse, das Symbol (o) steht für geringe Verbesserungen und das Symbol (-) keine Verbesserung oder gar für eine negative Entwicklung.

Lernzuwachs und Lernverhalten

Tabelle 2 gibt einen summarischen Überblick über die Ergebnisse in den Bereichen *Lernzuwachs* und *Lernverhalten* aller vierundzwanzig Förderverläufe. Hierzu wurden die Bewertungen über die acht Dimensionen kumuliert (d.h. es wurden die positiven Symbole der Bereiche Lernzuwachs und Lernverhalten mit der Anzahl

_____ Ergebnisse: Erfolge und Misserfolge

der Minussymbole verrechnet). Die Skala reicht von (–4) erzielten Punkten bis zur Höchstzahl (+8). Wir bewerteten Förderverläufe mit

- 8 Punkten als *sehr erfolgreich*
- 7 und 6 Punkten als *erfolgreich*
- 5 und 4 Punkten als *befriedigend*
- 3 und 2 Punkten als *mäßig*
- 1 und weniger Punkten als *erfolglos*

Tabelle 2: Lernzuwachs

Nr.	Lernzuwachs				Lernverhalten				Punkte (kumuliert)
	Lesen	Schreiben	Computer	Internet	Konzentration	Mitarbeit	Verantwortung	Selbstvertrauen	
1	+	+	+	+	+	+	–	+	6
2	+	+	+	+	+	+	+	+	8
3	–	–	+	+	+	+	+	o	3
4	–	–	+	+	–	–	–	–	–4
5	+	+	+	+	+	+	+	+	8
6	+	+	+	+	+	+	+	+	8
7	–	–	+	+	–	–	–	–	–4
8	o	o	+	+	+	+	+	+	6
9	o	o	+	+	o	+	+	o	4
10	o	o	+	+	o	+	o	o	3
11	+	+	o	o	+	+	o	+	5
12	+	+	+	+	o	+	o	+	6
13	+	o	+	+	o	+	+	+	6
14	o	o	+	+	o	o	o	o	2
15	+	+	+	+	o	+	o	o	5
16	+	+	o	o	+	+	–	–	2
17	+	+	+	+	+	+	+	+	8
18	+	o	+	o	+	+	+	–	4
19	o	o	+	+	+	+	+	+	6
20	+	+	+	+	+	+	o	o	6
21	o	o	+	o	+	+	o	+	4
22	+	+	+	+	+	+	o	+	7
23	+	+	+	+	+	+	+	+	8
24	+	+	+	+	+	+	+	+	8

Abbildung 1 veranschaulicht die Verteilung der summarischen Bewertung der Förderverläufe.

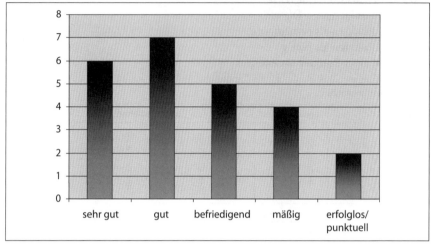

Abb. 1: Bewertung der Förderverläufe

Dreizehn der insgesamt 24 Förderungen wurden mithin als *sehr erfolgreich* oder als *erfolgreich* eingestuft. Fünf Förderungen waren noch als *befriedigend* einzuschätzen und sechs Förderverläufen war nur ein mäßiger oder gar kein Erfolg beschieden.

Lernzuwachs

Abbildung 2 zeigt die differenzierte Aufstellung der Ergebnisse im Bereich *Lernzuwachs* in den Dimensionen *Lesen, Schreiben, Computer* und *Internet*.

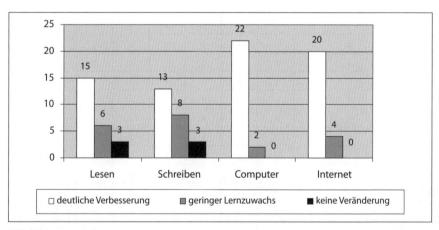

Abb. 2: Lernzuwachs

Bei fünfzehn bzw. dreizehn Schülern waren deutliche Leistungsverbesserungen im Lesen und Schreiben zu verzeichnen. Bei drei Schülern konnten trotz der Förderung keine Verbesserungen in diesem Bereich festgestellt werden. Die Nutzung des Computers und Internets führte dazu, dass zweiundzwanzig bzw. zwanzig der vierundzwanzig Schüler in dieser Kategorie ihr Wissen deutlich erweitern konnten.

Lernverhalten

Abbildung 3 verdeutlicht die Ergebnisse im Bereich *Lernverhalten*, der sich aus den Aspekten *Konzentration, Mitarbeit, Verantwortung* und *Selbstvertrauen* zusammensetzt.

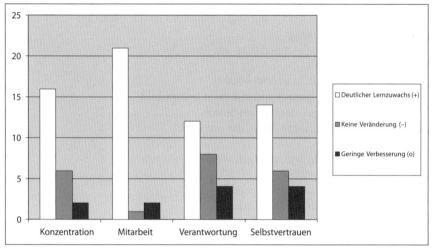

Abb. 3: Lernverhalten

Die Abbildung veranschaulicht, dass 21 Schüler ihre Mitarbeit verbesserten, 16 ihre Konzentrationsleistungen, 14 Schüler erlangten ein höheres Selbstvertrauen und zwölf übernahmen mehr Verantwortung für ihre eigenen Lernprozesse. Das Lernarrangement *Einzelförderung* schafft offenbar eine hohe Verbindlichkeit, die sich von der geringen Motivation zum schulischen Lernen deutlich abhebt (siehe folgenden Abschnitt).

Es ist bei der Hälfte der geförderten Schüler gelungen, ihnen die Verantwortung für ihr eigenes Lernen klar zu machen. Dies ist, angesichts der resignativen Grundstimmung der Schülerinnen und Schüler der Schule für Lernhilfe, zunächst als Erfolg zu bewerten. Es ist allerdings zu bedenken, dass das Setting *Einzelförderung* auch dazu führen kann, regressive Tendenzen der Schülerinnen zu verstärken und so – zumindest vorübergehend – vermehrte Abhängigkeit statt größere Autonomie im Lernen zur Folge hat.

Lernmotivation

Veränderungen der Lernmotivation sind deshalb von besonderer Bedeutung, weil sie eine verlässlichere Prognose über die Nachhaltigkeit der Fördereffekte erlauben als die Veränderung der Lernstände. Mit anderen Worten, Lernfortschritte sind immer davon bedroht, mit Beendigung der Förderung wieder verloren zu gehen. Eine Verbesserung der Lernmotivation hingegen verspricht dauerhafte Effekte.

Die Bewertungen erfolgen auf Basis der Selbsteinschätzung der Schülerinnen und Schüler und wurden mit den Einschätzungen der FörderpädagogInnen rückgekoppelt.

Die im Folgenden wiedergegebenen Daten wurden aggregiert, indem wir eine positive, eine neutrale und eine ablehnende Haltung zu dem jeweiligen Gegenstandsbereich unterschieden haben. Sie spiegeln den Stand am Ende der Förderung wieder. Zur Illustration des Codierungsverfahrens nennen wir einige Schüleraussagen und deren Einordnung:

Als *positive Haltung* (+) bewerteten wir Aussagen wie:

„Das Lernen in der Schule ist jetzt leichter."
„Ich bin froh, dass sie kommt und mir beim Lernen hilft."
„Computer und Internet, das war am besten."
„Sie hat immer einen Laptop dabei, das war cool."

Als *neutral* (o) werteten wir Aussagen wie:

„Ich weiß nicht, die Schule ist mir egal."
„An der Schule hat sich nichts geändert."
„Es ist schön, dass einfach jemand da ist und mir hilft."
„Lesen muss ich später mal können im Beruf."
„Schreiben am Computer ist schwer, aber Internet, da gab es schöne Bilder, das war gut."

Als *ablehnend* (–) werteten wir Aussagen wie:

„Ich hasse meine Schule."
„Schule ist das Letzte."
„Mein Lehrer merkt nicht, dass ich besser geworden bin."
„Ich glaube, meinen Lehrer interessiert es nicht, was ich kann."
„.Keiner merkt, was wir hier machen."
„Ich gehe dahin (zur Förderung; d. Verf.), weil die Lehrerin gesagt hat, ich soll da mal hingehen."
„Meine Mutter will auch, dass ich besser lese und schreibe, wie mein Lehrer."

Tabelle 3 gibt die Ergebnisse in den Bereichen *Lernmotivation* in Bezug auf die *Schule,* die *Förderung,* die *Neuen Medien* und das *Lesen und Schreiben* wieder:

Tabelle 3: Lernmotivation

Nr.	Schule	Förderung	Neue Medien	Lesen und Schreiben
1	-	+	o	o
2	+	+	+	-
3	-	o	-	-
4	-	+	+	-
5	+	+	+	+
6	+	+	+	+
7	-	-	+	-
8	o	o	+	o
9	-	+	-	-
10	-	+	+	+
11	+	+	o	+
12	-	+	+	-
13	-	+	+	+
14	-	+	+	o
15	-	o	+	+
16	-	+	o	+
17	-	+	+	+
18	+	o	o	+
19	+	+	+	+
20	-	-	+	-
21	-	+	+	-
22	+	+	+	+
23	-	+	+	-
24	+	+	+	+

Abbildung 4 auf der folgenden Seite zeigt die aufsummierten Werte in Bezug auf *Schule, Förderung, Neue Medien und Lesen und Schreiben*.

Auffällig ist hier die hohe Wertschätzung der Förderung und der Neuen Medien ebenso wie die deutliche Ablehnung der Schule. So ist es als erfreulich zu bewerten, dass immerhin zwölf der geförderten Schüler am Ende der Förderung eine positive Haltung zum Lesen und Schreiben – einer eindeutig schulisch besetzten Thematik – aufgebaut haben, zumal dies zu Beginn der Förderung bei keinem der Schüler der Fall war. Bedenklich bleibt, dass aber auch neun Schüler bis zum Ende der Förderung ihre ablehnende Haltung zur Schrift beibehielten. Es ist nicht zu erwarten, dass dies durch die hohe Bedeutung, die fast alle Schüler dem Computer und dem Internet beigemessen haben, ausgeglichen werden kann.

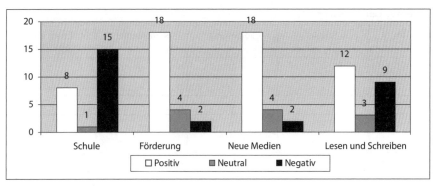

Abb. 4: Lernmotivation

An dieser Stelle ist es lohnend, noch auf einige Details einzugehen:
- Die ablehnende Haltung zu Lesen und Schreiben geht (mit einer Ausnahme) mit der ablehnenden Haltung zur Schule einher. Dies bestätigt einmal mehr die hohe Bedeutung der Beherrschung der Kulturtechniken für das Entstehen von Schul(un)lust.
- Von den zwölf SchülerInnen, die sich ihre negative oder neutrale Haltung zur Schrift „bewahrt" haben, bewerteten doch immerhin acht SchülerInnen die Förderung als für sie wertvoll, obwohl die Förderung sich im Kern um Lesen und Schreiben gedreht hat. Offenbar wussten einige SchülerInnen die Förderung für sich selbst anders zu nutzen, als dies vom Ansatz her gedacht war. Für sie war es als Beziehungsangebot mehr eine Chance zur Persönlichkeitsstabilisierung und weniger eine Lerngelegenheit.
- In den beiden Fällen mit einer negative Einstellung zur Förderung ging dies mit einer ablehnenden Haltung zur Schule und zur Schrift einher, einzig die Arbeit mit den Neuen Medien war geeignet, dieses Muster zu durchbrechen.

Zusammenfassung der Ergebnisse der quantitativen Auswertung

Abbildung 5 auf Seite 35 schlüsselt auf, wie viele der insgesamt 24 Schülerinnen und Schüler Leistungsverbesserungen in Bezug auf die Lerngegenstände Lesen und Schreiben, einen Zuwachs an Medienkompetenz sowie eine Verbesserung im Lernverhalten (Konzentration, Mitarbeit, Verantwortung) erreichten beziehungsweise eine positive Einstellung in Bezug auf die Schule, die Förderung, die Nutzung der Neuen Medien und der Schrift entwickelten.

In den Kategorien *Mitarbeit* und *Computer und Internet* ergaben sich die nachhaltigsten Veränderungen. Soweit es eine anfängliche Scheu oder Verweigerung gab, in der Förderung mitzuarbeiten und sie mitzugestalten, konnte diese deutlich verringert werden. Die Nutzung der Neuen Medien bildete die Motivationsgrundlage, den Zugang zur Schrift zu wagen.

Ergebnisse: Erfolge und Misserfolge

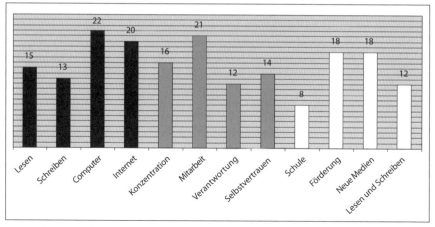

Abb. 5: Zusammenfassung der Ergebnisse

Die Fördersituation in Verbindung mit den Neuen Medien wurde von achtzehn Schülerinnen und Schülern als positiv bewertet. Dies ist ein weiterer Beleg dafür, dass die intensive *Eins-zu-Eins-Förderung*, die auf der Basis einer tragenden Beziehung stattfindet, nachhaltige Effekte bei bereits von der Schule aufgegebenen Schülern erreichen kann.

Aspekte erfolgreicher Förderung: Befunde der qualitativen Auswertung

Die übergreifende konzeptuelle Prämisse des Projekts war es, den Lernproblemen der Schülerinnen und Schüler mit einem ihren Schwierigkeiten, vor allem aber ihren Fähigkeiten und Interessen individuell angepassten Förderangebot zu begegnen. Dieses individualisierte Vorgehen führt zu dem Darstellungsproblem, welche generalisierbaren – d.h. über den Einzelfall hinausgreifenden – Erkenntnisse mitgeteilt werden können. Wir greifen im Folgenden zwei Aspekte heraus, die uns für die Organisation und Durchführung unterrichtsbegleitender Hilfen von besonderer Bedeutung erscheinen, nämlich (1) die Entwicklung des Arbeitsbündnisses und (2) die Beachtung eines mehrdimensionalen Modells des Verständnisses von Lernstörungen.

Im folgenden Abschnitt beschreiben wir daher, wie sich unter den spezifischen Bedingungen der Einzelförderung das Arbeitsbündnis zwischen Schülern und Förderpädagogen entwickelt. Der Förderprozess gliedert sich, so unsere Beobachtung, regelhaft in die drei unterscheidbaren Phasen des *Kennenlernens*, des *Aushandelns* und des *Tätigwerdens*. Jede dieser Phasen braucht ihre Zeit und alle Versuche ihrer Abkürzung zeitigen auf lange Sicht negative Konsequenzen.

Auf der Basis der Erfahrungen im ersten Durchgang des Projekts haben wir ein Mehr-Ebenen-Modell zum Verständnis von Lernproblemen entworfen und dieses im zweiten Durchgang systematisch evaluiert. Wir unterscheiden in der Genese von Lernstörungen zwischen der Ebene I *der Passung zwischen Lernvoraussetzungen und Lernangebot*, der Ebene II *der subjektiven Sinnhaftigkeit des Lerngegenstandes* und der Ebene III *der lernbiographisch begründeten Widerstände und Blockaden*. Wir werden im zweiten Abschnitt darstellen, welche Phänomene uns auf den verschiedenen Ebenen begegnet sind, mit welchen diagnostischen Strategien wir sie zu erfassen suchten und mit welchen Interventionen wir darauf reagiert haben.

Die Entwicklung des Arbeitsbündnisses: Phasen im Förderprozess

In psychosozialen Arbeitsfeldern wie Beratung, Therapie oder auch der Sozialen Arbeit wird die Aufgabe, eine belastbare Beziehung zwischen Klienten und Professionellen herzustellen, unter dem Begriff des *Arbeitsbündnisses* gefasst. In der Schulpädagogik findet dieser Begriff hingegen wenig Beachtung. Dies mag damit zu tun haben, dass die meisten psychosozialen Dienstleistungen auf Freiwilligkeit beruhen. Gelingt es dem Professionellen nicht, ein tragfähiges Arbeitsbündnis mit den Klienten herzustellen, bleiben diese einfach weg und das Angebot läuft ins Leere.

Diese Voraussetzung der Freiwilligkeit ist in der Schule offenkundig nicht gegeben, bekanntlich herrscht Schulpflicht. Insofern überrascht es auch nicht, dass die Probleme der Etablierung eines Arbeitsbündnisses in der Schulpädagogik wenig reflektiert werden. Das ist solange unproblematisch, als die SchülerInnen neben der Erfüllung der Schulpflicht ein Eigeninteresse am Lernen verfolgen. Das kann in der Regel ja auch vorausgesetzt werden: bei den jüngeren Schülern basiert das unhinterfragt vorausgesetzte Arbeitsbündnis letztlich auf ihrer anthropologisch mitgegebenen Neugier und spontaner Lernbegierde, bei älteren Schülern mag die Einsicht in die Notwendigkeit des Erwerbs von Bildungstiteln hinzu kommen (vgl. hierzu ausführlich *Oevermann* 1996).

Für die Schülerinnen und Schüler der Schule für Lernhilfe treffen beide Voraussetzungen nur noch eingeschränkt zu: ihr spontanes Lernbedürfnis ist zu oft enttäuscht worden und die Bildungstitel, die die Schule für Lernhilfe zu vergeben hat, sind wenig attraktiv. Was bleibt, ist der Zwang zur Erfüllung der Schulpflicht.

Die von uns geschaffene besondere pädagogische Situation „Einzelförderung" unterscheidet sich in dieser Hinsicht vom gewohnten Setting der Schule. Zudem verlangt der situative Ansatz von vornherein ein anderes Vorgehen als das in der Schule übliche: Schule macht ein Angebot, dem sich der Schüler fügt oder eben nicht. Schule sieht sich allenfalls in der Pflicht, die Schüler für dieses Angebot zu motivieren. Unser Ansatz hingegen versucht konsequent von den Lernbedürfnissen und Lerninteressen der Schüler auszugehen bzw. lebensweltbezogene Lerninteressen zu wecken. Es ist allerdings nicht damit getan, die Schüler einfach zu fragen, was sie woran lernen wollen. Eine lebensweltorientierte Didaktik setzt vielmehr einen aufwändigen gemeinsamen Klärungsprozess voraus. Diese Verständigung darüber, worin genau das Hilfsangebot bestehen soll, firmiert in sozialpädagogischen und in Beratungskontexten unter dem Begriff der Auftragsklärung: In diesen pädagogischen Handlungsfeldern ist es mehr oder weniger selbstverständlich, dass über das Hilfsangebot ein wechselseitiges Einverständnis erzielt werden muss, wenn es vom Nutzer akzeptiert, als hilfreich erlebt und nachhaltig wirksam werden soll.

In der Schule ist dies ungewöhnlich und den Schülern war unser Anliegen zunächst fremd. Es zeigte sich, dass sich die Herstellung des Arbeitsbündnisses als ein – für beide Seiten: Schüler und Förderpädagogen – mühsamer Prozess gestaltete. Durchgängig zu beobachten war eine Phase der Verunsicherung, die von den FörderpädagogInnen metaphorisch als „Zeit des Stocherns im Nebel" bezeichnet wurde.

Letztlich konnten wir mit dem *Kennenlernen*, dem *Aushandeln* und dem *Tätigwerden* drei idealtypisch unterscheidbare Phasen in der Entwicklung des Arbeitsbündnisses erkennen. Diese Phasen weisen das eigentümliche Merkmal der Selbstähnlichkeit auf: sie lassen sich im großen Maßstab für den Gesamtprozess beschreiben, wie auch im kleinen Maßstab in jeder Einzelsitzung wieder finden.[3]

Phase I: Das Kennenlernen

Die pädagogischen *Ziele* dieser Phase bestehen in

- der Entstehung eines Fähigkeits- und Interessenprofils des Schülers
- der Entwicklung erster Hypothesen, aus welchem Grund und zu welchem Zweck sich die Lernprobleme einstellten
- der Gewinnung von Anhaltspunkten zur Entwicklung von Lernanreizen und Aufgabenstellungen.

Als *Rahmenbedingungen* sind festzuhalten:

- Freiwilligkeit des Schülers zur Teilnahme an der Förderung
- Schaffung einer Situation, in der Schüler und Pädagoge gewillt sind, sich zu öffnen.

Die pädagogische Interaktion ist in dieser Phase durch die folgenden *Themen* beziehungsweise *Inhalte* geprägt:

- Austausch zwischen Pädagoge und Schüler über ihre Lebenswelten – unter Wahrung der Privatsphäre
- Erteilung eines klaren und nachvollziehbares Angebots durch den Pädagogen, beim Lernen zu unterstützen
- Verständigung über die Motivation zur Teilhabe an der Förderung
- Entwicklung einer Perspektive für die Förderung auf der Basis der Wünsche und Ziele des Schülers

---

3 Die mathematische Eigenschaft der Selbstähnlichkeit (bekanntestes Beispiel ist wohl das so genannte Apfelmännchen) lässt sich erstaunlicherweise in vielen biologischen, psychologischen und sozialen Prozessen, ja sogar an Börsenkursen beobachten (vgl. Zimpel 2000).

- Sammlung von Informationen zum Lernstand und zur Lernbiographie durch die Befragung von Dritten (Lehrer, Eltern), durch ausgewählte diagnostische Verfahren, durch Auswertung der Schülerakte und vorliegender Gutachten und durch die Befragung des Schülers selbst.

Phase II: Das Aushandeln

Die pädagogischen *Ziele* dieser Phase bestehen in der

- Entwicklung eines Förderkonzeptes, das dem Schüler und seinen Zielen entspricht
- Verabredung verbindlicher Vereinbarungen, die einen verlässlichen Rahmen für die Förderung geben.

Als *Rahmenbedingungen* sind festzuhalten:

- Bereitstellen eines geschützten, ungestörten Rahmens (dies können Räume in der Schule, zu Hause oder auch im Hort sein)
- Suchen außerschulischer Lernorte für gemeinsame Aktivitäten.

Die pädagogische Interaktion ist in dieser Phase durch die folgenden *Themen* beziehungsweise Inhalte *geprägt*:

- Zeitliche Strukturierung der Fördersitzungen (Arbeitsplan, Gesprächsphasen und Spielphasen in die Fördersitzungen einplanen)
- Entwicklung von Ritualen wie Einstiegsgespräche und Feed-back zu den Sitzungen
- Vereinbarung von Belohnungssystemen
- Gemeinsame Zielentwicklung, was als Ergebnis der Förderung gewünscht wird
- Festlegung der Förderinhalte und Setzen der Förderungsschwerpunkte.

Phase III: Die Tätigkeit

In Phase III der *Tätigkeit* erfolgte die Umsetzung des in den beiden vorangegangenen Phasen ausgehandelten Vorgehens. Es wird an dieser Stelle besonders deutlich, wie sehr die Förderung an den individuellen Bedürfnissen und Möglichkeiten der Schülerinnen und Schülern ausgerichtet war. Das heißt nicht, dass wir auf vorliegendes didaktisches Material verzichtet hätten, im Gegenteil: es ist für dieses Vorgehen unverzichtbar, dass die Förderpädagogen über einen umfangreichen Fundus von Angeboten verfügen, aus dem sie situativ angemessen auswählen können.

An dieser Stelle soll nur ein Überblick über die Breite der Aktivitäten gegeben werden. In der Arbeitshilfe findet sich eine systematische Darstellung praxiserprobter Fördermaterialen und einschlägiger Lernsoftware.

Schreibanlässe schaffen

Immer wieder gelang es den Förderpädagogen in der Arbeit mit den Schülern, Schreibanlässe zu finden, die für die Schüler einen sinnvollen Bezug zu ihrem Alltag aufwiesen. Situativ sich ergebende Anlässe wurden spontan aufgegriffen, wie zum Beispiel das Schreiben einer Geburtstagskarte. Es wurden Interessen und Vorlieben genutzt, wie zum Beispiel eine Spielerkartei des Lieblingsfußballvereins zu erstellen oder Kochrezepte in einem persönlichen Kochbuch festzuhalten. Als besonders tragfähig hat sich die Dokumentation gemeinsamer Aktivitäten wie Ausflüge etc. erwiesen. Hier konnten Fotos beschriftet und mit kleinen Texten versehen werden.

Das Schreiben fand fast ausschließlich am PC statt. Die Nutzung des PCs als Schreibmaschine empfanden die Schülerinnen durchgängig als hilfreich. Die Konzentration auf die motorischen Aspekte des Schreibens entfällt und die Korrektur fehlerhafter Schreibung ist einfach und hinterlässt kein verwüstetes Schriftbild. Bei einigen der fortgeschritteneren Schüler richteten die FörderpädagogInnen E-Mail-Accounts ein, sodass hier auch eine Form schriftlicher Kommunikation eingeführt werden konnte. Als knifflige Herausforderung erwies sich immer wieder die Eingabe von Passwörtern, da hier jeder Tippfehler „bestraft" wird.

Häufig war es nötig, dass sich die FörderpädagogInnen anfangs darauf einließen, als SekretärIn zu fungieren, das heißt, die von den Schülern diktierten Texte selbst zu schreiben. Nachdem die Scheu vor dem Schreiben nach und nach abgebaut wurde, trauten sich diese Schüler dann zunehmend selbst an die Tastatur.

Die in der Projektkonzeption formulierte Idee, eine Homepage zu gestalten, wurde von neun SchülerInnen aufgegriffen und realisiert. Die im ersten Förderdurchgang eingesetzte Software Mediator hat sich dazu allerdings als zu kompliziert erwiesen. Sehr bewährt hat sich hingegen im zweiten Durchgang die Internet-Plattform Primolo, die als Content-Management-System aufgebaut ist. Hier haben sieben der 14 SchülerInnen des zweiten Durchgangs eine eigene Seite mit Fotos und kurzen Texten erstellt.

Leseanlässe schaffen

Analog zu den Schreibanlässen wurden entsprechende Leseanlässe gesucht und gefunden. Die Auswahl orientierte sich auch hier an den Interessen der Kinder und Jugendlichen bzw. es wurden entsprechende Angebote gemacht, wie zum Beispiel die gemeinsame Lektüre von Comics oder Jugendzeitschriften.

Einen breiten Raum nahm das Surfen – und nach und nach auch die gezielte Recherche – im Internet ein. Die aufgerufenen Seiten variierten je nach Alter und Vorlieben von den Angeboten von Spielzeugherstellern und speziellen Kinderseiten, über Fernsehserien bis hin zu Sportvereinen. Einzelne SchülerInnen nutzten die Recherchen gezielt, um Informationen zu ihren Hobbys zu gewinnen. Aufgrund der Textlastigkeit der meisten Internet-Auftritte waren die SchülerInnen aber doch immer wieder auf die Unterstützung durch die FörderpädagogInnen, die ihnen als Vorlesekraft dienen mussten, angewiesen. Dies haben wir in Kauf genommen, denn wir haben diese Form der Internet-Nutzung als wichtigen Schritt hinein in die Schriftkultur gewertet.

Gemeinsame Aktivitäten und Ausflüge haben sich als die besonders motivierenden Leseanlässe erwiesen. So hat beispielsweise ein Schüler den bevorstehenden Zoobesuch akribisch durch eine Internet-Recherche vorbereitet. Er informierte sich mit Unterstützung der Förderpädagogin über die Öffnungszeiten, lud sich Lagepläne des Zoos herunter, orientierte sich auf dem Stadtplan über die Anfahrt und besorgte sich Fahrpläne der ÖPNV.

Üben
Selbstverständlich bezog das Förderangebot auch das gezielte Üben bestimmter lese- und schreibtechnischer Fertigkeiten mit ein. Hierzu griffen wir auf vorliegende Materialien zurück, wie zum Beispiel den Kieler Leseaufbau bzw. setzten verschiedene Lernprogramme ein (Budenberg, Lernwerkstatt, Der Neue Karolus etc.). Daneben wurden selbst erstellte Materialen (Wortkarteien, Anlautmemorys etc.) eingesetzt. In einzelnen Fällen wurden zum Üben auch die Arbeiten und Themen aus dem Unterricht fortgeführt und manchmal auch gezielt für Klassenarbeiten geübt.

Das Üben erwies sich immer dann als produktiv, wenn von den SchülerInnen für diese Arbeitsform ein expliziter Auftrag erteilt wurde. Dies verweist auf die besondere Bedeutung der Aushandlungsphase. Wenn das gezielte Üben bzw. ein eng lehrgangsorientiertes Vorgehen mit dem Schüler vereinbart war, haben die FörderpädagogInnen in Einzelfällen sogar auf das Aufgreifen lebensweltlich bedeutsamer Themen im oben genannten Sinne des Schaffens bedeutungsträchtiger Lese- und Schreibanlässe völlig verzichtet.

Interessant waren die Fälle, in denen eine solche Vereinbarung nicht vorlag, die FörderpädagogInnen aber trotzdem auf einem übenden Vorgehen bestanden. Diese Situation trat zumeist dann ein, wenn sich aufgrund der Passivität der SchülerInnen keine lebensweltlich bedeutsamen Themen haben finden lassen, an denen hätte gearbeitet werden können. Aus Sorge, den Förderauftrag zu verfehlen, tendierten die PädagogInnen dann verschiedentlich dazu, diese Lücke mit konventionellen Materialien zu schließen, oder dies zumindest zu versuchen. Es zeigte sich jedoch relativ rasch, dass damit letztlich nur das Geschehen, wie es sich seit Jahr und Tag im Unterricht abspielt, reproduziert wurde. Die SchülerInnen reagierten mit Langeweile, Verweigerung, Unkonzentriertheit bzw. tatsächlichem oder gespieltem Unverständnis.

Das gezielte Üben erwies sich also dann – und nur dann – als produktiv, wenn es zwischen Schüler und Förderpädagoge als Teil des Förderangebots gemeinsam verabredet war. Das Üben kann dann je nachdem einen Ausschnitt oder den Schwerpunkt der Fördersitzungen einnehmen.

Spiele und Multimedia
Spielen erwies sich als wesentliches Element der Förderarbeit. Zunächst einmal reichte die Konzentrationsfähigkeit der meisten Schülerinnen und Schüler nicht für eine gesamte Doppelstunde aus. Die Konzentrationsfähigkeit schwankte allerdings je nach Tagesform und vor allem je nach Interesse für die gerade stattfindende Aktivität erheblich. Es bot sich an, die Förderstunde jeweils mit einem gemeinsamen Spiel zu

beenden. Dies hat vordergründig den Charakter einer Belohnung nach dem Motto: Erst die Arbeit, dann das Spiel. Das gemeinsame Spiel hat darüber hinaus – im Sinne des „pädagogischen Nebenbei" – eine wichtige beziehungsstiftende Funktion. In den entspannten Situationen des Spiels berichteten die SchülerInnen häufig mehr über ihren Alltag, über ihre Sorgen und Nöte, über aktuelle Konflikte als in einer angestrengten Befragung über ihre Befindlichkeit. Eine entsprechende Funktion nahmen gelegentliche Spaziergänge oder kleine, selbstgeschaffene Rituale ein, wie zum Beispiel der abschließende Weg zurück ins Klassenzimmer oder das Bringen zum Bus.

Diese Spiele konnten sowohl gewöhnliche Karten- bzw. Gesellschaftsspiele sein als auch Spiele am PC. Neue Möglichkeiten ergeben sich aus der Multimedia-Tauglichkeit moderner Laptops. Hier wurden die Geräte auch zum Anschauen von DVDs oder dem Hören von CDs genutzt. So wurden in einem Fall abwechselnd auf DVD ein Harry-Potter-Film geschaut und Textauszüge dazu gelesen.

Zusammenfassende Kennzeichnung der Phase III – Tätigwerden

Die pädagogischen *Ziele* dieser Phase bestehen in der

- Übernahme von Verantwortung für den eigenen Lernprozess
- Kompetenzzuwachs in den Bereichen Schrift und Medien.

Als *Rahmenbedingungen* sind festzuhalten:

- Bereitstellen eines geschützten, ungestörten Rahmens (dies können Räume in der Schule, zu Hause oder auch im Hort sein)
- Suchen außerschulischer Lernorte für gemeinsame Aktivitäten.

Die pädagogische Interaktion ist in dieser Phase durch die folgenden *Themen* beziehungsweise *Inhalte* geprägt

- Methodisch-didaktische Passung der Lernangebote: Lernangebote vorhalten, die fachlich zu den Vorkenntnissen des Schülers passen
- Entwicklung von Sinnhaftigkeit des Lerngegenstandes: Aufgabenstellungen anbieten, die den Interessen des Schülers entsprechen
- Bearbeitung von Lernproblemen durch das gemeinsame Erfinden von Aufgabenstellungen
- Gemeinsame Gestaltung der Fördersitzungen, unter Berücksichtigung der Tagesform und aktueller Anlässe.

Lernprobleme auf drei Ebenen: Phänomene und Interventionsstrategien

Dem stark individualisierten didaktischen Vorgehen entspricht ein *ganzheitliches* Verständnis der Entstehung und Chronifizierung von Lernproblemen. Wir haben ein Modell entwickelt, in dem wir Lernprobleme auf drei Ebenen unterscheiden. Diese Ebenen sind uns bei der Arbeit mit allen Jugendlichen in je unterschiedlicher

Ausprägung und Intensität begegnet. Das aus den Einzelfallanalysen gewonnene Modell bezieht vorliegende didaktische, pädagogische bzw. therapeutische Ansätze mit ein und versucht diese in eine für den Praktiker handhabbare Ordnung zu bringen.

Ebene I bezieht sich auf den Bereich der *Lerngegenstände* und das methodisch-didaktische Postulat der notwendigen *Passung zwischen Lernangebot und Lernvoraussetzung*. So selbstverständlich diese Forderung anmutet, die Schule scheint in der Praxis diesem Anspruch häufig genug nicht gerecht werden zu können. Zwar findet eine ständige Überprüfung von Lernerfolgen durch Klassenarbeiten und Tests statt, diese Form der Überprüfung arbeitet aber eher der Selektionsdynamik der Schule zu als der Identifizierung von Lernproblemen. Mit anderen Worten: Wer bei den Lernerfolgskontrollen wiederholt scheitert, erhält nicht besondere Hilfen, sondern wird an den nächst niedrigeren Bildungsgang verwiesen. Trotz der speziellen Förderung an Sonderschulen gilt dies auch für einen Teil der von uns geförderten Schülerinnen und Schüler. Einige Lehrerinnen und Lehrer waren über den tatsächlichen Leistungsstand nur sehr ungenau im Bilde.

Ebene II zielt auf die subjektive Bedeutung, die die Schülerinnen und Schüler dem Schriftspracherwerb zumessen. Dies ist vor dem Hintergrund zu sehen, dass es der Schule, wie oben ausgeführt, nur unzureichend gelingt, sozioökonomisch, kulturell oder ethnisch begründete Differenzen anzuerkennen und auf diese eingehen zu können. Schule als mittelschichtorientierte Institution setzt bürgerliche Gewohnheiten bei ihren Schülerinnen und Schülern in der Regel als selbstverständlich voraus. Die Forschung zur Lesesozialisation zeigt deutlich, dass Kinder aus bürgerlichen Milieus bereits vor Schuleintritt über reichhaltige schriftsprachliche Erfahrungen etwa durch Vorlesen oder durch den selbstverständlichen Umgang mit Bilderbüchern verfügen (vgl. *Pieper* et al. 2004). Damit ist ein Grundbaustein für den Eintritt in die Schriftkultur gelegt. Genau dies trifft für Schülerinnen und Schüler aus bildungs- und schriftfernen Milieus häufig nicht zu. Der Schriftspracherwerb droht für diese Kinder zu einer Aufgabe zu werden, deren subjektiven Sinn sie nicht einsehen (können) und der sie sich nur unter Zwang unterwerfen oder eben verweigern. Ihre Lernmotivation speist sich bestenfalls aus sekundären Quellen; entweder dem Bemühen, weiterem Schulversagen und den damit einhergehenden Beschämungen zu entgehen oder aber dem Wissen, dass ihre Chancen auf dem Ausbildungs- und Arbeitsmarkt ohne hinreichende Schriftsprachkenntnisse gering sind. Einen persönlichen Gewinn darin, lesen und schreiben zu können, sahen die Jugendlichen zu Beginn des Projekts nicht. Ihre Bereitschaft zur Teilnahme am Projekt, die ja freiwillig war, entsprang eher dem Motiv der Schadensbegrenzung.

Der Situative Ansatz versucht nun, die Lebensthemen der Jugendlichen aufzugreifen und mit den Anforderungen des Schriftspracherwerbs in Verbindung zu bringen. Dies ist allerdings weit mehr als eine Frage des guten Willens: Situatives Vorgehen, schüler- bzw. lebensweltorientiertes Arbeiten setzt zwar die Bereitschaft des Pädagogen voraus, sich auf die konkreten Lebensverhältnisse eines Kindes oder Jugendlichen vorurteilsfrei einzulassen. Es verlangt aber darüber hinaus ein profundes Wissen über spezifische Lebenslagen „am Rande der Gesellschaft" und über soziokulturell bedingte, nicht-mittelschichttypische Normen- und Wertesysteme. Und auch dieses Wissen allein reicht nicht aus, um die individuellen Lebensthemen eines Jugendlichen zu erschließen. Dazu bedarf es professioneller Routinen, die es erlauben, mit den Jugendlichen in ein vertrauensvolles dialogisches Verhältnis zu treten.

Ebene III schließlich thematisiert die Lernwiderstände bzw. Lernblockaden, denen wir in der Förderung – nicht nur benachteiligter – Jugendlicher durchgängig begegnen. Auf der oben beschriebenen Ebene II geht es noch darum, den Jugendlichen Schrift als für sie persönlich sinnvoll und bereichernd erlebbar zu machen und damit die motivationalen Grundlagen für den Aneignungsprozess überhaupt erst zu legen. Nun haben die Jugendlichen bereits langjährige Erfahrungen mit dem schulischen Lernen, speziell mit dem Schriftspracherwerb hinter sich, und diese sind primär durch Misserfolg, Beschämung, Scheitern und Ausgrenzung geprägt. Auch wenn die Teilnahme am Projekt grundsätzlich freiwillig geschieht, so haben die Schülerinnen und Schüler dennoch subjektiv gute Gründe, sich den Herausforderungen des Lernens doch zu verweigern – zu groß ist die Gefahr des erneuten Scheiterns (vgl. *Katzenbach* 2004, 2005). Das heißt, dass das Nicht-Lernen für die Jugendlichen eine *subjektive Funktion* haben kann, die es zu erschließen gilt.

Ein Förderkonzept, das die Bedeutung der Lernstörung im Beziehungsgeflecht des Jugendlichen ignoriert, läuft hochgradig Gefahr, in einen aussichtslosen „Förderkampf" zu münden. Wenn die Störung für das Kind eine vitale Funktion erfüllt, wird es alles daran setzen, den Förderpädagogen davon zu „überzeugen", dass es „wirklich und unveränderbar gestört" ist. Hierfür finden wir in unseren Fallanalysen zahlreiche Belege. Diese Prozesse verlaufen häufig sehr subtil und sind der bewussten Wahrnehmung sowohl des Kindes wie auch des Pädagogen entzogen. Auch hier reicht der gute Wille des Pädagogen nicht aus. Hier sind ebenfalls spezifische professionelle Routinen gefragt, über die Lehrerinnen und Lehrer in der Regel nicht verfügen, um diese Prozesse überhaupt erkennen und mit ihnen umgehen zu können.

Die Fallanalysen haben uns davon überzeugt, dass in der Arbeit mit den Jugendlichen unvermeidlich alle drei Ebenen ins Spiel kommen. Die Frage ist, wie damit pädagogisch umgegangen werden kann. Denn üblicherweise wird versucht, die verschiedenen Ebenen getrennt zu halten, indem man sie verschiedenen Professionen bzw. Handlungsfeldern zuweist. Ebene I der didaktisch-methodischen Passung wird üblicherweise Schule und Unterricht zugeordnet, Ebene II der Bearbeitung lebensweltlicher Differenzen fällt in den Gegenstandsbereich von Sozialpädagogik und (Schul-)Sozialarbeit und Ebene III des Umgangs mit Widerständen gilt gemeinhin als Aufgabenfeld der Psychotherapie. So wird insbesondere die Bearbeitung der Ebene III von Lehrerinnen und Lehrern mit dem Hinweis zurückgewiesen, man sei kein Therapeut.

Das Problem besteht nun darin, dass sich die Jugendlichen nicht an die professionellen Zuständigkeitszuordnungen halten. Vielmehr hat sich gezeigt, dass insbesondere in der Benachteiligtenförderung die Zersplitterung der Hilfesysteme und deren Neben- bzw. häufig auch Gegeneinander keine Synergieeffekte, sondern erhebliche

Reibungsverluste erzeugt. Das heißt nun gerade nicht, dass Lehrerinnen und Lehrer Psychotherapie betreiben sollen, dazu fehlt ihnen sowohl die Kompetenz wie auch der Auftrag. Soweit es aber um tiefgreifende Lernstörungen geht, brauchen wir, so unsere Überzeugung, Pädagogen, die in der Lage sind, sowohl Lernprozesse zu organisieren als auch lebensweltliche Differenzen zu interpretieren, und die zudem Lernwiderstände wahrnehmen und bearbeiten können. Dies schließt die Bereitschaft und die Möglichkeit mit ein, sich gegebenenfalls Rat und Unterstützung von Experten anderer Professionen, wie Fachdidaktikern, Sozialarbeitern oder Psychotherapeuten einzuholen. Die im Projekt beteiligten studentischen Förderpädagogen müssen also Kompetenzen unterschiedlicher Professionen kombinieren. Wir haben dies durch Fachberatung, intensiven kollegialen Austausch und durch Supervision zu sichern versucht.

Die sich im Laufe des Projekts herauskristallisierende Forschungsfrage ist, *ob und wie* diese unterschiedlichen Kompetenzen in einer Person kombinierbar sind. Denn den verschiedenen Ebenen entsprechen unterschiedliche Haltungen und Handlungslogiken, die sich nicht bloß ergänzen, sondern die im Gegenteil oftmals nur schwer miteinander verträglich sind und sich zuweilen sogar gegenseitig ausschließen.

Dies lässt sich am Beispiel des *Wissens* leicht verdeutlichen: Auf Ebene eins besitzt der Erwachsene unbestreitbar einen Wissensvorsprung. Der Lehrer ist Experte in seinem Fach und er weiß darüber Bescheid, wie sich Menschen üblicherweise dieses fachliche Wissen aneignen. Der dominierende Handlungsmodus ist der der *Instruktion*, die üblichen Handlungsformen sind Zeigen und Erklären. Auf Ebene II ist genau dies nicht mehr so eindeutig der Fall: Hier geht es um unterschiedliche Lebenswelten und deren Interpretation. Hier wissen Pädagoge und Schüler jeweils etwas, aber Verschiedenes. Der dominierende Handlungsmodus ist der der *Verständigung*, die übliche Handlungsform ist der Dialog. Und auf der dritten Ebene kehren sich die Verhältnisse regelrecht um: hier weiß der Pädagoge zunächst überhaupt nichts, während der Schüler abzuwägen hat, was er von sich preisgibt. Die Expertheit des Professionellen in dieser Konstellation besteht gerade darin, mit dem Nicht-Wissen umgehen zu können. Der dominierende Handlungsmodus ist der der *Forschung*, die zugehörigen Handlungsformen sind das (aktive) Zuhören und die (stellvertretende) Deutung.

An einem Alltagsbeispiel lässt sich verdeutlichen, welche Irritationen auftreten, wenn die Gesprächspartner die Ebenen verfehlen. Man stelle sich vor, jemand fragt in einer fremden Stadt einen Passanten nach dem Weg zum Bahnhof. Hier ist eindeutig der Handlungsmodus der Instruktion gefragt, er möchte den Weg gezeigt bzw. erklärt bekommen. Der Reisende würde sich vermutlich nicht ernst genommen fühlen, wenn der Passant ihn in einen Dialog zwingen wollte, ob es nicht günstiger sei, mit dem Auto zu fahren oder zu fliegen. Und regelrecht übergriffig wäre wohl die Rückfrage nach dem (heimlichen) Motiv der Reiseabsichten. (Diese kategorialen Missverständnisse sind bekanntermaßen die Grundlage berufsspezifischer Witze und Anekdoten über Lehrer, Sozialarbeiter oder Psychiater.) Man würde sich dementsprechend auch nicht ernst genommen fühlen, wenn man in einer kritischen

Lebenssituation das Gespräch mit einem Freund oder auch professionellen Berater suchen würde, und wenn dieser nur auf der Ebene der Instruktion agierte: „Mach es so und so" oder schlimmer noch: „Mach es wie ich."

Diese Illustration mag plakativ und holzschnittartig wirken, sie verdeutlicht aber die Situation, der die von uns geförderten Jugendlichen permanent ausgesetzt sind. Mit anderen Worten: es ist nicht von vornherein klar, welche Ebene des Nicht-Könnens, des Scheiterns oder Verweigerns relevant ist und wie darauf zu reagieren ist. Selbstverständlich muss der Förderpädagoge in der Lage sein, auf die Fehler oder das Unvermögen des Schülers fachdidaktisch adäquat zu reagieren. Dies wird aber wenig fruchten, wenn nicht eine Verständigung darüber erfolgt ist, welche Relevanz der Lerngegenstand in der aktuellen lebensweltlichen Situation hat oder gewinnen kann. Dies lässt sich nicht durch Instruktion herstellen. Hierzu bedarf es des Dialogs und dieser setzt zweierlei voraus: das ehrliche Interesse am Gegenüber und die Bereitschaft, von sich selbst etwas preis zu geben (sonst mutiert der Dialog zum Aushorchen). Schließlich kann sich im Nicht-Können auch der Impuls verbergen, heimlich die eigene Not mitzuteilen, nämlich den Pädagogen sich als ähnlich unfähig und inkompetent erleben zu lassen, wie sich der Schüler selbst fühlt: „Siehst Du, Du schaffst es auch nicht, mir das Lesen und Schreiben beizubringen."

Selbstverständlich ist es unangemessen, jedes Verständnisproblem tiefenpsychologisch interpretieren zu wollen. Aber genauso wenig fruchtet es nach unseren Erfahrungen, Lernproblemen nur auf der methodisch-didaktischen Ebene begegnen zu wollen: mit noch einem neuen Arbeitsblatt, mit noch einer neuen Methode, mit noch einem anderen Lernprogramm. Vielmehr ist die Kompetenz gefragt, erkennen zu können, auf welcher Ebene der Schüler uns anspricht und auf welcher Ebene zu reagieren ist. Dies stellt eine gewaltige Herausforderung für die Professionellen dar, insbesondere für Lehrerinnen und Lehrer, denn ihr beruflicher Habitus ist primär durch den Handlungsmodus der Instruktion geprägt.

In der konkreten Förderarbeit sind uns diese Ebenen

1. der Passung zwischen Lernvoraussetzungen und Lernangebot,
2. der subjektiven Sinnhaftigkeit bzw. Bedeutung des Lerngegenstandes und
3. der lernbiographisch begründeten Widerstände und Blockaden

nie in „Reinform" begegnet. Fast alle Schülerinnen und Schüler des Projekts zeigten Probleme auf allen drei Ebenen. Das Modell dient dabei als Ordnungsschema, um die Problemlagen der Schülerinnen und Schülern angemessen wahrnehmen und einordnen zu können, ohne deren Komplexität unverhältnismäßig zu reduzieren.

Wir stellen die drei Ebenen unter den folgenden Aspekten dar:

- Erscheinungsformen:
  Welche Phänomene sind uns begegnet und welcher der drei Ebenen lassen sie sich zuordnen?
- Diagnosestrategien und -verfahren:
  Was wird wie diagnostiziert und welche Instrumente und Verfahren haben sich bewährt?

- Interventionsstrategien:
  Welche Form pädagogischer Intervention ist auf der jeweiligen Ebene zum Einsatz gekommen?
- Nutzung und Funktion der Neuen Medien:
  Auf jeder der drei Ebenen hat die Verwendung der Neuen Medien eine andere inhaltliche, didaktische und psychische Bedeutung.
- Pädagogische Professionalität:
  Je nachdem, welche Ebene gerade im Vordergrund steht, wird der Förderpädagoge vom Klienten in einer anderen Rolle wahrgenommen und dementsprechend wird eine andere pädagogische Haltung und werden andere pädagogische Kompetenzen verlangt.
- Form und Gegenstand der pädagogischen Reflexion:
  In diesen schwierigen und konflikttrüchtigen Handlungsfeldern bedarf es der ständigen Überprüfung des pädagogischen Vorgehens. Das zentrale Medium dafür ist der methodisch kontrollierte, kollegiale Austausch. Das Handeln auf den verschiedenen Ebenen verlangt allerdings unterschiedliche Formen der pädagogischen Reflexion. Dies bezieht sich sowohl auf den organisatorischen Rahmen als auch auf die Methoden und Inhalte der Reflexionssitzungen.

Ebene I: Passung

Mit Passung meinen wir die Übereinstimmung des Anspruchsniveaus des Lernangebots mit den Lernvoraussetzungen des Schülers bzw. der Schülerin bezogen auf den jeweiligen Lerngegenstand, im vorliegenden Fall die Schriftsprache. Lernprobleme entstehen zwangsläufig dann, wenn diese Passung nicht besteht bzw. nicht hergestellt werden kann.

Die im Projekt geförderten Schülerinnen und Schüler waren in der Aneignung der Schriftsprache nicht oder nur kaum über das Niveau des ersten Grundschuljahres hinausgekommen. Aber die meisten von ihnen besuchten die Schule bereits seit fünf, sechs und mehr Jahren. In dieser Zeit hatten sie zwar nicht die Schriftsprache erlernt, dafür aber vielfältige Strategien, um in alltäglichen Unterrichtssituationen zu „überleben" und ihr Unvermögen dabei möglichst gut zu kaschieren. Insofern überrascht es nicht, dass auch die Lehrer den Leistungsstand ihrer Schülerinnen und Schüler nicht immer adäquat einzuschätzen wussten. Beobachtungen im normalen Unterrichtsgeschehen zeigten zudem, dass diesen Schülern häufig keine spezifischen Angebote auf ihrem Lernstand (mehr) gemacht wurden. (Für einige Lehrerinnen und Lehrer war dies ja der Grund, ihre Schüler für das Projekt vorzuschlagen, weil sie selbst feststellen mussten, dass sie diesen Kindern und Jugendlichen unter den schwierigen Arbeitsbedingungen in der Förderschule keine lernstandsadäquate, differenzierte Förderung anbieten konnten.)

Diagnostische Strategie
In der besonderen Situation der Eins-zu-Eins-Förderung hat sich gezeigt, dass die Diagnose des Lernstandes letztlich kein allzu großes Problem darstellt. Wir haben

uns hier an den entwicklungspsychologischen bzw. kognitiven Schriftspracherwerbsmodellen orientiert (vgl. hierzu z. B. *Frith* 1986; *Brügelmann/Richter* 1994; *Brügelmann/Brinkmann* 1998; *Augst/Dehn* 1998; *Naegele/Valtin* 2000).

Auf die Diagnose so genannter Teilleistungsschwächen haben wir weitgehend verzichtet: Zum einen sind diese Konzepte wissenschaftlich umstritten. Vor allem aber ergeben sich hieraus keine für die Förderung relevanten Erkenntnisse, da das isolierte Training spezifischer Teilleistungen, wie etwa der auditiven oder der visuellen Differenzierung, ohne Bezug zur Schrift nachweislich keinen positiven Effekt auf die Lese- und Schreibleistungen hat (vgl. *Straub* 2004). Die eingesetzten förderdiagnostischen Instrumente (wie z. B. die Limburger Leise Leseprobe [LLP], die Hamburger Schreibprobe)[4] liefern gemeinsam mit der Auswertung informeller Schreib- und Leseproben ein adäquates Bild des Lernstands der Schülerinnen und Schüler. Zusätzliche Informationen entnehmen wir den Schulakten sowie vorliegenden medizinischen und sonderpädagogisch-psychologischen Gutachten.

Aufgrund der schon genannten Vermeidungs- und Kaschierungsstrategien der Schülerinnen und Schüler wurden ihre schriftsprachlichen Fähigkeiten auch von den FörderpädagogInnen zu Beginn der Förderung häufig überschätzt. Dies zeigte sich u. a. an dem Phänomen, dass zur Diagnose in der Regel die Verfahren zunächst auf der altersgemäßen Stufe eingesetzt wurden und dies die Schüler zumeist völlig überforderte. Die PädagogInnen mussten sich zuweilen zu dem geeigneten diagnostischen Verfahren regelrecht „herunter hangeln". Hierbei ergab sich dann gelegentlich das Folgeproblem, dass diese Materialien zwar in ihrem Anspruchsniveau adäquat waren, in ihrer Aufmachung aber zu kindlich wirkten.

Spezifische diagnostische Probleme entstanden bei Schülerinnen und Schülern mit Migrationshintergrund. Hier ist es oftmals schwierig, die Probleme im Schriftspracherwerb von den Problemen im Erwerb der Lautsprache zu trennen. Es fehlt in diesem Bereich nach wie vor an geeigneten diagnostischen Verfahren.

Interventionsstrategien
Der zentrale Aspekt auf dieser Ebene ist die Bereitstellung von Lernangeboten, die dem Leistungsstand des Schülers entsprechen. Wie oben bereits in der Phase der Tätigkeit (siehe oben S. 38 f.). beschrieben, variierten diese Angebote erheblich und reichten von der Anwendung von Übungs- und Trainingsprogrammen bis hin zur Erstellung von eigenen Internetpräsentationen. Die Effektivität des Angebots bemaß sich nach unseren Erfahrungen nicht aus den Eigenschaften des Angebots selbst, sondern aus der Passung zu den Lernvoraussetzungen und zu den Lerninteressen des Schülers. Ein standardisiertes, bei allen Schülern gleiches Vorgehen, wäre in diesem Arbeitsfeld nach unseren Ergebnissen absolut kontraindiziert. Die Erfolge der Förderung erklären sich im Wesentlichen durch das hohe Maß der Individualisierung des Lernangebots. In unserer Arbeitshilfe wird ein breiter Fundus möglicher Lernangebote bereit gestellt.

---

4 Eine Gesamtaufstellung bewährter förderdiagnostischer Instrumente findet sich in der Arbeitshilfe.

Neben der Verbesserung der schriftsprachlichen Kompetenzen war die Erweiterung der Lern- und Arbeitstechniken ein wichtiger Bereich der Förderung. Dazu gehörte die Schaffung einer lernförderlichen Atmosphäre und auch hier war die Sensibilität und Kreativität der FörderpädagogInnen gefragt. Was den einen Schüler am Lernen hindert, kann beim anderen Schülern hilfreich sein. So stellte F. fest, dass ihm leise Hintergrundmusik hilft, sich zu entspannen, und dass er so effektiver lernt. Die Förderpädagogin ließ H. während der Sitzung nebenher mit Knete hantieren, was ihm half, seine innere Unruhe zu bewältigen und sich auf den Lerngegenstand zu konzentrieren. Wichtig ist, dass sich beide – Schüler und Förderpädagoge – auf die gemeinsame Suche nach den Bedingungen einlassen, unter denen der Schüler am besten lernen kann.

Nutzung und Funktion des Computers

Die Neuen Medien haben hier primär die Funktion eines Übungs- und Trainingsgeräts. Die Schwierigkeit besteht in der kindlichen Aufmachung eigentlich lernstandsadäquater Lernprogramme. Dies führt häufig zur Ablehnung dieser Programme durch die jugendlichen Schülerinnen und Schüler, die sich nicht mit diesem „Babykram" beschäftigen wollten. Das heißt auch hier, dass es nicht *die* geeignete Lernsoftware für alle Schülerinnen und Schüler gibt, sondern dass den FörderpädagogInnen ein breiter Fundus von Lernprogrammen zur Verfügung stehen muss, aus dem sie mit den SchülerInnen eine Auswahl treffen können. In der Arbeitshilfe findet sich eine kommentierte Aufstellung erprobter Lernsoftware.

Pädagogische Professionalität

Auf der Ebene der Passung besteht die professionelle Kompetenz des Pädagogen primär in seinem Wissen um die Struktur des Lerngegenstandes, also der Schrift sowie in seinem Wissen um „durchschnittliche" Aneignungswege und Aneignungsprobleme sowie in Kenntnissen und Fertigkeiten im Umgang mit den Neuen Medien. Der Förderpädagoge kann den Schülerinnen und Schülern die Anstrengung des Lernens nicht abnehmen. Realistischerweise kann er „nur" das Angebot machen, diese Anstrengungen zu begleiten und zu unterstützen. Es hat sich im Projekt dennoch gezeigt, dass es für den Erfolg der Förderung unverzichtbar ist, dass sich der Pädagoge selbst in diesem Bereich als kompetent – und nicht als zögerlich oder skeptisch – erlebt *und* präsentiert. Wir haben immer wieder festgestellt, dass es auf die schwierige Balance ankommt, einerseits keine unrealistischen Versprechungen zu machen und andererseits genug Zuversicht auszustrahlen, dass sich die SchülerInnen überhaupt auf das Wagnis eines erneuten Anlaufs zum Schriftspracherwerb einlassen.

Pädagogische Reflexion

Das fachliche Nachdenken und der fachliche Austausch auf der Ebene der Passung bezieht sich zentral auf die methodischen Aspekte des Schriftspracherwerbs. Dies umfasst die Auswahl geeigneter diagnostischer Instrumente, die kollegiale Analyse von Schriftproben und natürlich die wechselseitige Information über geeignete Lernmaterialien einschließlich Lernsoftware. Der systematische Ort dieses Austauschs war im Projekt das begleitende Seminar. Darüber hinaus gab es aber ständig informelle Treffen der beteiligten Studierenden.

Ebene II: Subjektiver Sinn

Die Aneignung der Schriftsprache ist ein komplexer Vorgang. Er verlangt im Grunde von den Schülerinnen und Schülern einen kollektiven Lernprozess, der in der Menschheitsgeschichte ca. 5000 Jahre (vgl. *Brügelmann* 1983, 64 ff.) in Anspruch nahm, individuell – gleichsam im Zeitraffer – in wenigen Jahren nachzuvollziehen. Eine Lernaufgabe eines solchen Ausmaßes kann letztlich nur gelingen, wenn der Lernende selbst dem Lerngegenstand, das heißt der Schrift, einen subjektiven Sinn beimessen kann, also für sich selbst als bedeutungsvoll erlebt. Das abstrakte Wissen darum, dass Lesen und Schreiben „irgendwie" wichtig sind, reicht dazu nicht aus.

Genau dies ist aber die Ausgangslage unserer Schülerinnen und Schüler. Sie wissen zwar darum, dass sie „eigentlich" lesen und schreiben können müssten und dass ihr Unvermögen auf diesem Gebiet ein gewichtiger Grund für ihre schulische Misere darstellt. Aber *keiner* der Schüler konnte zu Beginn der Förderung einen Grund dafür angeben, warum es für sie oder ihn *persönlich* gewinnbringend sein könnte, diese eigentümliche Kunst des Lesens und Schreibens zu beherrschen. Direkt dazu befragt, erhielten wir bei den jüngeren SchülerInnen durchgängig Antworten wie „Weil meine Mama das will", „Weil die Lehrerin das will", „Weil man das in der Schule braucht" oder auch schlicht „Ich weiß nicht".

Die älteren Schülerinnen und Schüler verknüpften den Schriftspracherwerb bzw. die Verbesserung ihrer schriftsprachlichen Fähigkeiten häufig mit konkreten – wenn auch zuweilen illusionären – Zielen wie den Erwerb des Führerscheins oder das Erreichen des Hauptschulabschlusses. Trotz dieser klaren Motive dominiert aber auch bei ihnen die defensive Lerneinstellung zur Schrift. Das Lernen dient allemal nicht der expansiven Erweiterung ihrer Eigenwelt, sondern primär der Vermeidung (weiterer) Unbill.

Die Schülerinnen und Schüler nahmen freiwillig, wenn auch auf Vorschlag der LehrerInnen, am Projekt teil. Und es war ihnen natürlich bekannt, dass es in der Förderung um Lesen und Schreiben gehen wird. Aber hieraus ist aus den genannten Gründen gerade nicht auf eine intrinsische Motivation der Schülerinnen und Schüler zum Schriftspracherwerb zu schließen. Die Förderung konnte sich daher nicht darauf beschränken, die *Techniken* des Lesens und Schreibens zu vermitteln, sondern vielmehr den *Sinn* des Lesens und Schreibens für die Schülerinnen und Schüler erfahrbar zu machen. Und dies konnte wiederum nur an Themen gelingen, welche die Schülerinnen und Schüler interessieren, denen sie eine Bedeutung zumessen.

Diagnostische Strategie

Die diagnostische Strategie auf der Ebene des *subjektiven Sinns* orientierte sich an der Methodik sozialpädagogisch-hermeneutischer Diagnosen (vgl. *Mollenhauer/*

Uhlendorff 1992, 1995, 1997; *Krummenacker* 2004). Nicht die Feststellung eines objektiv beschreibbaren Leistungsstandes oder Kompetenzniveaus ist das Ziel der Diagnose, sondern die Identifikation von Lebensthemen. Die Methode ist das offene, nur gering strukturierte Gespräch (vgl. *Mollenhauer* 2004), da uns weniger die datengenaue Erfassung des Lebenslaufs interessiert als vielmehr die Bedeutungen, die die Kinder und Jugendlichen bestimmten Vorfällen und Ereignissen in ihrer Biographie beimessen. Mollenhauer (ebd.) nennt darüber hinaus einige „Regeln", die bei der Gesprächsführung zu beachten sind und die auch unser Vorgehen mit bestimmt haben: (1) Schaffen einer vertrauten, geschützten Gesprächsatmosphäre; (2) Signalisieren eines „echten" Interesses an dem Kind bzw. Jugendlichen; (3) Einlassen auch auf abseitige oder scheinbar irrelevante Thematiken; (4) Fragen nach Könnens-Erfahrungen (und nicht nur nach dem Scheitern); (5) Vermeiden von Einschüchterungen (z. B. im Sinne der Entwertung „unrealistischer" Wünsche); (6) Bitten um konkrete Beispiel, wenn es um die Beziehungen zu Personen geht, weil es sonst häufig bei stereotypen Etikettierungen bleibt und (7) Verzicht auf Parteinahme für andere Erwachsene (Lehrer/Eltern etc.), ohne zu verleugnen, selbst ein Erwachsener zu sein und einzelne Verhaltensweisen der Jugendlichen durchaus problematisch zu finden.

Anders als im „klassischen" Vorgehen sozialpädagogischer Diagnosen, die in der Regel im Kontext von Hilfeplanerstellungen auf einem einmaligen Gespräch basieren, haben wir diese diagnostische Strategie gleichsam ständig mitlaufen lassen. Wir haben oben im Phasenmodell bereits ausführlich darauf verwiesen, dass es seine Zeit braucht, bis die Vertrauensbasis geschaffen ist, damit sich die Schülerinnen und Schüler mit ihren Lebensthemen überhaupt öffnen können. Als besonders ergiebig haben sich dabei gerade unstrukturierte Situationen des „pädagogischen Nebenbeis" erwiesen, also die Wege beim Abholen von oder Zurückbringen zur Klasse, Busfahrten bei Ausflügen etc. Es kommt hier also nicht auf ein bestimmtes Setting oder eine standardisierte Befragungstechnik an, sondern auf eine interessierte, weder permissive noch besserwisserische, von Sympathie getragene Grundhaltung.[5]

Auf Kontextwissen aus den Schülerakten und Gesprächen mit Dritten (z. B. jetzigen oder früheren Lehrern) haben wir in diesem Zusammenhang auch zurück gegriffen. Allerdings wurde sorgfältig darauf geachtet, dass hier keine Informationen verwendet wurden, die für die SchülerInnen beschämend sein konnten.

Interventionsstrategie
Die Konsequenzen, die sich aus dieser Form von Diagnose ergeben, haben wir ausführlich beschrieben. Letztlich geht es darum, die Lebensthemen der Schülerinnen und Schüler, deren Vorlieben, Neigungen und Interessen mit Lese- und Schreibanlässen in Verbindung zu bringen. Dies setzt die Identifikation eines „echten" Inte-

---

5 Am Ende der Förderung haben wir zusätzlich halb-strukturierte Leitfadeninterview durchgeführt und die SchülerInnen soziale Netzwerkkarten erstellen lassen. Dies war allerdings nicht Teil der Förderdiagnostik, sondern diente der Evaluation des Projekts als Ganzem.

resses bei den SchülerInnen voraus und verlangt wiederum ein „echtes" Interesse an diesen Interessen der Förderpädagogen. Liegt letzteres nicht vor, wird das Fragen der Förderpädagogen schnell als Heuchelei bzw. als didaktischer Trick durchschaut.

Die Identifikation eines solchen bedeutsamen Themas hat sich bei fast allen SchülerInnen als Durchbruch im Förderprozess herausgestellt. Es ist aufgrund unserer Befundlage von höchster Bedeutung, den Schriftspracherwerb entlang subjektiv bedeutsamer Themen und Inhalte zu organisieren.

Wir haben schon darauf hingewiesen, dass uns dies nicht immer gelungen ist. Im zitierten Beispiel „Mein Hund ist tot" war der Schüler trotz all unserer Bemühungen nicht bereit, seine Lebensthemen für die Förderung offen zu legen. Wir kommen unten auf dieses Beispiel noch einmal zurück, wenn wir die Schwierigkeiten analysieren, sich konsistent auf (oder zwischen) den drei Ebenen zu bewegen.

Nutzung und Funktion des Computers
Die Neuen Medien werden auf dieser Ebene vor allem als Werkzeug genutzt. Wir fanden bei fast allen unseren SchülerInnen die Erfahrung bestätigt, dass die Scheu vor dem Schreiben am Computer geringer ist als die vor dem Schreiben auf Papier. Dies erklärt sich durch die Entlastung der Aufmerksamkeit von der schreibmotorischen Anstrengung und durch die besseren Korrekturmöglichkeiten am PC. Ein Text kann mehrfach überarbeitet werden, ohne die Spuren dieser Überarbeitung zu zeigen.

Die Möglichkeiten der zielgerichteten Recherche im Internet wurde von den Schülerinnen erst nach und nach entdeckt, die meisten Seiten sind einfach zu textlastig. Rascher Motivationsverlust oder zielloses Herumklicken waren die Folge. Die Identifikation eines wirklich interessierenden Themas war auch hier der Schlüssel zum Erfolg. Darüber hinaus mussten sich die FörderpädagogInnen aber auch darauf einlassen, erst einmal als Vorlesekraft zu fungieren, um den Nutzen des Mediums überhaupt erfahrbar zu machen.

Die Erstellung eigener Internetseiten stellte dann eine ausgesprochen motivierende Aufgabe dar, wenn es für die SchülerInnen ein berichtenswertes Thema gab. Diese Themen knüpften sich fast immer an gemeinsame Aktivitäten wie Ausflüge etc. an. Einige SchülerInnen lehnten es allerdings ab, eine Internetseite mit persönlichen Inhalten zu gestalten, weil sie fürchteten, als Sonderschüler erkannt zu werden.

Das im ersten Förderdurchgang verwendete Autorenprogramm *Mediator* erwies sich erwartungsgemäß als zu kompliziert, um damit gemeinsam mit den SchülerInnen an der Seitengestaltung zu arbeiten. Dementsprechend kam es im ersten Durchgang nur bei zwei Schülern zu einem Produkt. Im zweiten Durchgang haben wir die Plattform *primolo* genutzt, die für den Grundschulbereich konzipiert ist. Deren Funktionsumfang reicht für unsere Zwecke völlig aus. Einzelne SchülerInnen konnten am Ende damit selbstständig arbeiten. Auch das Ergebnis spricht für sich: am Ende des zweiten Förderdurchgangs standen kleine Präsentationen von sieben Schülerinnen und Schülern im Netz.

Pädagogische Professionalität

Auf der Ebene des *subjektiven Sinns* besteht die professionelle Kompetenz des Pädagogen in der Fähigkeit zu einer spezifischen Form der Grenzgängerschaft. Er muss in der Lage sein, sich den – ihm oftmals kulturell und milieubedingt fremden – Lebenswelten und Lebensentwürfen der Schülerinnen und Schüler interessiert zuzuwenden, ohne dabei sein eigenes Werte- und Normensystem zu verleugnen. Seine Aufgabe ist die der *Vermittlung* zwischen seinen lebensweltlichen Bezügen und denen der Schülerinnen und Schüler. Auf den Schriftspracherwerb bezogen heißt das, dass er die Anknüpfungspunkte der Schriftkultur zu der – individual-biographisch, milieuspezifisch *und* kulturell – geprägten Identität der Schülerinnen und Schüler suchen und finden muss. Das kann ihm nur gelingen, wenn er aus den sprachlichen (und oftmals auch nicht-sprachlichen) Ausdrucksformen der Schülerinnen und Schüler deren Lebensthemen zu erschließen vermag.

Pädagogische Reflexion

Das fachliche Nachdenken und der fachliche Austausch auf der Ebene des subjektiven Sinns bezieht sich zentral auf eben jene Form der Interpretation von Lebensentwürfen vor dem Hintergrund zunächst unbekannter Normen- und Wertesysteme. Das sozialpädagogisch-hermeneutische Verstehen zielt nicht auf die Einordnung des Individuums in ein über-individuelles Kategoriensystem, sondern auf die Freilegung individuell geronnener Identität freilich unter Würdigung kultureller und milieuspezifischer Einflussfaktoren. Der fachliche Austausch arbeitet daher im Wesentlichen an Verstehensbarrieren, die sich aufgrund der lebensweltlichen Differenzen zwischen FörderpädagogInnen und SchülerInnen unvermeidlich immer wieder auftun. Der systematische Ort im Projekt hierfür war das begleitende Projektseminar, in dem zunächst auf allgemeiner Ebene die Sensibilität und das Interesse für nicht-bürgerliche Lebenslagen und Lebensentwürfe geweckt wurde und dies auf individueller Ebene in Form von Fallbesprechungen am Einzelfall konkretisiert wurde.

Ebene III: Lernwiderstände

Wir begreifen Lernwiderstände als eine Form des Selbstschutzes. Das Lernen besteht, so die Erkenntnis auch der Neurowissenschaften, in der Bewältigung von Herausforderungen. Für die Kinder und Jugendlichen, mit denen wir gearbeitet haben und deren Lernbiographien durch die ständig wiederkehrende Erfahrung der Beschämung und Kränkung geprägt sind, stellt Lernen hingegen häufig ein kaum kontrollierbares Risiko dar.

In den letzten Jahren sind insbesondere unter dem Einfluss neurobiologischer Forschung die emotionalen Faktoren des Lernens immer mehr in den Blick gerückt (vgl. z. B. *Ciompi* 1997, *Bundschuh* 2003). Eine besondere Bedeutung kommt hierbei offenbar der so genannten Stressreaktion zu. Die moderate Aktivierung des Stresssystems scheint den Organismus in einen neuroendokrinen Zustand zu versetzen, der als Voraussetzung für die Speicherung von Lernerfahrungen gilt. Dies setzt allerdings voraus, dass das Individuum die mit dem Lernanlass verknüpfte Herausforderung als beherrsch- bzw. kontrollierbar einschätzt. Wird die Situation hingegen als unkontrollierbar wahrgenommen, dann stellt sich ein neuroendokriner Zustand ein, der die Bildung neuer neuronaler Bahnung unterbindet und im Gegenteil zur Auflösung bestehender Bahnung führt. Lernen ist in diesem Zustand unmöglich. Ob nun ein Individuum eine Herausforderung als kontrollierbar oder als unkontrollierbar einschätzt, hängt, so die Ergebnisse der neurobiologischen Forschung, im Wesentlichen von zwei Faktoren ab: (1) Zum einen von der eigenen Lernbiographie und (2) zum anderen von dem Ausmaß sozialer Unterstützung, die das Individuum in der Situation unmittelbar erhält (vgl. hierzu ausführlich vgl. *Hüther* 1999, *Katzenbach* 2004).

Zu berücksichtigen ist in diesem Zusammenhang, dass der Auslöser für Stress bei höheren Säugetieren nur selten existenzbedrohende Situationen sind, in der Regel sind es psychosoziale Konflikte. Das heißt aber, dass es sehr von der Qualität der Beziehung zwischen Pädagogen und Schüler abhängt, ob der Pädagoge vom Schüler als Unterstützung im oben genannten Sinn zur Bewältigung einer Herausforderung eingeschätzt wird oder aber als *zusätzlicher* (*oder gar auslösender*) *Stressor*. Dies gilt für die Interaktion zwischen Lehrer und Schüler im Unterricht und – aufgrund der größeren Nähe und der Exklusivität der Eins-zu-Eins-Situation – in besonderem Maße für die Interaktion zwischen den Studierenden und Schülern in der Einzelförderung. Der Erfolg der Förderung hängt also sehr direkt davon ab, inwieweit es gelingt, eine vertrauensvolle Beziehung aufzubauen.

Die folgende exemplarische Szene verdeutlicht, welchen Belastungen die Förderbeziehungen standhalten mussten:

Der folgende Auszug stammt aus dem Protokoll einer Fördersitzung mit dem 12-jährigen Schüler M. (Fallnr. 10). Die Förderung fand bei ihm zu Hause statt: M. kommt äußerst erregt aus der Schule und verschwindet erst einmal in seinem Zimmer. Erst durch die nachdrückliche Intervention der Mutter kommt er nach zehn Minuten zu der Förderpädagogin, allerdings ohne seine Arbeitsmaterialien: „Erst nach mehreren Aufforderungen stand M. auf und suchte seine Tasche, die er zuvor auf den Boden geworfen hatte. Als er zurück kam, schmiss er den Hefter auf den Tisch und begann zu schreien, dass ich verschwinden solle. Er war sehr aufgebracht und hektisch, schrie und fing an zu weinen. Ich war völlig überrascht und wusste im ersten Moment gar nicht, was ich sagen sollte. M. wurde immer wütender und rannte im Raum hin und her. Schließlich versuchte ich ihn zusammen mit seiner Mutter zu beruhigen, um herauszufinden, was passiert war. Er brach immer wieder in Tränen aus und betonte, dass ich endlich gehen solle. Ich fragte ihn, ob ich etwas falsch gemacht hätte, doch er antwortete nicht auf meine Frage. Stattdessen brüllte er, er wolle endlich normal sein, wie die anderen Kinder in seiner Klasse. Dann fügte er hinzu, dass ich auch in Zukunft nicht mehr zu kommen brauche, weil er nicht mehr mitmachen würde."

Lernwiderstände sind uns in vielerlei Formen und Spielarten begegnet. Grob unterscheiden lassen sich die drei Typen (1) der offenen Verweigerung, (2) der Passivität und (3) der Selbstetikettierung.

Ungeachtet der Freiwilligkeit des Förderangebots sahen sich die FörderpädagogInnen immer wieder mit unverhüllten Formen der *offenen Verweigerung* durch einzelne Schülerinnen und Schüler konfrontiert. Einzelne FörderpädagogInnen mussten in der Anfangsphase damit umgehen, dass ihre Lernangebote aggressiv entwertet wurden, dass die SchülerInnen die Mitarbeit schlicht verweigerten oder dass sie selbst mit hämischen und verletzenden Ausdrücken belegt wurden (besonders ausgeprägt bei 08/C.; 07/S.; 10/M.; 22/S.).

Als stilles Gegenstück zur offenen Verweigerung begegnete uns bei einer anderen Gruppe von SchülerInnen immer wieder eine Form resignativer *Passivität*. Diese SchülerInnen präsentierten sich als lustlos, offenbarten keine eigenen Interessen und schienen schlicht abzuwarten, was ihnen von den FörderpädagogInnen präsentiert wurde – um diese Angebote dann wiederum als langweilig abzutun, ohne allerdings offen zu rebellieren (z. B. bei 01/T.; 03/T.; 06/F.; 16/T.).

Als besonders verfestigte Form des Widerstands ist uns die *Selbstzuschreibung als krank oder behindert* begegnet. Diese SchülerInnen greifen zumeist Bruchstücke medizinischer, psychologischer oder sonderpädagogischer Diagnosen auf, die dann vor sich selbst und anderen als Rechtfertigung dienen, dieses oder jenes gar nicht lernen zu *können* (so z. B. 04/M.).

Lernwiderstände begleiteten die Förderprozesse mehr oder weniger durchgängig, sie variierten allenfalls in Form und Intensität. Es war auch nicht so, dass zu Beginn der Förderung die Lernwiderstände gleichsam zu „durchbrechen" und damit ein für allemal erledigt sind. Im Gegenteil: Lernwiderstände tauchen im Verlauf des Förderprozesses immer wieder neu, zuweilen in veränderter Gestalt, letztlich aber das gleiche Grundthema immer wieder variierend, auf.

Lernwiderstände (bzw. Widerstände allgemein) haben nach unserem Verständnis immer etwas mit der pädagogischen Beziehung zu tun, nur bleiben sie häufig im Verborgenen oder werden zumindest nicht thematisiert. Die Qualität der pädagogischen Beziehung bemisst sich daher nicht daran, ob es Widerstände gibt oder nicht. Die Qualität der pädagogischen Beziehung bemisst sich vielmehr daran, ob sie stabil genug ist, die Bearbeitung der Widerstände zuzulassen und die dadurch ausgelösten Krisen und Konflikte auszuhalten.

Diagnostische Strategie

Wir haben uns in unserer Arbeit sowohl psychodynamischer wie auch systemischer Konzepte bedient (vgl. *Reiser* 2006). Danach stellen Lernwiderstände kein individuelles Geschehen dar. Sie artikulieren sich im Rahmen der pädagogischen Interaktion und sie stellen häufig eine schwere Belastung dieser Interaktion dar. Bei den FörderpädagogInnen stellten sich starke und zugleich belastende Affekte ein: sie reichten von Gefühlen der Entmutigung und Ohnmacht, Scham über die (vermeintliche) eigene Unfähigkeit, Langeweile und Desinteresse bis hin zu heftiger Wut.

Die Lernwiderstände sind daher auch als – konflikthaftes – Beziehungsgeschehen zu interpretieren. Aus der psychodynamischen Perspektive können Konflikte als Neuauflagen, d. h. als „Re-Inszenierungen" früherer konflikthafter Beziehungserfahrungen, verstanden werden. Die systemische Perspektive hingegen fragt nach der Bedeutung der Konflikte im Hier-und-Jetzt des Beziehungsgeschehens und nach dem verborgenen Gewinn des als Symptom etikettierten Verhaltens für das gesamte soziale System, in dem das Kind agiert. Gemeinsam ist den beiden Ansätzen, dass sie das als störend oder als abweichend etikettierte Verhalten des Kindes als subjektiv sinnvolle Handlungsweise begreifen und nicht nur als bloßen Mangel an Verhaltensalternativen.

Die diagnostische Strategie, um diese unbewussten Sinngebungen zu erschließen, besteht in der Analyse der Dynamik von Übertragung und Gegenübertragung. Mit Übertragung wird das Phänomen bezeichnet, alte Beziehungserfahrungen mit neuen Beziehungspartnern wieder in Szene zu setzen. Dieser (ubiquitäre) Vorgang ist dann unproblematisch, wenn es dem Individuum gelingt, den Unterschied zwischen den früheren Beziehungspartnern und den heutigen Partnern anzuerkennen und sein Handeln entsprechend anzupassen. Genau dies ist aber bei traumatischen oder durch Mangel gekennzeichneten Beziehungserfahrungen nur schwer möglich. Hier dominiert der als Wiederholungszwang bezeichnete Effekt, gerade diese verletzenden Beziehungserfahrungen immer wieder aufs Neue zu aktivieren. Dies lässt sich als die unbewusste Frage verstehen, ob die neuen Beziehungspartner auch wieder so versagend, zurückweisend oder übergriffig reagieren wie die ursprünglichen (vgl. hierzu ausführlich *Trescher* 1983, *Gerspach* 1998).

Als Gegenübertragung wird das Gesamt an Empfindungen, Handlungen und Phantasien bezeichnet, das sich als Reaktion auf das Übertragungsangebot des Kindes beim Professionellen einstellt. Die Analyse der Gegenübertragung – als Komplement zum Übertragungsangebot – ermöglicht damit einen Zugang zum inneren Erleben des Kindes und damit die Möglichkeit, seine unbewusste Bedeutungssetzungen zu erschließen. Dies setzt allerdings die Bereitschaft der PädagogInnen voraus, sich gerade mit den eigenen unangenehmen, peinlichen, beschämenden oder ängstigenden Affekten, die die Förderung begleiten, auseinanderzusetzen. Schließlich verlangt dieses Vorgehen einen methodisch kontrollierten Rahmen, denn das Gegenübertragungsgeschehen speist sich aus *zwei* Quellen, zum einen – wie gesagt – dem Übertragungsangebot des Klienten, zum zweiten aber auch aus den eigenen biographisch bedingten Übertragungstendenzen des Professionellen. Wird dies nicht sorgfältig auseinander gehalten, droht die Gefahr, das Kind zur Projektionsfläche der eigenen unbewältigten Traumata des Pädagogen zu machen (vgl. *Ahlheim* 2004). Ort dieser methodisch kontrollierten Reflexion der Übertragungs-/Gegenübertragungsdynamik ist die Supervision.

Ziel der Diagnose ist nicht die detailgenaue Rekonstruktion der Biographie des Kindes bzw. die Identifizierung traumatischer Erlebnisse. Vielmehr geht es darum, Hypothesen über die Bedeutung der Lernstörung zu gewinnen, die den PädagogInnen wieder neue Handlungsmöglichkeiten in pädagogisch festgefahren Situationen eröffnen. Die Triftigkeit dieser Hypothesen bemisst sich letztlich nicht an einem objektiven Außenkriterium, sondern daran, ob die pädagogische Beziehung wieder in Bewegung kommt.

Interventionsstrategie

Die Interventionsstrategie auf dieser Ebene zielt auf die Erhaltung bzw. Wiederherstellung der Handlungsfähigkeit der PädagogInnen. Es geht also darum, die scheinbare Zwangsläufigkeit und Unentrinnbarkeit eingespielter Interaktionsmuster aufzudecken und dadurch außer Kraft zu setzen. Damit gewinnen die PädagogInnen innere Freiräume, Handlungsalternativen zu erkennen und auszuprobieren.

Die Funktion des Pädagogen auf dieser Ebene lässt sich mit Bion (1962; vgl. hierzu auch *Fonagy* et al. 2002) als Containing bezeichnen. Damit ist gemeint, dass der Pädagoge die für den Schüler unerträglichen Affekte in sich aufnimmt, ihn dadurch emotional entlastet, ihm gleichzeitig diese Affekte aber in gemilderter Form widerspiegelt und ihm so emotionales Lernen ermöglicht.

Nutzung und Funktion des Computers

Die Arbeit am Computer hatte für fast alle SchülerInnen im Projekt einen hohen Stellenwert. Nach unserer Einschätzung ließ sich diese hohe Bedeutung der Neuen Medien nicht allein mit dem pragmatischen Gebrauchswert dieser Technik erklären.

Es wurde verschiedentlich beschrieben, dass sich der Computer zu einer „bewusst-unbewussten Anthropomorphisierung" (*Beland* 1988; vgl. *Katzenbach* 1997, 1999) regelrecht anbietet, das heißt, es werden ihm vom Nutzer unter der Hand quasi-menschliche Eigenschaften zugeschrieben. Dies kann zu Abhängigkeit und Sucht führen, stellt aber zunächst einmal ein ganz normales menschliches Verhaltensdispositiv dar, das entwicklungsfördernd genutzt werden kann (vgl. ebd.).

So konnten wir in einer Reihe von Förderverläufen sehen, wie die SchülerInnen den Computer als etwas Drittes in der pädagogischen Beziehung nutzen konnten. Der Computer stellte ein Medium dar, das die Regulation von Nähe und Distanz in der relativen Intimität der Einzelfördersituation erleichterte. Der Computer als quasi-menschlicher Dritter in dieser Beziehungskonstellation kann vor zu viel Nähe schützen, über den Computer kann aber auch Kontakt aufgebaut werden.

Wie bei den meisten Kindern und Jugendlichen mit gravierenden Lernschwierigkeiten sind uns auch bei den SchülerInnen des Projekts massive Probleme der Selbstwertregulation begegnet. Diese SchülerInnen können häufig nur dann lernen, wenn sie den unmittelbaren Zuspruch bzw. die direkte emotionale Unterstützung eines Erwachsenen erfahren. Die entwicklungsförderliche Funktion der Arbeit am Computer bei diesen Kindern und Jugendlichen liegt nun darin, dass diese stützende Hilfs-Ich-Funktion des Erwachsenen sukzessive an den symbolischen Dritten, nämlich den Computer, abgetreten werden kann. Dies setzt nach einer technischen Einführung einen möglichst freien, experimentierenden Umgang mit dem PC voraus. Der Pädagoge muss dies erkennen können und sich selbst in solchen Situationen eine entsprechende Zurückhaltung auferlegen.

Pädagogische Professionalität

Die pädagogische Professionalität besteht auf dieser Ebene in der „Expertise des Nicht-Wissens". Die PädagogInnen müssen die Bereitschaft mitbringen, sich auf die Beziehung zu den SchülerInnen einzulassen, ohne die auftretenden Konflikte und

Widerstände gleich verstehen zu können. Die dabei entstehenden belastenden Affekte von Ohnmacht, Insuffizienz, Resignation oder auch Wut müssen ausgehalten, Rückzugs- oder Racheimpulse beherrscht werden (*Leber* 1976, *Gerspach/Katzenbach* 1996). Es gilt die Regel, dass die elementare Voraussetzung des Verstehens das primäre Eingeständnis des Nicht-Verstehens ist. Nur so kann der Prozess des sich schrittweise Näherns der inneren Erlebniswelt des Schülers in Gang kommen. Von den PädagogInnen wird also die Fähigkeit zu einem kognitiven *und* emotionalen Perspektivwechsel, mit anderen Worten: Empathie verlangt.

Die Fähigkeit zur Empathie, das hat unser Projekt eindeutig gezeigt, kann systematisch geschult und weiterentwickelt werden. Dies ist unter Aspekten der Ausbildung und Qualifizierung von besonderer Relevanz. Denn gerade in der Schulpädagogik mit ihrer Konzentration auf Prozesse der Wissensvermittlung wird in der Ausbildung von Lehrerinnen und Lehrern bis heute so getan, als handele es sich bei der basalen pädagogischen Kompetenz der Empathie um ein naturwüchsiges Persönlichkeitsmerkmal, das man eben mitbringe, oder auch nicht. Nicht erst unser Projekt hat gezeigt, dass das Fremdverstehen eine methodisch anleitbare und damit prinzipiell lehr- und lernbare Fähigkeit darstellt.[6] Es handelt sich allerdings um eine Kompetenz, die nicht durch Bücherwissen, sondern nur durch praktische Übung anzueignen ist. Die hierfür nötigen Ressourcen fehlen allerdings sowohl bei der universitären Ausbildung von Lehrerinnen und Lehrern wie auch bei der Ausbildung von Diplom-Pädagogen.

Pädagogische Reflexion
Die pädagogische Reflexion auf dieser Ebene dient der Analyse der eigenen Verstrickung in die Beziehungsdynamik des Kindes bzw. Jugendlichen. Sie setzt dort an, wo die eigenen professionellen Routinen in eine Krise geraten sind (vgl. *Katzenbach* 1999, 2005). Diese Form der Reflexion braucht, anders als die Fallbesprechung auf Ebene II, aufgrund des emotionalen Engagements des Falleinbringers den geschützten Raum der Supervision.

Vereinbarkeit unterschiedlicher pädagogischer Handlungslogiken

Die Lernprobleme der Schülerinnen und Schüler sind uns selten in Reinform begegnet. In aller Regel hatten wir mit Schwierigkeiten auf allen drei Ebenen zu tun, auch wenn meist eine der Ebenen eine deutliche Dominanz zeigte.

---

6 Systematische Einschränkungen der Empathie ergeben sich in der Regel dann, wenn die Konfliktlagen des Klienten zu dicht an eigenen *unverarbeiteten* psychischen Verletzungen des Professionellen angesiedelt sind. Dies ist gerade in heilpädagogischen Feldern nicht selten der Fall, denn hinter dem Berufsziel, behinderten und vernachlässigten Kindern helfen zu wollen, verbergen sich oftmals uneingestandene Selbstheilungswünsche.

Die Fallanalysen haben uns davon überzeugt, dass es uns in der Regel auch gelungen ist, in der Förderarbeit adäquat alle drei Ebenen aufzugreifen. Das ist alles andere als selbstverständlich, denn es geht bei den Ebenen nicht nur um verschiedene, sich ergänzende Aspekte im Rahmen einer umfassenden pädagogischen Perspektive. Die den drei Ebenen entsprechenden pädagogischen Vorgehensweisen können sich als unvereinbar erweisen und es ist die mühevolle Aufgabe der PädagogInnen, die sich widersprechenden Anforderungen gegeneinander auszutarieren.

Offenkundig stellte sich diese Problematik in der Frage, ob die intensive Beschäftigung mit der Lebenswelt der SchülerInnen nicht doch zu Lasten der Arbeit am Lerngegenstand Schrift geht. Es war eine ständige Sorge der FörderpädagogInnen, den eigentlichen Förderauftrag zu verfehlen, wenn sich die Schleife von den Interessen und Neigungen der SchülerInnen zum Lesen und Schreiben nicht schnell genug nehmen ließ. Damit drohte aber, in der Förderbeziehung ein latenter Druck aufgebaut zu werden, der zur Folge hatte, dass die SchülerInnen das Interesse der PädagogInnen an ihrer Lebenswirklichkeit nur noch als didaktischen Trick empfanden und sich dementsprechend nicht mehr darauf einließen.

Das bewusste Abweichen von den üblichen schulischen Arbeits- und Umgangsformen, gepaart mit dem Anspruch, auf allen drei Ebenen zu agieren, führte in einigen Fällen dazu, dass den SchülerInnen zeitweise gar nicht mehr klar war, worum es in der Förderung überhaupt ging. Symptomatisch zeigte sich das an der Äußerung einer Schülerin: „Ach deshalb kommst Du immer zu mir", nachdem die Förderpädagogin – endlich – auch schriftsprachliche Angebote in die Förderung aufnahm.

5 Möglichkeiten und Notwendigkeit unterrichtsbegleitender Hilfen

Perspektiven: Neuordnung der interdisziplinären Zusammenarbeit

Ein wesentlicher Befund unseres Projekts ist, dass die Verbesserung des methodischen Vorgehens *allein* nicht ausreicht, um den Lernerfolg insbesondere bildungsbenachteiligter Schülerinnen und Schüler zu sichern. Es ist zwar richtig, dass die leistungsschwachen Schülerinnen und Schüler ganz besonders unter methodischen Mängeln des Unterrichts zu leiden haben. Aber dies lässt den Umkehrschluss nicht zu, dass mit der Verbesserung der Unterrichtsmethodik *alle* Schwierigkeiten zu beheben seien. Unser Projekt hat die These bestätigt, dass diese Schülerinnen und Schüler im Unterricht mit Problemen zu kämpfen haben, die sich aus ihrer Lebenslage bzw. ihrer Biographie ergeben und die weniger mit den Lehrmethoden zu tun haben. Diese Probleme üben gleichwohl einen nachhaltigen Einfluss auf ihr Lernverhalten und Lernvermögen aus.

In der gegenwärtigen bildungspolitischen Diskussion wird in diesem Zusammenhang gerne auf die Erziehungsverantwortung der Eltern verwiesen – ein zynisches Argument gegenüber der steigenden Zahl von Kindern, deren Eltern eben nicht über die Möglichkeiten und Fähigkeiten verfügen, das schulische Lernen ihrer Kinder aktiv zu unterstützen. In den PISA-Studien wurde die einmalig hohe soziale Selektivität des deutschen Schulsystems festgestellt. Der Zusammenhang zwischen Schulerfolg der Kinder und Bildungsstatus der Eltern ist hier bekanntermaßen so eng wie in keinem anderen der PISA-Teilnehmerstaaten. Mit anderen Worten: Unterschiedliche Startvoraussetzungen der Schülerinnen und Schüler werden im deutschen Bildungssystem nicht ausgeglichen, sondern verstärkt. Angesichts *dieser* Sachlage gerade jetzt an die Erziehungsverantwortung der Eltern zu appellieren, heißt faktisch nichts anderes als das Eingeständnis, dass hierzulande die Eltern die Mängel des Schulwesens und nicht die Schulen die unterschiedlichen Lernvoraussetzungen der Schüler zu kompensieren haben. Auf die mit dieser Debatte verbundenen gesellschafts- und bildungspolitischen Weichenstellungen vermögen wir zwar keinen Einfluss zu nehmen. Wir können aber aus fachlicher Sicht skizzieren, welche Komponenten ein Bildungssystem braucht, um sozialen Ausgleich zu gewährleisten, ohne die Leistungsspitze zu gefährden.

Es sei daran erinnert, dass wir – abgesehen von dem rasant expandierenden Markt kommerzieller Nachhilfeinstitute – in der Bundesrepublik bereits über ein breit gefächertes System unterrichtsbegleitender Hilfen verfügen. So werden zusätzliche Förderangebote für bestimmte Zielgruppen in der Schule angeboten (z. B. Deutsch als Zweitsprache), es gibt (vereinzelt) Schulsozialarbeit und einen schulpsychologischen Dienst. Sonderschulen werden in Hessen zu Beratungs- und Förderzentren mit präventivem Auftrag ausgebaut. Kinder und Jugendliche mit sonderpädagogischem Förderbedarf können im gemeinsamen Unterricht in der Regelschule verbleiben. Im Rahmen der Hilfen zur Erziehung (SGB VIII, § 27) bestehen Angebote sozialpädagogischer Lernhilfen, schließlich können über die Krankenkassen medizinisch-therapeutische bzw. psychotherapeutische Hilfen realisiert werden. Es ist also keineswegs so, dass es keine Unterstützungsangebote für Kinder und Jugendliche gebe, deren schulische Lernentwicklung unter erschwerten Bedingungen verläuft oder die in Entwicklungskrisen geraten sind. Das Problem besteht vielmehr darin,

- dass diese Angebote nicht flächendeckend, regional sehr unterschiedlich, meist nur punktuell vorgehalten werden,
- dass ihre Zugänglichkeit nicht für alle soziale Gruppen gewährleistet ist, weil hohe formale und bürokratische Hürden zu überwinden sind,
- dass sie untereinander kaum vernetzt sind, worunter die interdisziplinäre Kooperation erheblich leidet,
- dass sie teilweise räumlich und organisatorisch zu weit weg von der Schule und den Schülern angesiedelt sind, um ausreichende Hilfen für das *schulische* Lernen insbesondere mehrfach benachteiligter Kinder und Jugendlicher zu bieten und schließlich

- dass sie häufig zu spät einsetzen, nämlich zumeist erst dann, wenn bereits gravierende Lernrückstände dokumentiert und damit chronifiziert sind.

Die mittelfristige Perspektive muss daher sein, ein entsprechendes Unterstützungssystem *an jeder Schule direkt vor Ort* zur Verfügung zu stellen. Ein solcher unterrichtsbegleitender Dienst muss multiprofessionell zusammengesetzt sein, d. h. sonderpädagogische, sozialpädagogische und psychologische/pädagogisch-therapeutische Fachkräfte müssen *direkt an der Schule* (und nicht im Schulamt oder an weit entfernten Beratungszentren) zur Verfügung stehen.

Ein solches Konzept verlangt neben den erforderlichen personellen Ressourcen eine fachliche Neubestimmung des Verhältnisses zwischen Schulpädagogik, Sonderpädagogik, Sozialpädagogik und psychologischen/therapeutischen Hilfen. Es reicht nicht aus, und dies wird durch unsere Befunde nachdrücklich bestätigt, diese Angebote bloß additiv nebeneinander zu stellen: Das Beispiel der Entwicklung des gemeinsamen Unterrichts behinderter und nichtbehinderter Kinder zeigt, dass die Anreicherung der Regelschule durch sonderpädagogische Kompetenz nur dann eine positive Wirkung entfaltet, wenn sich hieraus eine veränderte Unterrichtskultur für *alle* Schülerinnen und Schüler entwickelt. So weist *Reiser* nachdrücklich auf die Gefahr der Verantwortungsdelegation hin, die sich in Integrationsklassen scheinbar naturwüchsig einzustellen droht: Der Regelschullehrer ist für die nichtbehinderten, der Sonderpädagoge für die behinderten und lernschwachen Schüler zuständig. Eine solche Arbeitsteilung reduziert die sonderpädagogische Unterstützung auf eine reine Entlastungsmaßnahme, die dazu dient, die alten unterrichtlichen Routinen möglichst unbeschadet weiterlaufen zu lassen. Reiser hat dieses Modell zu Recht als „Sonderschule in der Westentasche" kritisiert (vgl. ders. 1997, 1998).

Eine ähnliche Konstellation besteht im Verhältnis von Schulpädagogik und Sozialpädagogik. Der wissenschaftliche Diskurs der beiden Disziplinen ist stark durch Abgrenzungs- und Alleinstellungsfragen geprägt.[7] So begrüßt zwar die überwiegende Zahl der Lehrer die Einführung von Schulsozialarbeit an ihrer Schule, was aber meist mit der Erwartung verknüpft ist, „die in die Schule hineinbrandenden sozialen und jugendkulturellen Probleme abzufangen und abzufedern, gleichzeitig aber den Schulbetrieb möglichst wenig zu tangieren" (*Müller* 2004, 224). Es ist nachvollziehbar, dass sich Schulsozialarbeit gegen eine solche „Platzanweisung" verwahrt (vgl. ebd.) und nicht auf eine Art „Reparaturbetrieb" einer ansonsten unveränderten Unterrichts- und Schulkultur reduziert werden möchte. Wie in der sonderpädagogischen Förderung reicht es auch hier nicht aus, den Schulbetrieb um sozialpädagogische Zusatzangebote – wie es sich jetzt in der Ganztagsschuldebatte abzeichnet – zu ergänzen. Vielmehr geht es darum, den Unterricht selbst um sozialpädagogische Elemente anzureichern. In den gebräuchlichen Organisationsformen von Schulsozialarbeit fehlt den Sozialpädagogen aber häufig das Mandat wie auch

---

7 Vgl. hierzu die Beiträge in dem von *Hartnuß/Maykus* (2004) herausgegebenen Sammelband zur Kooperation von Jugendhilfe und Schule oder den Evaluationsbericht zur Schulsozialarbeit an der Ernst-Reuter-Schule in Frankfurt/Main (*Schumann* et al. 2004).

der professionelle Freiraum und die nötige Anerkennung, um hier effektiv auf die Problemkonstellationen des Einzelfalls einwirken zu können. Eine Kooperationskultur, in der sich die Vertreter von Jugendhilfe und Schule als gleichwertige und gleichberechtigte Partner in einem Prozess gemeinsam zu lösender Aufgaben und Probleme begegnen, ist noch zu entwickeln (vgl. *Maykus* 2004).

Schließlich reicht es nicht aus, sich bei gravierenden Lern-, Leistungs- und Verhaltensproblemen ausschließlich auf die Zuarbeit niedergelassener Psychotherapeuten zu verlassen: Zunächst wird diese Form der Hilfe von Familien in sozialen Benachteiligungslagen kaum angenommen. Zudem ist aus fachlicher Sicht die deutliche Grenzziehung zwischen psychotherapeutischem und (heil-pädagogischem) Handeln bei Kindern und Jugendlichen mit narzisstischen Problematiken, also Problemen des Selbstwertes und der Selbstwertregulation, nicht zu rechtfertigen. Gerade diese, auf frühe emotionale Mangel- und/oder Übergriffserfahrungen zurückzuführenden Probleme des Handelns und Erlebens, lassen sich nicht ausschließlich im klassischen psychotherapeutischen Setting bearbeiten, sondern verlangen Interventionen, die in den – schulischen – Alltag integriert sind (vgl. z. B. *Datler* 1995).

Die hier skizzierten Aufgaben können nicht allein den Lehrerinnen und Lehrern aufgebürdet werden. Dies würde zu einer völligen fachlichen und zeitlichen Überforderung führen. Nur: Überfordert ist die Institution Schule in ihrer gegenwärtigen Verfasstheit ohnehin, wie es sich in der öffentlichen und wissenschaftlichen Diskussion um die Misere des deutschen Bildungssystems deutlich abzeichnet. Die Schule wird ihrer Aufgabe, allen Schülerinnen und Schülern ungeachtet ihrer sozialen Herkunft ein adäquates Bildungsangebot zu machen, nicht gerecht. Dies kann man beklagen, und das hat man die letzten zwanzig Jahre getan, oder man kann fachlich auf die veränderten Rahmenbedingungen von Schule und Unterricht reagieren, dies steht noch aus.

Nicht der einzelne Lehrer, aber die Schule als Institution muss in die Lage versetzt werden, die fachlichen Kompetenzen und die personellen Ressourcen vorzuhalten, die eine umfassende Förderung *aller* Schülerinnen und Schüler ermöglicht. Lehrerinnen und Lehrer können diese Aufgaben alleine nicht bewältigen, aber sie müssen allerdings die Bereitschaft mitbringen, mit anderen pädagogischen Fachkräften „auf Augenhöhe" zu kooperieren und nicht auf das Muster zurückfallen, die Verantwortung für „schwierige" Schüler an externe Dienste zu delegieren oder sich durch Selektionsmaßnahmen dieser Schüler vollständig zu entledigen. Der erste Schritt einer Förderplanung muss daher in der gemeinsamen Überlegung bestehen, welche Formen der Unterstützung Schülern und Lehrern *innerhalb* des Klassenverbands gewährt werden können. Erst auf dieser Basis fachlicher Kooperation kann dann begründet entschieden werden, wann eine ergänzende, zielgruppenspezifische Einzel- oder Kleingruppenförderung *außerhalb* des Klassenunterrichts (wie in unserem Projekt) indiziert ist.

Diese Forderungen mögen angesichts der finanziellen Rahmenbedingungen des deutschen Bildungssystems utopisch klingen. Der Blick auf das europäische Ausland zeigt aber, dass dies andernorts schon seit langem gängige Praxis ist. So gehören zum Beispiel in Finnland eben nicht nur Lehrerinnen und Lehrer zum Personal der

Schule, sondern mit großer Selbstverständlichkeit auch Sozialpädagogen, Sonderpädagogen, Unterrichtsassistenten, ein Psychologe, eine Schulschwester und – nicht zu vergessen – das Küchenpersonal. Der Erfolg Finnlands in den PISA-Untersuchungen geht wesentlich auf die guten Ergebnisse der leistungsschwächeren Schülerinnen und Schüler zurück. Das Geheimnis dieses Erfolgs ist nicht, so der einhellige Eindruck vieler internationaler Beobachter, auf die exzellente Unterrichtsmethodik zurückzuführen, sondern auf das umfassende System der Unterstützung und die ungeteilte Verantwortung für den Schulerfolg *aller* Schülerinnen und Schüler (vgl. *Freymann* 2002; *Välijärvi* 2003). Bezeichnend ist es, dass die Finnen auf – frühe – Hilfen statt auf Selektion setzen. So erhalten in Finnland 21 % aller Schülerinnen und Schüler im Laufe ihrer Schulzeit sonderpädagogische Förderung, gegenüber 5,6 % in Deutschland (vgl. *KMK* 2006). Allerdings werden in Finnland diese Hilfen ergänzend bzw. begleitend zum Unterricht angeboten, in Deutschland gehen sie in der Regel mit der Überweisung in eine Sonderschule einher. Mit anderen Worten, während in Finnland sonderpädagogische Förderung zur Sicherung des Schulerfolgs in der Regelschule eingesetzt wird, setzt in Deutschland die sonderpädagogische Förderung erst nach dem Scheitern in der Regelschule ein. So liegt der Schwerpunkt der sonderpädagogischen Förderung in Finnland in den ersten Schuljahren und nimmt dann nach und nach ab, in Deutschland verhält es sich genau umgekehrt.

Natürlich ist ein solches Unterstützungssystem nicht umsonst zu haben. Allerdings steht der Einrichtung eines qualitativ hochwertigen Systems unterrichtsbegleitender Hilfen auch ein erhebliches Einsparpotenzial gegenüber. So gibt beispielsweise das Land Hessen für einen Hauptschüler durchschnittlich 5600 Euro pro Jahr aus, für einen Sonderschüler hingegen 12 500 Euro (vgl. Statistisches Bundesamt 2006). Mithin wären ca. 30 000 Euro pro Schüler zu sparen, wenn durch effektive Prävention der Verbleib an der Hauptschule gesichert werden könnte. Ähnliches dürfte auch für den Bereich der anderen genannten Hilfesysteme gelten. Aufgrund der Aufsplitterung in verschiedene Kostenträgerschaften ist hier eine systematische Kostenrechnung zwar nicht möglich. Es ist aber mehr als hinreichend bekannt, dass die Verteilung auf viele unkoordinierte und wenig kontinuierliche Hilfsangebote wenig effizient ist und unnötige Kosten erzeugt.

Die Erfahrungen unseres Projekts bestätigen die internationalen Erfahrungen, dass die schulischen Misserfolge bildungsbenachteiligter und problembelasteter Kinder und Jugendlicher nicht als naturwüchsig hingenommen werden müssen. Das fachliche und organisatorische Know-how für ein gerechteres und effektiveres Bildungssystem ist vorhanden, es gilt es umzusetzen.

II Sinnhaftes Lernen mit neuen Medien

Heinz Martin

Die neuen Medien haben einen hohen Stellenwert und hohes Ansehen in der Gesellschaft und stehen auch bei Schülern hoch im Kurs. Dies wirkt sich motivierend auf die Arbeit mit diesen Medien, vor allem aber mit dem Computer aus und diese erhöhte Motivation ist, nach den Erkenntnissen der bisherigen Studien, nicht nur vorübergehend, sondern hält dauerhaft vor bzw. belebt sich selbst immer wieder. Auch der Status, den ein Schüler durch seine guten Medienfähigkeiten bei den Mitschülern erreichen kann, trägt zu einer positiven Bewertung der neuen Medien bei und motiviert zusätzlich. So haben „Computerfreaks" in der Regel in einer Klasse einen guten Status. Weiterhin erleben Schüler die Arbeit mit Computern für sich selbst als sehr positiv, sie können nach eigenen Aussagen durch ihre Tätigkeit Erfolge erleben und eigene Kompetenz wahrnehmen. Macht man einen Fehler, kann man diesen ohne jede Kritik vom PC wieder beheben und muss sich gegenüber dem Computer nie ein schlechtes Gewissen machen.

Computerkenntnisse werden in vielen Berufen benötigt und sie bilden häufig auch die Qualifikationsgrundlagen für einen beruflichen Werdegang. Im Gegensatz zum Lesen und Schreiben scheint den Schülern hier offenbar bewusst zu sein, dass sie das am Computer Gelernte auch später einmal gebrauchen können oder dass es im Unterschied zu anderem schulischen Wissen für sie, auch privat, von Relevanz ist. Die Faszination am Computer und der Wunsch, diesen bedienen zu können, erzeugt eine sehr hohe Motivation, sich mit dem Computer zu beschäftigen. Selbst wenn ein Jugendlicher stundenlang vergeblich seine Zeit am PC verbracht hat, ist er/sie noch lange nicht bereit aufzugeben. Ganz im Gegensatz zu Zeiten, die ein Schüler ohne sichtbaren Erfolg über einem Schulheft gebrütet hat – die Übungen hier erscheinen dann als vertane Zeit. Während am Computer scheinbar die Parole „Übung macht den Meister" zählt, denken die Schüler in anderen Bereichen: „Man kann es – oder man kann es eben nicht."

Unser Freund aus Bits und Bytes scheint fast die Sinnhaftigkeit in Person zu sein, was sicher auch daran liegt, dass die meisten Benutzer etwas Positives vom Arbeiten und Spielen am PC zu berichten wissen. Auch die riesige Bandbreite der Nutzung macht sicherlich seine Faszination aus. Neben der Textverarbeitung und dem Spielen kann man noch Bilder und Fotos bearbeiten und verschicken, Musik hören und selber machen, sich Filme ansehen und selbst einen kleinen Clip damit drehen, sich blitzschnell Informationen besorgen und noch vieles mehr. Unsere Heim-EDV ist ein kleines Multitalent, das man immer wieder anders nutzen kann und mit einem Mausklick kann man von einer Nutzungsart zur nächsten wechseln. Nervt das Schreiben am PC, so nervt noch lange nicht der PC selbst, aber nervt das Schreiben in der Schule oder für die Schule, so scheint es nur ein kleiner Schritt zu sein, bis dieses oder auch die Schule lästig wird und kein Sinn mehr in weiteren Anstrengungen gesehen wird.

1 Wissenskluft-Hypothese

Forschungen über die Verbreitung und Wirkung vermittelter Informationen durch neue Medien zeigten, dass ein hohes Informationsangebot nicht von selbst zu einem hohen Wissensstand bei den Nutzern führte. Besonders bei Personen aus der Unterschicht stellte man trotz hoher Mediennutzungsdauer eine unzureichende Informiertheit fest.

Wenn Personen aus verschiedenen Bildungsschichten zu unterschiedlichen Zeitpunkten über ein aktuelles Thema befragt wurden, wie z. B. nachfolgend bei einer Volksabstimmung über ein Kernkraftwerk in Österreich, so zeigt sich, dass sich der Wissenstand der verschiedenen Gruppen nicht annähert. Im erwähnten Beispiel wurde nach dem Wissen über die öffentlich geführte Debatte zu dieser Volksabstimmung (Agenda-Setting-Wissen) gefragt, aber auch nach grundlegendem Faktenwissen in diesem Zusammenhang (Subjektives Wissen). Hierbei glich sich das Wissen um das Thema „Volksabstimmung" in allen Schichten in etwa an – die aktuellen Informationen über das Kernkraftwerk und die Abstimmung waren also zum zweiten Befragungszeitpunkt in allen Schichten etwa gleich. Doch der Abstand beim Faktenwissen hatte sich im selben Zeitraum (von August bis Oktober) prozentual vergrößert. Die Personen aus den höheren Bildungsschichten hatten sich deutlich mehr Kenntnisse über die Funktionsweise des Kernkraftwerks, über mögliche Gefahren, die Bedeutung für die Region etc. angeeignet als die Personen aus den niedrigeren Schichten.

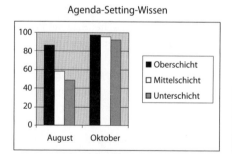
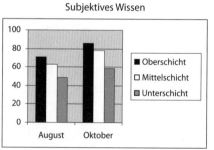

Abb 6: Agenda-Setting-Wissen und Subjektives Wissen (auf Grundlage der Daten von *Luder* 2003)

Bei der Suche nach den Ursachen stieß man auf folgende Punkte:

- besserer Medienkompetenz bei Personen mit höherem Bildungsstand,
- größere Wissensgrundlagen erleichtern das Lernen neuer Informationen,

- unterschiedliche Arten der Mediennutzung (z. B. Fachzeitschriften vermehrt in der Oberschicht/Fernsehkonsum prozentual stärker in der Unterschicht),
- bessere Sozialkontakte und Kommunikation über das Thema in den oberen Schichten,
- Medienangebote richten sich an ein gebildetes Publikum und
- Relevanz der Informationen im sozialen Kontext.

Die Aneignung der Hintergrundinformationen gestaltet sich für Menschen aus benachteiligten Schichten deutlich schwieriger. Dies liegt auch in der unterschiedlichen Nutzung der verschiedenen Medien begründet. Personen aus niedrigen sozialen Schichten beziehen ihre Informationen vorwiegend aus dem Fernsehen. Dieses Medium liefert aber nicht so ausführliche Informationen wie etwa Printmedien (Zeitung, Zeitschriften etc.), die in höheren Schichten weit häufiger konsumiert werden. Dies kann u. a. daran liegen, dass sich Personen aus der Unterschicht Fachzeitschriften und Zeitungen nicht so selbstverständlich leisten können oder diese aufgrund der doch komplexeren Schreibweise nicht verstehen. Auch müssen sie auf viel geringeren Grundlagen ihr Wissen aufbauen und es geschieht häufiger, dass zum Verstehen des neuen Wissens erst noch weitere Lücken geschlossen werden müssen. So scheitert der Aufbau oder gestaltet sich zumindest schwieriger. Menschen aus gebildeten Schichten verfügen in aller Regel auch über eine größere Anzahl an Sozialkontakten, mit denen sie sich über die aktuellen Themen austauschen können und sich so weiteres Wissen und Sichtweisen aneignen. Doch vor allem die bessere Medienkompetenz lässt Personen aus gebildeten Schichten schneller und einfacher an neues Wissen gelangen. Gerade hier ist auch die Nutzung des Internets ein entscheidender Faktor für eine schnelle Wissensaneignung. In den benachteiligten Bevölkerungsgruppen ist die Nutzung des Informationsnetzes jedoch deutlich geringer.

Doch das oben genannte Beispiel zeigt auch, dass nicht in jedem Wissensbereich eine Wissenskluft entstehen muss. Beim Agenda-Setting-Wissen gleicht sich dieses, wie in der Grafik zu sehen ist, fast völlig an. Dies liegt hierbei vor allem daran, dass in diesem Bereich die Medienberichterstattung besonders intensiv ist und von besonderer Relevanz für die Volksabstimmung. Jeder, der sich an der Volksabstimmung beteiligen will, muss auch über dieses Grundlagenwissen verfügen und so ist dieses Wissen natürlich auch besonders präsent und für jeden erreichbar. Gerade für viele Personen der niedrigeren sozialen Schichten ist es neben den Schwierigkeiten, die mit einer Beschaffung von weiteren Informationen verbunden sind, auch nicht so stark von persönlichem Interesse, sich noch darüber hinausreichende Informationen zu beschaffen. Je stärker dieses persönliche Interesse ist, umso wahrscheinlicher ist auch eine weitergehende Aneignung von Wissen. Dies kann darin begründet sein, gegenüber den eigenen Kollegen nicht als uninformiert zu gelten und auch bei Diskussionen mitreden zu können. Da diese Sozialkontakte aber in der Unterschicht nicht so häufig sind, scheint weiteres Wissen zu dem Thema uninteressant.

Es macht also einen erheblichen Unterschied, welches Wissen sich die betreffenden Personen aneignen (Fakten- oder Strukturwissen) und inwiefern das jeweilige Gebiet von Relevanz und Interesse für die jeweilige Gruppe ist.

2 Verwendung von neuen Medien im Unterricht

Entgegen den Ergebnissen aus der Wissenskluft-Hypothese zeigte sich bei der Nutzung von Medien im Unterricht, dass schwächere Schüler eine deutlich bessere Lernleistung durch die neuen Medien erreichen können. Hier zeigte sich entgegen dieser Hypothese, dass gerade Schüler mit Lerndefiziten durch den Medieneinsatz ihre Wissenslücken schlossen und gegenüber den anderen Schülern deutlich aufholten. Weiter zeigte sich, dass Computerunterstützter Unterricht besonders effektiv bei Fördermaßnahmen für Schüler aus niedrigeren Schulformen, wie etwa der Grundschule, war. Der PC half hier besonders gut bei der Aufarbeitung von Lernrückständen (*Hoelscher* 1994, *Luder* 2003).

Der Einsatz von neuen Medien bietet die Möglichkeit, dem Schüler individuelles Lernen zu ermöglichen. Doch er ist nur ein Werkzeug, das vom Lernenden benutzt und vom Lehrer in einem bestimmten pädagogisch-didaktischen Rahmen eingesetzt wird. Gegenüber von Stift und Papier zeichnet er sich dadurch aus, dass man zur Produktion von Worten und Texten nur Tasten antippen muss. Dies ist zum einen motorisch einfacher und kann unter Zuhilfenahme von elektronischen Anlauttabellen schon sehr früh, zum Erstellen eigener Texte, verwandt werden. Auch hat der Schüler beim Benutzen der Tastatur immer die Buchstaben direkt vor Augen, was ebenfalls das Lesenlernen unterstützt. Gerade Kinder, denen der Zugang zum Lesen und Schreiben fehlt, weil sie dieses in ihrem Elternhaus nicht kennen gelernt haben, können von diesen frühen Erfahrungen mit eigenen Schreibversuchen profitieren. Sie erkennen schneller einen Sinn in ihrem Arbeiten als im ständigen mühsamen Wiederholen von Schreibübungen. Auch motiviert es zusätzlich, diese Texte sich gegenseitig vorzustellen und zu veröffentlichen. Für einen sehr frühen Schreibanlass könnte man zum Beispiel die Schüler mit einer Digitalkamera Bilder fotografieren lassen und diese dann mit Beschriftungen und Texten versehen. Diese Fotoarbeiten kann man dann in einer Ausstellung präsentieren. Das frühe Arbeiten am PC lässt auch einen vorteilhaften Umgang mit Fehlern zu, da diese nach einer Berichtigung spurlos beseitigt sind.

Es ist zunächst wichtig, dass Schüler den Wert erkennen lernen, der Lesen und Schreiben ihnen bieten kann. Hierzu ist es hilfreich, wenn der Lehrer oder Lernhelfer sich für diese Schüler auch als Vorleser und Sekretärin zur Verfügung stellt. Sie können dadurch ihr Wissen und ihre Phantasie befriedigen und ausbauen. Lesenächte oder Phantasiegeschichten-Workshops, bei denen man seine Geschichten diktiert, sollten den Wunsch nach neuen Lese- und Schreiberlebnissen wecken. Werden diese Geschichten direkt auf dem Computer geschrieben, kann man sie gleich ausdrucken und dem Schüler überreichen. Das Lieblingswort und später den Lieblingssatz aus den Geschichten könnte man zum Schreibanlass und Leseanlass nutzen. Dies kann dann wiederum am Computer geschehen. Damit steht nicht eine Entmutigung durch viele Fehler, endlose Übungen und unleserliche Schrift am Anfang der Schreiberfahrungen unserer Grundschüler, sondern eine Idee, wofür man das Schreiben brauchen kann.

3   Lernsoftware im Unterricht

Lernsoftware sollte nicht einfach zum Wiederholen und Üben eingesetzt werden. Die Übungen sollten begleitet und erklärt sein und dem Lehrer und auch Schüler Rückmeldungen von ihren Eindrücken und Erfahrungen geben. Auch wenn die Motivation durch Grafik und Spielcharakter besonders hoch sein mag, es handelt sich doch um ein ständiges Üben, das begleitet und dessen Sinn erklärt sein sollte. Der Schüler kann hier ohne Druck und soziale Kontrolle lernen. Der Schwierigkeitsgrad der Software kann variiert werden und der Schüler kann sich seine Arbeitsgeschwindigkeit selbst wählen. Beim Arbeiten mit diesen Programmen sind mehrere Sinneskanäle gefordert und man braucht nicht nur dem Lehrer zuzuhören. Auch kann man hierbei eine ganz individuelle Aufgabenauswahl treffen und selbstständig arbeiten. Der Computer kann direkte Rückmeldung über den Lernerfolg geben und dieser sich auch kontrollieren lassen. Ebenso kann die Lernzeit ganz flexibel sein und bestimmte Bereiche können auch einmal übersprungen werden.

Doch die Arbeit mit dieser Software hat auch ihre Schwächen, so läuft der Lernvorgang nur zwischen Programm und Benutzer ab. Auch kann die Nutzung dazu verleiten, die Übungen verfrüht zu beenden und sich anderen Anwendungen auf dem PC zuzuwenden. Der Lehrer ist als Lernbegleiter hier besonders wichtig. Der Computer kann auf seine programmierte Art und Weise helfen, der Lehrer aber individuell auf den Schüler eingehen. Diese Programme sollten gezielt für Übungszwecke eingesetzt und diese dann weiter vom Lehrer vertieft werden. Lernprogramme machen dann Sinn, wenn es darum geht, Teilprozesse des normgerechten Schreibens zu erarbeiten und dieser Einsatz in einen dem Lernstand angemessenen Förderplan eingebettet ist.

Weiter können diese Programme schon nach wenigen Jahren, ihrer Aufmachung nach, als veraltet erscheinen. Auch sind sie meist für eine ganz bestimmte Altersgruppe konzipiert und Schüler höheren Alters empfinden sie dann als kindisch, was sich natürlich auf die Arbeitsmotivation auswirkt. Bei unserem Projekt lehnten ältere Schüler das Arbeiten mit diesen Programmen aus diesem Grund häufig ab. Selbst Aufgaben, welche sie nicht oder nur teilweise bewältigten, beendeten sie mit Bemerkungen wie: „Das ist doch viel zu einfach."

Lernsoftware gibt es mittlerweile in einer beinahe unüberschaubaren Vielfalt und Fülle. Vorschläge und Empfehlungen waren für unsere Arbeit schwierig zu machen. Sowohl der Lehrer als auch der Schüler müssen damit sinnvoll arbeiten können und so war ein Programm, das ein Student als gut empfand, für den anderen nicht brauchbar. Demjenigen, der solche Programme verwenden möchte, bleibt nicht die Mühe erspart, sich mehrere Programme anzusehen und jenes zu wählen, das er selbst als vorteilhaft empfindet.

4 Medien-Schrift-Kompetenz (*media literacy*)

Um einer Wissenskluft sinnvoll entgegenwirken zu können, muss der Benutzer von Computer und Internet sich mit den Vor- und Nachteilen dieser Komunikationsformen auskennen. Grundlage ist hierbei zum einen der Zugang zu Hard- und Software und die Fähigkeit, mit diesen Techniken umzugehen. Auch hierfür ist ein frühes Arbeiten mit diesen Medien vorteilhaft. Weiter ist eine gute Medienkompetenz Voraussetzung für die Bewältigung individueller Entwicklungsaufgaben und die Vorbereitung auf eine berufliche Zukunft. Ebenso ist sie erforderlich für die Teilhabe an Meinungs- und Entscheidungsbildungsprozessen einer demokratischen Gesellschaft und ein wichtiges Instrument, um individuellen Defiziten und Einschränkungen entgegenwirken zu können.

Auch aus diesen Gründen ist das Arbeiten mit Computer und Internet gerade mit sozial benachteiligten Kindern und Jugendlichen von besonderem Wert und Interesse.

Mediale Eigenschaften und Erfordernisse an den Rezipienten sind nach *Weidemann* 1995, aus *Luder* 2003 folgende:

Eigenschaften medialer Informationsangebote	Erfordernisse an den Rezipienten („media literacy")
Disperse Information: Die Informationen sind nicht zentral verfügbar, sondern weit verteilt auf einer Vielzahl verschiedener Quellen.	Das Auffinden der gewünschten Informationen erfordert ein breites Strukturwissen, erfolgversprechende Suchkriterien und gegebenenfalls effiziente Suchwerkzeuge.
Multicodalität: Die Informationen liegen nicht in einheitlicher Form vor, sondern gemischt als Text, Ton, Animation oder Video.	Um die gewünschte Information den unterschiedlichen Codes entnehmen zu können, muss der Rezipient fähig sein, übergreifende semantische (inhaltliche) Kohärenz über die verschiedenen Quellen herzustellen.
Reduzierte Information: Die einzelnen Informationseinheiten werden ohne Kontext und ohne Angaben über die Quellen dargeboten.	Die Elaboration der Informationen, die Überprüfung auf Herkunft und Glaubwürdigkeit und der Vergleich mit anderen Quellen fallen in die Verantwortung des Rezipienten.
Isolierte Information: Die Information wird nicht als Ganzes in inhaltlich sequenzierter Gliederung dargeboten, sondern als isolierte Einheiten (lokale Kohärenz).	Der Rezipient muss die einzelnen Informationseinheiten in seine Wissensstruktur einbetten und mit anderen Informationen vernetzen (Herstellung globaler Kohärenz).
Informationsfülle: Die Menge der potenziell verfügbaren Informationen übersteigt die Aufnahmekapazität des Rezipienten um ein Vielfaches.	Um eine sinnvolle Auswahl unter den zur Verfügung stehenden Informationen zu treffen, sind elaborierte metakognitive Strategien notwendig.

Eine Befähigung zu einer kompetenten Mediennutzung ist somit auch ein wichtiges Unterrichtsziel. Dies besteht unter anderem auch darin, schneller zu entscheiden, was wichtig und was unwichtig ist, wann etwas gelesen und wann nur überflogen wird etc. Dazu müssen die entsprechenden Werkzeuge bekannt sein, die man einsetzen kann.

5 Arbeiten mit dem Internet

Die Möglichkeiten für den Einsatz des Internets sind mindestens ebenso zahlreich wie die des Computers selbst. Neben der Nutzung für eigene Zwecke wird noch die Kontaktmöglichkeit zu anderen Nutzern des Netzes möglich. Diese Möglichkeit kann zusätzliche Motivationen für den Schüler bedeuten. Besonders das Schreiben von E-Mails und die Kommunikation mit anderen Usern in Chat-Rooms eröffnet zusätzliche neue Möglichkeiten. Der gemeinsame Austausch mit anderen Schülern oder dem Lehrer vor dem Monitor macht dieses Arbeiten zu einem kooperativen Erlebnis. Auch werden so auf einfachem Wege Vor- und Nachteile dieser Kommunikations- und Arbeitsform erfahren und man kann diese sowie die Risiken der Nutzung des Internets gemeinsam besprechen. Dies trägt dann ganz unkompliziert zu einer besseren Medienliteralität bei.

Für meine Arbeit beim Projekt „Soziale Benachteiligung, Analphabetismus und Medienkompetenz" war für meinen Schüler und mich besonders das Arbeiten mit dem Internet von entscheidender Bedeutung. Da dieser Schüler sich schon in der Abschlussklasse befand, waren für ihn Aufgaben am PC wie etwa Lernprogramme oder -spiele zu „kindisch". Die Arbeit mit dem Internet gestaltete sich da schon anders. Auch konnte man sich bei Berichten über diese Arbeit im Klassenverband der Bewunderung durch die Klassenkameraden sicher sein. Hier schreibt man bzw. hier übt man Schreiben, um schnell auf interessante Seiten und Hompages zu gelangen, sich Bilder oder Informationen zu googlen oder eine Internet-Adresse einzurichten. Das Arbeiten gestaltete sich immer abwechslungsreich und kommunikativ und das Lesen und Schreiben war hierbei auch keine Angelegenheit, die ganz alleine zu bewältigen war.

III Von der Sprache zur Schrift

Waltraud Bouda

„Für die meisten von uns ist das Beherrschen der Sprache im Alltag eine Selbstverständlichkeit." Die Sprache ist dann in erster Linie ein nützliches Mittel für die Kommunikation, für die soziale Interaktion und für den Erwerb neuen Wissens. Kleine Kinder haben aber eine andere Perspektive. Für sie, die am Anfang ihrer Entwicklung stehen, ist die Sprache zunächst ein hochgradig komplexes Lernobjekt, dessen Regelwerk sie Schritt für Schritt aufgrund des Sprachangebots ihrer Umgebung entdecken und verinnerlichen müssen. Erst wenn die Kinder die Regeln beherrschen, wird die Sprache für sie zu einem Instrument, mit dem sie unabhängig von ihrem aktuellen Erfahrungsrepertoire über bekannte und unbekannte und noch nicht geschehene Ereignisse kommunizieren können (*Penner* 2005, S. 1). Dieser Weg soll im Folgenden aufgezeigt werden.

1 Voraussetzungen im Vorschulalter und Schulalter

„Ich weiß zwar nicht, was ihr euch für euer Kind erträumt und erhofft, aber ich weiß, dass es für alle Wechselfälle des Lebens besser gerüstet ist, wenn es lesehungrig ist ..., ihr könnt ihm zeigen, wo Trost zu finden ist, wenn es traurig ist, und wo Freude und Schönheit zu finden sind, wenn das Leben ihm grau erscheint, und überdies könnt ihr ihm Freunde schenken, die nie enttäuschen ... ja, ihr könnt ihm den Weg zum Buch weisen, den Weg, der zu den grenzenlosesten Abenteuern führt!" (Astrid Lindgren)

Unsere Sprachkompetenz und damit unser sprachliches Wissen ist eine zentrale menschliche Fähigkeit. „Sie dient dem Ausdruck von Intentionen, Wünschen und Abneigungen, sie ermöglicht die Kommunikation mit anderen Menschen und sie steht in enger Beziehung zu kognitiven und sozialen Fähigkeiten" (*Grimm* 1999, S. 13).

Straßburg nennt die menschliche Sprache „die wichtigste Verständigungsmöglichkeit des Individuums mit seiner Umwelt und der am weitesten differenzierte Ausdruck seiner Gehirnfunktion" (2000, S. 100).

Während die meisten Kinder diese Schlüsselkompetenz spielerisch und mühelos erlernen, stellen Kinder mit Lernschwierigkeiten im Lautspracherwerb und im Schriftspracherwerb eine Herausforderung für Pädagogen, Psychologen, Pädiater, Eltern und für die Gesellschaft dar. Die Sprachentwicklung ist wie kein anderer Entwicklungsbereich störanfällig. Defizite im Spracherwerb sind folgenschwere Entwicklungsstörungen, die mittel- und langfristig zu Defiziten im Lesen, Schreiben, Rechnen, logischen Denken, kulturellen Wissen und der psychosozialen Entwicklung führen. Sie beeinflussen damit auch die Bildungs- und Lebenschancen und die berufliche Entwicklung des Kindes erheblich.

Eine großflächige Studie von *Grimm* (2004) mit Kindern im Alter von 4;0 Jahren bis 5;11 Jahren belegt einen hohen Förderbedarf bereits im Kindergarten.

Nur 45 % der Kinder zeigen eine normale Sprachentwicklung, 25 % der Kinder haben einen Migrationshintergrund, 10 % eindeutige Sprachentwicklungsstörungen und bei 20 % der Kinder besteht der Verdacht auf eine Sprachstörung (*Penner* 2005, S. 180).

Eine weitere Untersuchung von Esser u. a. mit achtjährigen Grundschülern fand bei 10,6 % der Kinder Sprechstörungen und bei 6 % Sprachentwicklungsverzögerungen. Kinder mit Behinderungen, chronischen Krankheiten, ausländischer Nationalität und Kinder aus Sonderschulen wurden in dieser Untersuchung nicht berücksichtigt (*Grimm* 1999, S. 57).

Die Sprachentwicklung des Kindes lässt sich anhand des Schaubildes „Der Sprachbaum" von Wendlandt gut darstellen (s. Abb. 7 auf Seite 72).

„Das Kind verfügt nicht von Anfang an über Sprache. Sie entwickelt sich in einem langen Prozess, geschieht in einer bestimmten Abfolge und zeigt eine angeborene Struktur für die Sprachaneignung und Sprachanwendung" (*Wendlandt* 2000, S. 10 ff.). Zugleich weist die Grafik auf die Bedeutung der sprachlichen Umwelt und ihre vielfältigen Ursachen von Störungsmöglichkeiten hin.

Die Wurzeln stellen die drei wichtigsten Entwicklungsbereiche

- Sensomotorische Entwicklung,
- Sozialemotionale Entwicklung und
- Geistige Entwicklung, Hirnreifung und Sensorische Integration dar.

Sie sind die grundlegenden, sehr früh erworbenen Basisfähigkeiten, die Piaget als „emotionale Intelligenz" bezeichnet und auf deren Grundlage sich die Lautsprache, dargestellt als Krone, und die Schriftsprache, das Lesen und Schreiben, dargestellt als Wipfel, aufbaut.

Damit beginnt der Schriftspracherwerb nicht erst mit dem Schuleintritt des Kindes. Vorauslaufende Erfahrungen, Förderung im Elternhaus und im Kindergarten, kognitive Lernvoraussetzungen, Sozialverhalten und Motivation prägen den Lese- und Schreibprozess nachhaltig.

Prägende Phasen, Maria Montessori nennt sie „sensitive Perioden", beeinflussen die Entwicklung des Kindes maßgeblich. Der Begriff „Prägung", der vom Verhaltensbiologen Konrad Lorenz stammt, sagt aus, dass in bestimmten Entwicklungsphasen Umwelteinflüsse eine besonders einprägende Wirkung ausüben.

Hellbrügge und Montessori zeigen am hörgeschädigten Kind die Bedeutung der frühzeitig einsetzenden Sprachtherapie auf. Sie entscheidet, ob es sprechen lernt oder ob es verstummt und deswegen zeitlebens in seiner Sprachentwicklung und damit in seiner gesamten Persönlichkeitsentwicklung zurückbleibt.

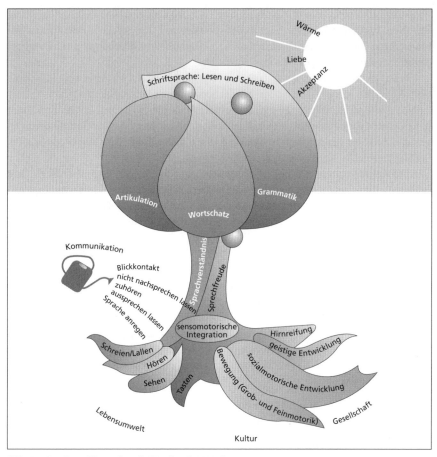

Abb. 7: „Der Sprachbaum" nach *Wendlandt* 2000, S. 11

Die Bedeutung der sensitiven Phase auch in der Sozialentwicklung eines Kindes zeigen Untersuchungen mit Heimkindern. Adoptivkinder, die erst nach dem dritten Lebensjahr in eine Familie kamen, konnten nur zu einem Drittel innerhalb der ersten Jahre gefühlsmäßige Unterscheidungen nahe stehender und nicht nahe stehender Personen erlernen.

Die Chance, tragende Bindungen aufzunehmen, wird damit für ältere Heimkinder immer schwieriger und ist nach *Hellbrügge* dann auch unweigerlich verstrichen (1978, S. 230).

Die GLAD-Studie (German Language Development Study), 2000 in Berlin begonnen, untersucht 200 Kinder von Geburt an, um Ursachen und Ontogenese von Störungen im Spracherwerb zu klären. Die Untersuchungen umfassen die vorsprachliche Lautierung, Sprachproduktion, Sprachverstehen, Sprachwahrnehmung und -verarbeitung, neurokognitive und neuropädiatrische Entwicklung, Entwicklung des Hörvermögens sowie die frühe Entwicklungspsychologie.

Erste Ergebnisse zeigen Frühindikatoren für Sprachentwicklungsstörungen wie: Geschlecht, Familienrisiko, Gestationsalter (Schwangerschaftsdauer und die Reifezeichen des Neugeborenen), Reifung der Hörbahnen, Entwicklungsquotient und Qualität der Lallsilben.

Damit ist es möglich, Risikokinder schon sehr früh (im klinischen Setting ab 6 Monaten) korrekt zu erfassen. Das Resultat stellt eine revolutionäre Bedeutung für die präventive Frühintervention dar. Schwerwiegend ist die Verzögerung in der Reifung der Hörbahnen.

Das Hören beginnt in der 22. Schwangerschaftswoche und die Reifung des zentral-auditiven Systems ist Voraussetzung für eine schnelle Sprachverarbeitung und somit für den intakten Spracherwerb. Das Lernen beginnt bereits vor der Geburt und der Fötus reagiert bereits ab der 28. Woche auf bekannte und unbekannte Reize. Weiterhin haben Untersuchungen ergeben, dass das Kind im Mutterleib Töne nicht nur hört, sondern sich diese auch merken kann (vgl. *Spitzer* 2003). Säuglinge können von Beginn an sprachliche von nichtsprachlichen Lauten unterscheiden (Penner in Forum Logopädie 2004, S. 6 ff.).

„Bereits 4 Tage alte Säuglinge nutzen prosodische Merkmale, um die Muttersprache von Fremdsprachen unterscheiden zu können" (*Grimm* 1999, S. 24).

So produzierten Säuglinge mit verzögerter Hörbahnenreifung mit 24 Monaten schon bedeutend weniger Wörter und entwickeln im sprach-rhythmischen Wissen (Prosodie), das für die Wortbildung, Worterkennung und die Ableitung von syntaktischen Regeln verantwortlich ist, abweichendes Sprachverhalten. Penner hat hierzu ein Frühförderprogramm zur Sprachkompetenz an den Universitäten Bern und Konstanz entwickelt (2004, 2005).

Dies ist auch ein wichtiger Hinweis auf die Bedeutung der frühen Diagnose von Risikokindern und der Prävention durch ausgewählte diagnostische Verfahren. *Grimm* (1999) plädiert für die Ausweitung, Differenzierung und Optimierung des entwicklungspsychologischen Teils der pädiatrischen Vorsorgeuntersuchungen (U1 bis U9).

Weiterhin sind zahlreiche Sprachentwicklungstests Grundlage von Sprachförderprogrammen im Kindergarten, die Kinder vor dem Scheitern in der Schule bewahren können. Die Schule besitzt dann den gesellschaftlichen Bildungsauftrag, allen Schülern, ungeachtet ihrer individuellen Lernvoraussetzungen, die Kulturtechniken nahe zu bringen. Damit ist Schule nicht das erste, aber das wichtigste Präventionsfeld. Auch hier bieten Förderprogramme und ein Perspektivenwechsel in der Lese- und Schreibdidaktik neue Perspektiven in der Pädagogik.

Wenn Kinder in die Schule kommen, befinden sie sich an unterschiedlichen Stationen auf dem Weg zur Schrift. Dies betrifft „ihre Zugriffsweisen, ihre Vorstellungen von Schrift und ihr individuelles Lernverhalten" (*Füssenich* & *Löffler*, 2005, S. 9).

Eine wesentliche Voraussetzung für den Schriftspracherwerb, der immer noch zu wenig Beachtung findet, ist die Sprach- und Kommunikationskompetenz des Kindes. Bei Schuleintritt sollte es:

- Klar, deutlich und weitgehend grammatisch korrekt sprechen
- Sprechfreude zeigen
- Zuhören, fragen, singen und Gedichte aufsagen
- Einfach formulierte Aufforderungen verstehen
- Den Inhalt einer Geschichte verständlich wiedergeben
- Sich mit anderen unterhalten
(*Schründer-Lenzen* 2004, S. 226).

Der Schriftspracherwerb ist darüber hinaus eine „so hochkomplexe Anforderung, dass dafür nicht nur die Sprache und Kognition, sondern spezielle Fähigkeiten in fast allen Wahrnehmungsbereichen und sensorische Integrationsleistungen erforderlich sind, die ohne weitere psychische Leistungen wie Motivation, Selbstwirksamkeitserwartung, Gedächtnis, Aufmerksamkeit und Konzentration nicht leistbar sind" (*Schründer-Lenzen* 2004, S. 209).

Um Lesen und Schreiben lernen zu können, muss das Kind *optische Reize* aufnehmen, unterscheiden, einordnen, interpretieren und mit früheren Erfahrungen vergleichen können. Es muss sich Wortbilder und schwierige Einzelbuchstaben einprägen und diese differenzieren können (vgl. *Naegele* 2001, *Spitzer* 2002).

Auditive Reize müssen aufgenommen und verarbeitet werden. Dabei muss das Kind Klangbilder erfassen, genau hinhören, Einzellaute heraushören und mit ähnlich klingenden Lauten vergleichen und unterscheiden können. Ein intaktes Gehör und eine schnelle auditive Verarbeitung des Gehörten sind grundlegende Voraussetzungen für die Entwicklung der Sprache und den Erwerb von Schriftsprache. Sprechen und Sprachverstehen sind die schnellsten und die am intensivsten ablaufenden Prozesse, die es in den Bereichen Wahrnehmung gibt. Der zeitliche Unterschied der Verschlusslaute b und p, g und k sowie d und t beträgt 20 Millisekunden – wenig Zeit für die Programmierung der Bewegungen von Zunge, Kiefer und Lippen einerseits sowie für eingehende akustische Analysen andererseits.

Außerdem ist eine gute *Auge-Hand-Koordination* eine weitere, notwendige Voraussetzung für das Schreiben.

Kinder mit spezifischen Störungen in der Sprachentwicklung beginnen nach *Grimm* erst spät mit dem Spracherwerb, er erfolgt langsamer, das Sprachverständnis ist gewöhnlich besser ausgebildet als die Sprachproduktion, die formalen Merkmale der Sprache (Syntax = Satzbau/Morphologie = Struktur der Wörter) sind defizitärer als bei der Semantik (= Sprachbedeutung und Pragmatik).

Sprachentwicklungsstörungen sind keine Entwicklungsverzögerungen, sondern massive Störungen des Sprachlernprozesses. Diese Kinder zeigen jedoch keine allgemeine geistige Retardierung auf, sie haben keine sensorischen und neurologischen Schädigungen und sind auch emotional nicht gestört (1999, S. 101 ff.).

Szagun verweist auf Untersuchungen im Bereich der auditiven Wahrnehmung, die nahe legen, dass spracherwerbsgestörte Kinder eine Schwäche bei der Verarbeitung auditiver Signale haben. Da die kognitive Entwicklung in vielfältiger Weise Vorläufer der sprachlichen Entwicklung ist, zeigen sich auch hier oft Verzögerungen. Diese Kinder haben Probleme, Symbole zu gebrauchen, ihr symbolisches und figuratives Erkennen ist gestört. Diskutiert wird in diesem Zusammenhang, ob der Spracherwerbsstörung eine generelle Schwäche der Aufmerksamkeit zugrunde liegt.

Aufmerksamkeit ist dabei gemeint als Prozess, der dazu dient, „geistige Funktionen zu erregen und zu fokussieren, zwischen ihnen auszuwählen, sie zu ordnen und sie zu koordinieren" (1991, S. 295).

Naegele zeigt vier grundlegende Einsichten der Lernforschung auf, um das Kind in seinen Lernbemühungen und -schwierigkeiten verstehen zu können und die wichtigsten Risikopunkte beim Lese- und Rechtschreibenlernen zu sehen:

- Kinder können erst dann Lesen und (Recht-)Schreiben lernen, wenn sie das System unserer Schriftsprache mit ihren Beziehungen zwischen Sprachlauten und Schriftzeichen, zwischen Buchstaben, Wörtern und Sätzen, zwischen Wortsinn, Wortklang und Schriftbild erkannt und verstanden haben.
- Kinder erfassen die Schriftsprache weder intuitiv auf einen Schlag noch geradlinig auf stetig ansteigender Erfolgsbahn, sondern in unregelmäßigen Schritten, Phasen, Sprüngen, also mit Stocken, Brüchen und auf Umwegen.
- Lesen und (Recht-)Schreiben werden nicht eingleisig, sondern auf vielen Wegen und Sinneskanälen erlernt. Auge, Ohr, Hand, Gedächtnis, Einsichts- und Kombinationsvermögen sind beim einzelnen Kind unterschiedlich stark ausgeprägt und ausgebildet, sodass jedes Kind seine starken und seine schwachen Zugänge zur Schriftsprache besitzt.
- Das Kind benötigt bei diesen schwierigen Leistungen ein förderliches häusliches und schulisches Umfeld, Eltern und LehrerInnen, die Mut machen und an den Lernerfolg des Kindes glauben (2001, S. 41 ff.).

Weiterhin nennt sie das *Auge*, das *Ohr*, das *Sprechen*, die *Hand*, den *Kopf* und das *Wörterbuch* die „sechs Lösungshilfen" oder „Lernwege zum Behalten", die den Kindern beim Erwerb der Schriftsprache angeboten werden sollten, damit diese den für sie besonders geeigneten Weg selbst herausfinden können.

Über das Auge	anschauen und einprägen
Über das Ohr	auf die Laute des Wortes hören
Über das Sprechen	langsam und deutlich mitsprechen
Über die Hand	mit der Hand aufschreiben
Über den Kopf	überlegen, wie das Wort geschrieben wird. Regeln und Besonderheiten einprägen
Über das Wörterbuch	nachschlagen

Wurden Probleme des Lese- und Schreibversagens lange Zeit fast ausschließlich auf psychoorganische und kognitive Bedingungsfaktoren zurückgeführt, finden aktuell Milieufaktoren und Prozesse schulischer Passung eine immer stärkere Beachtung (2001, S. 208).

„Dass Erfolg und Versagen beim Erlernen der Kulturtechniken viel mit den vorschulischen Erfahrungen der Kinder zu tun hat", beschreibt *Kretschmann* (1998, S. 307 ff.). Besonders erfolgreich sind die Kinder aus den so genannten „literalen

Elternhäusern", aus Familien, in denen viel gelesen, gesprochen und geschrieben wird, vermerkt er. Diese Kinder machen typische Erfahrungen:

- Die Schrift ist immer präsent (Bilderbücher, Bücher).
- Eltern und Geschwister gehen auf interessante Fragen ein.
- Das Vorlesen, Geschichten erzählen, überhaupt Sprechen sind selbstverständliche Erziehungspraktiken.
- Das Imitieren von Tätigkeiten der Eltern ist erwünscht.
- Die Erklärungen der Eltern oder Geschwister vermitteln eine Einsicht in die Schriftsprache.
- Lesen- und Schreibenkönnen ist wichtig, daraus entwickelt sich die Bereitschaft für die Aneignung dieser Kompetenz, auch wenn dieses mit Anstrengungen verbunden ist.

Auch *Schründer-Lenzen* sieht „den gelingenden Schriftspracherwerb nach heutigem Kenntnisstand abhängig von einem Bündel von Bedingungen, die weit über die individuellen Lernvoraussetzungen eines Kindes hinausgehen. Die familiäre Situation, die elterlichen Erziehungspraktiken, die Peer-Group, der Migrationsstatus, der Unterricht, die Art der Lernangebote, das Lehrer-Schüler-Verhältnis, das Schul- und Klassenklima usw. sind Einflussfaktoren, die sich gegenseitig beeinflussen und die sich auf die Entwicklung von Lese-Rechtschreibschwierigkeiten auswirken. 30–60 % des späteren Leseerfolges von Kindern sind auf die vorschulischen Erfahrungen der Kinder mit Schrift und Schriftproduktion zurückzuführen" (2004, S. 209).

Gasteiger/Klicpera sehen „den Einfluss der sozialen Bedingungen, in denen Kinder aufwachsen, auf das Erlernen des Lesens und Schreibens als beträchtlich an. Die soziale Situation der Kinder beeinflusst sowohl die kognitiven und motivationalen Lernvoraussetzungen bei Schuleintritt als auch den weiteren Lernfortschritt in der Schule. Von besonderer Bedeutung scheinen soziale Faktoren einerseits zu Beginn der Leseentwicklung, also in der 1. Klasse Grundschule zu sein, andererseits sind sie bedeutend für den längerfristigen Verlauf" (s. Abb. 8, S. 77).

Viele ungünstige Bedingungen sind bereits lange vor dem Schuleintritt der Kinder vorhanden und sie führen dazu, dass diese weniger vorbereitet, mit geringeren, kognitiven Lernvoraussetzungen und mit einem an die Unterrichtsbedingungen weniger angepassten Sozialverhalten und einer geringeren sozialen Reife in die Schule kommen. Sehr deutlich unterscheiden sich Familien mit günstigeren bzw. weniger günstigen sozialen Verhältnissen darin, wie sie ihre Kinder durch das Vorlesen von Büchern bereits vor Schulbeginn für die Freuden des Lesens gewinnen können und sie auf den besonderen Umgang mit sprachlichen Ausdrucksformen in Büchern vorbereiten. Der erste Kontakt mit der Schrift bahnt bei vielen Kindern bereits im Vorschulalter eine Sensibilität für die Sprache an. Fallen Kinder bei Schuleintritt durch ihre geringere Sprachbewusstheit, ihren geringern Wortschatz und ihren Mangel an phonologischer Bewusstheit auf, vergrößert sich der Rückstand in der ersten Phase des formellen Leseunterrichts noch, wenn sich der Lehrer nicht bewusst bemüht, ihn durch direkten Unterricht der Sprachanalyse auszugleichen (1998, S. 234 ff.).

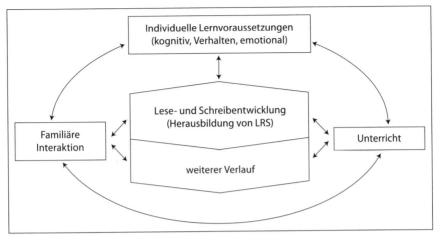

Abb. 8: Einfaches interaktionelles Modell über die Einflüsse auf die Lese- und Schreibentwicklung und die Entstehung sowie den Verlauf von Lese- und Schreibschwierigkeiten (*Gasteiger/ Klicpera* 1998, S. 234)

Damit stehen heute die Frage der Prävention von Lese-Rechtschreibschwierigkeiten und damit auch die möglichst frühzeitige Erkennung von Risikokindern und deren Förderung im Mittelpunkt.

1.1 Die phonologische Bewusstheit als Voraussetzungen für den erfolgreichen Schriftspracherwerb

Die wichtigsten Voraussetzungen, die das Gelingen des Schriftspracherwerbs entscheidend beeinflussen, sind das *Gedächtnis*, die *Aufmerksamkeit* und die *phonologische Bewusstheit* (*Schründer-Lenzen* 2004, S. 33).

Letztere steht heute im Zentrum des wissenschaftlichen Interesses und gilt als die *wichtigste Lernvoraussetzung* für den Schriftspracherwerb. Kinder mit einer bereits im Vorschulalter gut entwickelten phonologischen Bewusstheit gelingt es „relativ leicht und zügig, sich die Schriftsprache anzueignen, wohingegen Kinder mit einer gering entwickelten phonologischen Bewusstheit als potenzielle ‚Risikokinder' des Schriftspracherwerbs gelten" (*Schründer-Lenzen* 2004, S. 34, vgl. *Schneider* 1996, 1999, *Klicpera* 1998).

Die noch vor Schuleintritt erlebte phonologische Bewusstheit ist eine grundlegende Voraussetzung für das Erlernen der alphabetischen Schrift. Das Kind hat Spaß am Reimen, erkennt Sprachstrukturen, kann Wörter in Silben klatschen, aus Silben neue Wörter bilden, Anlaute und Auslaute aus Wörtern heraushören und Wörter in Laute, die Phoneme, zerlegen und wieder aus Phonemen ein Wort bilden. Dies geschieht spielerisch durch Lieder, Reimspiele und Sprachspiele.

Für *Küspert* & *Schneider* hängt „der Erfolg eines Kindes beim Lesen und Schreibenlernen davon ab, inwieweit es das alphabetische Prinzip der Schriftsprache begreift". „Gemäß diesem Prinzip ist die Sprache in eine Anzahl kleinster Lautsegmente (Phoneme) zerlegbar, die wiederum durch Schriftzeichen (Grapheme) repräsentiert werden können. Die Zuordnung von Buchstaben zu Lauten beim Rechtschreiben, oder umgekehrt die Zuordnung von Lauten zu Buchstaben beim Lesen, erfolgt auf der Basis von Regeln, die je nach Lauttreue der Sprache unterschiedlich streng sind. Um Einblick in diese sprachlichen Einheiten zu gewinnen, müssen Kinder nun erstmals seit Beginn ihrer Sprachentwicklung ihre Aufmerksamkeit von der Bedeutung einer Mitteilung abwenden und auf die formale Struktur des sprachlichen Materials lenken. Dieser Prozess, der es ermöglicht, sich auf die linguistischen Einheiten der Sprache zu konzentrieren, wird in der Literatur als phonologische Bewusstheit bezeichnet."

Das Kind muss nun begreifen, dass Sprache zerlegt werden kann und dass sich gesprochene Wörter aus kleineren Einheiten zusammensetzen. Es muss befähigt werden, jeden einzelnen Laut aus einem Wort herauszuhören. Das Beherrschen der Schriftsprache fordert damit eine bewusste Analyse der sprachlichen Ausdrucksmittel.

Auch die bewusste Synthese, das Verbinden einzelner Wörter zu einem Satz und einzelner Laute zu einem Wort, wird spielerisch eingeübt. Das Kind wird angeregt, über Sprache nachzudenken und dazu braucht es besondere Hilfen bei der Entwicklung seiner metasprachlichen Kompetenzen.

Phonologische Bewusstheit im weiteren Sinn bezieht sich auf größere Einheiten der gesprochenen Sprache wie Reime oder Silben.

Phonologische Bewusstheit im engeren Sinn bezieht sich auf kleinste Einheiten der gesprochenen Sprache wie Phoneme (1999, S. 12 ff.).

„Phonologische Bewusstheit und Schriftspracherwerb stehen in Wechselwirkung und beeinflussen sich gegenseitig. Phonologische Bewusstheit ist sowohl Voraussetzung als auch wichtiger Begleitprozess für den Schriftspracherwerb" (*Forster & Martschinke* 2002, S. 9).

1.2 Die Entwicklungsstufen des Schreiben- und Lesenlernens

Unsere Schrift ist keine Bilderschrift, sondern eine Buchstabenschrift. Die Lautstruktur der Wörter, der Sprache, wird bewusst erfasst und sichtbar gemacht. Wer *schreiben* will, muss nach *Meiers* seine Sprache lautlich durchgliedern und den ermittelten Lauten die entsprechenden Schriftzeichen zuordnen (Phonemanalyse).

Wer *lesen* will, muss dem Buchstaben den Laut zuordnen und daraus das Wort bilden (Phonemsynthese).

Unser Lautschriftsystem ist jedoch kompliziert, da z. B. ein Laut (T) in der Schrift mit unterschiedlichen Buchstaben geschrieben wird: T-inte, Th-eater, Mu-tt-er, Wal-d.

Ein Buchstabe, der unterschiedlich ausgesprochen wird, kann mehr als einen Laut darstellen, z. B. (V) für Vater, Vase, Pullover.

Das Kind muss viele Fakten und Regeln lernen und memorieren. Schriftspracherwerb bedeutet jedoch mehr als nur die Beherrschung dieser Techniken. Sie ist Denkentwicklung, die auf den Erwerb umfassender Handlungskompetenz zielt (2000, S. 9 ff.).

Das „Stufenmodell von *May*" zeigt die Entwicklung kindlicher Lese- und Schreibstrategien auf, die miteinander verknüpft sind und aufeinander aufbauen.

Abb. 9: Stufenmodell von May (*Krug* 2000, S. 34)

In der *1. Stufe – der logographemischen Strategie* – repräsentieren bereits vor Schulbeginn Zeichen, wie McDonalds, einen Begriff. Schriftzüge werden als Wortgebilde erkannt und richtig „gelesen". Das Kind hat bereits eine Vorstellung davon, dass Laute bzw. Wörter in Zeichen ausgedrückt werden können. Es hat jedoch noch kein Wissen über die Buchstaben-Laut-Beziehung. Das Kind erkennt, dass Symbole für etwas stehen.

In der *2. Stufe – der alphabetischen Strategie* – lernt das Kind durch die schulische Unterrichtung der Buchstaben-Laut-Zuordnung das Prinzip der Schriftsprache. Die Verschriftung ist anfangs noch lauttreu.

In der *3. Stufe – der orthographischen Strategie* – erfasst das Kind orthographische Regeln und baut sich ein inneres Regelwerk auf.

In der *4. Stufe – der morphematischen Strategie* – fragt das Kind nach dem Grundwort und verwandten Wörtern, es setzt Wörter aus Sinnbausteinen zusammen und zerlegt diese sinnvoll.

In der 5. *Stufe – der wortübergreifenden Strategie* – berücksichtigt das Kind größere sprachliche Einheiten bei seiner Schreibung eines Wortes. Es beachtet die Wortart, die Semantik und die Grammatik und verwendet z. B. die Groß- und Kleinschreibung, das Getrennt- und Zusammenschreiben und die Zeichensetzung.

1.3 Die Diagnostik im Vorschulalter und einige ausgewählte Verfahren

Die demographische Entwicklung (Einwanderungsbewegungen) und die veränderten Sozialisationsbedingungen von Kindern (,veränderte Kindheit') haben nach *Kretschmann* zur Folge, dass Grundschulklassen immer heterogener werden und immer mehr Kinder psychische und schulische Probleme entwickeln (1999, S. 5).

Dies betrifft auch schon die Gruppen in den Kindergärten und Kindertagesstätten. Die Vorschuleinrichtungen müssen die Kinder besser auf die schulischen Anforderungen vorbereiten und die Grundschulen müssen einen effizienteren Unterricht durchführen, um möglichst wenige Schüler auszusondern und auf Sonderschulen überweisen zu müssen.

Dies erfordert Veränderungen im traditionellen, lehrerzentrierten Unterricht, vermehrte Hilfestellungen, auch für die Familien, Förderangebote und zusätzlich zum Wissen über die Lernvoraussetzungen und die Lernprozesse eine *kindnahe Diagnostik*, die lernwegsbegleitend und dialogisch den pädagogischen Förderbedarf des Kindes ermittelt.

Durch frühzeitige Erkennung der Ursachen von Lese- und Rechtschreibstörungen soll die Manifestation dieser Probleme in der Schule verhindert werden. Diagnostisch bieten sich folgende Verfahren an:

- Elternfragebögen für die Früherkennung von Risikokindern (*Grimm* & *Döll*)
  ELFRA 1 Entwicklungsstand mit 12 Monaten
  Aufgaben:
  Sprachproduktion, Sprachverständnis, gestisches Verhalten, Feinmotorik
  ELFRA 2 Entwicklungsstand mit 24 Monaten
  Aufgaben:
  Produktiver Wortschatz, Syntax, Morphologie
- Sprachentwicklungstest für Kinder (*Grimm* u. a.)
  SETK – 2
  – Diagnose rezeptiver und produktiver Sprachverarbeitungsfähigkeiten
  – Kinder im Alter von 2;0 bis 2;11 Jahren und ältere Kinder mit Entwicklungsschädigungen
  Aufgaben:
  Verstehen von Wörtern, Verstehen von Sätzen, Produktion von Wörtern, Produktion von Sätzen
  SETK 3–5
  Kinder im Alter von 3–5 Jahren

- Heidelberger Sprachentwicklungstest (*Grimm & Schöler*)
  HSET
  – Differenzierte Erfassung der sprachlichen Fähigkeiten
  – Kinder von 3 bis 9 Jahren
  Aufgaben:
  Verstehen von grammatischen Strukturen; Singular-Plural-Bildung; Imitation grammatischer Strukturformen; Korrektur semantisch inkonsistenter Sätze; Bildung von Ableitungsmorphemen; Benennungsflexibilität; Begriffsklassifikation; Adjektivableitung; In-Beziehung-Setzen von verbaler und nonverbaler Information; Enkodierung und Rekodierung gesetzter Intention; Satzbildung; Wortfindung; Textgedächtnis.
- Bielefelder Screening zur Früherkennung von Lese- und Rechtschreibschwierigkeiten
  – Die Schüler, die nach diesem Test zu den schlechtesten 20 % gehören, sollten als Risikokinder betrachtet werden.
  BISC (*Jansen* et al.)
  – Protokollbogen 1 = zehn Monate vor Einschulung
  – Protokollbogen 2 = vier Monate vor Einschulung
  Es wird empfohlen, die Erhebungen zu beiden Zeitpunkten durchzuführen.
  Aufgaben aus dem Vorschulscreening:
  Pseudowörter nachsprechen z. B. Zip-pel-zack; Reimen z. B. Bäume-Träume; Wort-Vergleich-Suchaufgabe z. B. Floh aus Dach, Fein, Floh, Rose; Laute Assoziieren z. B. Ei-s aus Eimer, Eis, Glas, Rakete; Farbabfrage, Schnelles Benennen der Farben; Silben segmentieren d. h. vorgesprochene Substantive in Silben zerlegen; Laut zu Wort z. B. „au" zu Auto nicht zu Schwein). (s. Abb. 10, S. 82)
- Differenzierungsprobe nach *Breuer/Weuffen*
  DP I: Vorschulalter und Schulbeginn
  DIP II: nach dem ersten Schulhalbjahr
  Hinweis auf eine mögliche Lese-Rechtschreibschwäche (s. Abb. 11, S. 83)

Aufgabe 1: Den Buchstaben ähnliche Zeichen müssen abgemalt werden.
Aufgabe 2: Aus zwei klangähnlichen Begriffen muss der vorgesprochenen Begriff dem richtigen Bild zugeordnet werden. Kinder sehen Bildkarten dazu. z. B. Nagel – Nadel. Zeige mir Nadel!
Aufgabe 3: Dem Kind nicht geläufige Wörter müssen richtig nachgesprochen werden.
Aufgabe 4: Das Kinderlied z. B. „Alle meine Entchen" soll ohne Melodieabweichung und Rhythmusfehler vorgesungen werden.
Aufgabe 5: Kind muss vorgeklatschten Takt nachklatschen

Aufgaben zur phonologische Verarbeitung		
Phonologische Bewusstheit im weiteren Sinn	Reimpaare erkennen	Vorgesprochene Wortpaare (z. B. Kind – Wind, Kind – Stuhl) werden auf Klangähnlichkeit geprüft.
	Silben segmentieren	Mit Händeklatschen werden vorgesprochene Substantive (z. B. Gabel, Federball) in Sprechblasen untergliedert.
Phonologische Bewusstheit im engeren Sinn	Laut-zu-Wort-Vergleich	Der Wortanfang eines Wortes muss mit einem vorgesprochenen Vokal auf Klangähnlichkeit geprüft werden (z. B. Hörst du ein „i" in Igel?)
	Laute verbinden	Wörter werden beim Vorsprechen getrennt (z. B. Zange als /ts/-/ange/) und müssen vom Kind nachgesprochen werden.
Phonetisches Rekodieren	Pseudowörter nachsprechen	Semantisch sinnlose, mehrsilbige Wörter müssen nachgesprochen werden (z. B. „bunitkonos").
Aufgaben zum Aufmerksamkeitsverhalten und Gedächtniszugriff		
Aufmerksamkeitsverhalten für visuelle Symbolfolgen	Wortvergleich-Suchaufgabe	Ein vorgegebenes vierbuchstabiges Wort muss aus vier ähnlichen herausgefunden werden.
Gedächtnis für Objektattribute	Objektfarbenkenntnis	Farbige Objekte und ihre Farben müssen richtig benannt werden.
Rekodiergeschwindigkeit vom Lexikon	Schnelles Benennen von Farben unfarbiger Objekte	Die Farbe unfarbiger Objekte muss möglichst schnell benannt werden.
Aufmerksamkeitsablenkung bzw. -interferenz	Schnelles Benennen der richtigen Farben farbig falsch dargestellter Objekte	Die Farbe falsch eingefärbter Objekte muss möglichst schnell benannt werden.

Abb. 10: Aufgaben zur phonologischen Verarbeitung (vgl. *Klicpera/Schabmann/Gasteiger/Klicpera* 2003, S. 206)

_____ Voraussetzungen im Vorschulalter und Schulalter

| Name: | Vorname | geb.: | Alter: ; Jahre |

Bemerkungen:

1. Optimistisch-graphomotorische Differenzierung   Ergebnisse

F	.I˙	⋊	Z	S

2. Akustische-phonematische Differenzierung
   Probe: Keller   –   Teller
   Prüfaufgaben:

Kopf	–	Topf		Kanne	–	Tanne	
Tanz	–	Gans		Nagel	–	Nadel	
Sack	–	satt		Kamm	–	Kahn	
krank	–	trank		Tasche	–	Tasse	
backen	–	baden		Wache	–	wasche	

3. Kinästhetisch-artikulatorische Differenzierung

Post - kutsche	
Alu - minium	
Schell - fisch - flosse	

4. Melodische Differenzierung

5. Rhythmische Differenzierung
   Probe: · · – ·
   Prüfungsaufgaben:

1. Aufgabe: – · ·	
2. Aufgabe · – · ·	

Zusammenfassung der Ergebnisse:

Optisch	Phonematisch	Kinästhetisch	Melodisch	Rhythmisch

Datum: Unterschrift:

Abb. 11: Protokollblatt zur Differenzierungsprobe (DP I) nach *Breuer/Weuffen*

Test zur Überprüfung der phonologischen Bewusstheit

- Erhebungsverfahren zur phonologischen Bewusstheit (*Martschinke* et al.)
  Institut für Grundschulforschung der Universität Erlangen-Nürnberg

Der Rundgang durch Hörhausen
Vorschulalter und Beginn 1. Schuljahr
Die Schüler, die nach diesem Test zu den schlechtesten 20 % gehören, sollten als Risikokinder betrachtet werden.

Phonologische Bewusstheit im weiteren Sinn
Silben segmentieren
Besuch im Zoo
Die Kinder sollen die Namen der Tiere nach Silben getrennt aussprechen und dazu klatschen. (En-te, E-le-fant, Fisch, Pa-pa-gei)

Silben zusammensetzen
Die Kinder lernen im Zoo Fantasietiere kennen, deren Namen sie sich selbst erschließen sollen. (Ziege/Kamel, Zie-mel und Ka-ge)

Endreim erkennen
Im Haus
In dieses blaue Haus dürfen nur Wörter einziehen, die zusammengehören, weil sie sich reimen. (Hose – Dose – Rose)

Phonologische Bewusstheit im engeren Sinn
Phonemanalyse
Auf dem Spielplatz
Die Kinder legen für alle Laute, die sie in einem Wort hören, einen Stein in einen Wagen des Zuges. (R – o – t; 3 Steine)

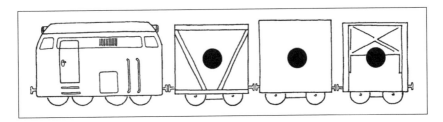

Lautsynthese mit Umkehraufgabe
Am Bahnhof
Der Zug kann vorwärts und rückwärts fahren. In jedem Wagen fährt ein einzelner Laut (Stein) mit. Transportiert der Zug die Laute „M" und „I", klingt es nach „MI". Fährt der Zug rückwärts an den Kindern vorbei, kommen die Laute in umgekehrter Reihenfolge vorbei. Dann klingt es nach „IM".

Anlaut erkennen
Im Haus
In dieses gelbe Haus dürfen nur Wörter einziehen, die sich mögen, weil sie am Anfang gleich klingen.
Bart – Birne – Boot

Endlaut erkennen
Im Haus
In dieses rote Haus dürfen nur Wörter einziehen, die sich mögen, weil sie am Ende gleich klingen. (Blitz – Herz – Pilz)

Vorkenntnisse im Lesen und Schreiben ohne Wertung
An der Post
Die Kinder dürfen einen Brief mit ihrem Namen verschicken.
Die Kinder dürfen weitere beliebige Wörter schreiben.

Am Hexenhäuschen
Buchstabenkenntnis
Die Kinder können Buchstaben lesen, um damit das Häuschen zu öffnen.
Zum besseren Verständnis habe ich die Aufgaben nach ihrer Zuordnung zu den Bereichen aufgegliedert. Die Gestaltung des diagnostischen Rundgangs sieht die Aufgaben in folgender Reihenfolge vor:

1. Silben segmentieren
2. Silben zusammensetzen
3. Phonemanalyse
4. Lautsynthese mit Umkehraufgabe
5. Den eigenen Namen schreiben
6. Weitere Wörter schreiben
7. Anlaut erkennen
8. Endlaut erkennen
9. Endreim erkennen
10. Buchstabenkenntnis

1.4 Förderprogramme im Vorschulalter

Der enge Zusammenhang zwischen frühen Kompetenzen z. B. in der phonologischen Bewusstheit und dem späteren erfolgreichen Schriftspracherwerb zwingt zur Frage, ob diese Fähigkeiten veränderbar, also trainierbar sind. Dies geschah sehr erfolgreich in den Kindergärten im Großraum Würzburg. Die phonologische Bewusstheit war nach den Übungen im Durchschnitt besser als die von gleichaltrigen untrainierten Kindern. Mehr noch: in der nicht geförderten Kontrollgruppe traten bei fünf Prozent der Kinder in der ersten Klasse Lese- und Rechtschreibprobleme auf, während die trainierten Kinder keine Schwierigkeiten hatten. Das Programm zeigt nur dann langfristige, förderliche Effekte, wenn es vollständig und exakt nach Anleitung durchgeführt wurde. Hochmotivierte Erzieher erleichtern durch ihre Trainingsarbeit den Kindern den Schriftspracherwerb bis ins zweite Schuljahr wesentlich.

Es profitieren nicht nur Kinder mit einer guten phonologischen Bewusstheit, sondern auch Kinder, bei denen dieser Bereich noch sehr schwach ausgebildet ist. Die vormals als „Risikokinder" eingeschätzten Kinder zeigen nach der Förderung ähnlich gute Ergebnisse wie die normalen Kinder der nicht geförderten Kontrollgruppe. Die vorgelegten Studien belegen, dass die phonologische Bewusstheit bei Vorschulkindern auf spielerische Weise gut gefördert werden kann und einen deutlichen Vorteil beim Lesen- und Schreibenlernen bringt *Küspert/Schneider* 1999).

Ausgewählte Programme

- **Trainingsprogramm zur phonologischen Bewusstheit (*Küspert* & *Schneider*)**
  „Hören, lauschen, lernen" – Sprachspiele für Kinder im Vorschulalter, Institut für Psychologie der Universität Würzburg
  Box mit Bildkarten als Anschauungsmaterial, CD, Multimedia, Spiele, Trainingsplan für 20 Wochen mit täglichen Spielvorschlägen. Das Programm befasst sich mit *sechs Bereichen*, die inhaltlich aufeinander aufbauen. Die Spiele stehen entsprechend ihrem Schwierigkeitsgrad in einer bestimmten Reihenfolge, für die es einen detaillierten Trainingsplan gibt. Er zeigt, wie lange und wann mit den verschiedenen Spielen gearbeitet werden soll:

  1. Lauschspiele
  Spiele: Wir machen Geräusche und lauschen, Richtungshören: „Jakob, wo bist du?", Wecker verstecken, Namen flüstern, Stille Post, Wortpaare, Geschichte: „Hört ihr den Hund?".
  Ziel: Die Spiele richten die Aufmerksamkeit der Kinder auf Geräusche und Laute in ihrer Umgebung.

  2. Reime
  Spiele: Abzählreime, Kinderreime, Frei reimen, wir reimen mit Tiernamen, kannst du reimen? Das Schiff ist beladen mit …, Bilderreime, Gereimte Lieder.

Ziel: Die Reime fordern die Kinder dazu auf, die Lautstruktur der Sprache zu beachten. Der Umgang mit Reimen macht den Kindern bewusst, dass Sprache nicht nur einen Inhalt, sondern auch eine Form hat, die man erhören kann. Die Kinder wiederholen altbekannte Kinderreime und lernen kleine Gedichte.

3. Die Einführung der Begriffe „Satz" und „Wort"
Spiele: Einführung des Begriffes Satz, Einführung des Begriffes Wort, Übungen mit Sätzen und Wörtern, Kinder legen einen Baustein für jedes Wort, Spiel mit Sätzen und Wörtern, Beende den Satz, Übungen mit kurzen und langen Wörtern, Wörterpuzzle, beende das Wort.
Ziel: Dies ist der erste Schritt in der Entdeckung, dass das, was wir sagen, in kleinere Einheiten aufgeteilt werden kann. Es ist sinnvoll, so lange mit diesen beiden Begriffen zu spielen, bis die Kinder wissen, dass die Sprache aus unterschiedlich langen Sätzen besteht und dass diese Sätze aus unterschiedlich langen Wörtern bestehen.

4. Silben
Spiele: Namen klatschen, Namenball, Erst lauschen, dann schauen, Rätselspiel: „Nimm ein Ding aus der Kiste", Koboldgeschichte, Silbenball.
Ziel: Die Kinder klatschen ihren eigenen Namen, klatschen Wörter in Silben. Die Kinder bilden aus Einzelsilben Wörter.

5. Anlaut
Spiele: Den Namen raten, Sachen finden, Ich denke an …, Achte auf den ersten Laut, Laute wegnehmen, Laute einsetzen, Merkwürdige Geschichten, Anlautgeschichten, Finde den letzten Laut.
Ziel: Der Anlaut ist der erste Laut in einem Wort. In den Anlautspielen finden die Kinder heraus, wie dieser Laut klingt. Die Kinder können dem Wort einen Laut wegnehmen, es entsteht ein anderes Wort. Die Kinder können dem Wort einen Laut voransetzen, es entsteht ein anderes Wort.

6. Phoneme (Laute)
Spiele: Wie heißt das Wort? Lautball mit kurzen Wörtern, Lautball mit längeren Wörtern, Koboldgeschichten, Wir suchen nach dem **I**, Wir suchen nach dem **A**, Wir suchen nach dem **U**, Wir suchen nach dem **E**, Wir suchen nach dem **O**, Wörter mit wenigen Lauten, Wörter mit mehreren Lauten, Welches Wort ist das längste?, Rate ein Wort, Finde das kürzeste/längste Wort, Wortpaare, Nachbarn.
Ziel: Übungen in der Phonemanalyse und Phonemsynthese. Die Übungen beginnen mit der Synthese, das Zusammenziehen der Einzellaute zu einem ganzen Wort fällt den Kindern leichter als die Analyse. Um das Bewusstsein der Kinder für jeden Laut eines Wortes zu stärken, legt man für jeden Laut einen Baustein auf den Boden, oder verändert sehr betont bei jedem Laut die Mundstellung. Die Kinder fühlen jeden Laut bewusst mit geschlossenen Augen.

Die Durchführung
Die Untersuchungen zur Entwicklung und Durchführung des Sprachprogramms haben gezeigt, dass es in der Arbeit mit diesen zielgerichteten Spielen wichtig ist, einige Regeln einzuhalten, damit die Kinder daraus den größtmöglichen Nutzen ziehen.
So gibt es nach *Küspert* & *Schneider* folgende Anweisungen:

1. Das Programm soll regelmäßig durchgeführt werden, das heißt täglich 10 Minuten lang, wenn möglich zur selben Tageszeit.
2. Die Struktur des Programms soll erhalten bleiben, das heißt, die verschiedenen Spiele sollen in der angegebenen Reihenfolge durchgeführt werden. Die Spiele stehen entsprechend ihrem Schwierigkeitsgrad in einer bestimmten Reihenfolge. Der Trainingsplan zeigt, wie lange und wann mit den verschiedenen Spielen gearbeitet wird.
3. Die Kinder sollen das Gefühl haben zu spielen. Die Durchführung soll in gemütlicher, entspannter Atmosphäre erfolgen.
4. In kleinen Gruppen soll individuell auf die Kinder eingegangen werden. In größeren Gruppen soll sich die Trainingsdurchführung immer am schwächsten Kind orientieren.
5. Die Aussprache der Erzieherin soll immer sehr deutlich und langsam sein.
6. Das Sprachprogramm arbeitet mit Lauten, nicht mit Buchstaben!

- **Bamberger Buchstabengeschichten für Vorschulkinder**
  HFL-Team, Martin-Wiesend-Schule Bamberg
  14 Wochen vor der Einschulung lernen die Vorschulkinder jede Woche einen Laut/Buchstaben kennen. Ergänzend zum Förderprogramm: „Hören, lauschen, lernen" Bereich: „Phoneme". Um die Geschichten durchführen zu können, sollten die Kinder in folgenden Bereichen phonologische Förderung erhalten haben: Hören/Zuhören, Reime, Silben, Anlaute. Ein kleiner Zauberer führt durch die Buchstabengeschichten. Ziel ist nicht das Erlernen der Buchstaben, wie in der Schule, sondern das Spielen mit den Buchstaben/Lauten, um die phonologische Bewusstheit zu schulen. Förderdauer ca. 25 Min. täglich.
  Material: 14 Tastbuchstaben aus Holz, Aktionswürfel aus Schaumgummi, Holzrahmen für die Buchstaben, Erstellung eines Wandbildes
  Die Geschichte vom kleinen Zauberer.

Die Buchstabengeschichten:
- Mimi Maus
- Otto Ohrwurm
- Iggi Igel
- Fiffi Fisch
- Axel Affe
- Leo Löwe
- Theo Tiger
- Emil Elefant

- Siggi Seehund
- Uli Uhu
- Benni Bär
- Kasimir Kamel
- Nino Nilpferd
- Rudi Rabe

Spiele zur Erfassung des Buchstaben „M" – **Mimi Maus**
- Geschichte
- Spiele für jeden Tag
- Suchbild
- Schreibblatt
- Bildkarten Anlaut M

Der kleine Zauberer hat Hunger. Er möchte gerne eine Gemüsesuppe kochen. Dazu braucht er Kartoffeln. Er geht in den Keller, um die Kartoffeln zu holen. Da hört er ein Kribbeln und Krabbeln, ein Piepsen und Quietschen. Aufgeregt öffnet der kleine Zauberer die Türe. Und was entdeckt er da? Eine winzige kleine Mäusefamilie: Mamamaus, Papamaus und drei Mäusekinder.
Alle haben großen Spaß, denn sie haben sich einen Spielplatz gebaut. Die Wäscheleine ist eine Schaukel. Die Klopapierrolle ist ein Tunnel zum Durchkriechen. In den Milchtüten spielen sie Verstecken. Auf den Dosendeckeln wippen sie auf und ab. Die Nüsse dienen zum Fußballspielen. Der kleine Zauberer ist begeistert und klatscht vor lauter Freude in die Hände. Und husch, husch sind alle Mäuse weg.

Abb. 12: Geschichte zum Buchstaben M

Spiele zur Erfassung des Buchstaben „M"

Tag 1

Patenschaft für das „M":
„Kennst du schon ein Wort, in dem du ein ‚M' hörst?"
Das Kind, in dessen Name „M" zu hören ist oder das ein Wort mit „M" kennt, darf die Patenschaft für diesen Laut/Buchstaben übernehmen und ist somit „Fachmann" für diesen Laut/Buchstaben.

- der Holzbuchstabe „M" wird aus einer Kiste herausgesucht, in der auch mehrere andere Gegenstände/Buchstaben liegen;

    oder

- der Buchstabe „M" wird mit Kartoffeln (Technik: Kartoffeldruck) gestempelt;

    oder

- der Buchstabe „M" wird mit Bleistift aufgezeichnet; ein Kind darf Mäuschen spielen und den Buchstaben mit Radiergummi „anknabbern". Ein anderes Kind vervollständigt den Buchstaben wieder mit einem Stift.

Tag 2

Der Buchstabe „M" wird gezeigt, die Kinder benennen und beschreiben ihn. Der Buchstabenpate/die Buchstabenpatin nennt einige Wörter mit dem Ziellaut.
Diese Wörter (Bildkärtchen/aufgeschrieben und selbst dazu gezeichnet) werden in eine „Wörterkiste" gelegt, in der alle Wörter mit dem Ziellaut gesammelt werden.

- ein Aktionswürfel wird mit den vorgesehenen vollständigen und unvollständigen Buchstabenbildern bestückt:
Ein Kind würfelt. Hat es ein korrekt geschriebenes „M" mit der richtigen Raum-Lage gewürfelt, darf es sich eine M-Buchstaben-Bildkarte aufdecken und nehmen. Hat ein Kind ein unkorrektes Buchstabenbild gewürfelt, geht der Würfel an das nächste Kind weiter.

    oder

- Lageplan (laminiert) „Schlossgarten"
Der kleine Zauberer sucht den Weg zur Zauberkiste mit Hilfe von Buchstaben. Er muss den M-Weg suchen, um ans Ziel zu kommen und eine kleine Belohnung zu erhalten.

    oder

- Arbeitsblatt zur Figur-Grund-Wahrnehmung mit dem Buchstaben „M".

Tag 3

- Anlautturm: In der Mitte des Tisches liegen Bilder mit dem Anlaut „M" und Bilder mit anderen Anlauten. Reihum deckt jedes Kind ein Bild auf. Hat es ein Bild mit dem Anlaut „M", nimmt es sich einen Baustein und baut an dem gemeinsamen Turm weiter.

    oder

- Suchspiel: In der Mitte des Tisches liegen Bilder mit dem Anlaut „M" und Bilder mit anderen Anlauten. Das Kind, das die meisten Bildkarten mit dem Anlaut „M" aufdeckt, darf sich aus Salzstängchen ein „M" legen und aufessen.

oder

- Aussortieren: Material: verschiedene Briefumschläge, die mit je einem Buchstaben beschriftet sind; verschiedene „Briefkästen" (Kartons), die mit je einem Buchstaben beschriftet sind.
Verschiedene Briefe (= Anlautkärtchen) sind durcheinandergeraten. Die Kinder sortieren die Briefe und greifen sich heute nur die M-Briefe (= Bilder mit dem Anlaut „M"). Diese werden in einen Briefumschlag gesteckt, der mit dem Buchstaben „M" beschriftet ist. Der Briefumschlag wird nun in einen Briefkasten (Karton) gesteckt, der ebenfalls mit „M" beschriftet ist. Zum Schluss wird die Post an ein Kind verschickt, dessen Name mit „M" beginnt.

Tag 4

- Hüpfspiel mit Teppichfliesen: Wenn das Kind den Laut „M" hört, darf es weiterhüpfen

oder

- Kriechtunnel: 10 Kärtchen liegen am Boden am Ende des Kriechtunnels – zwei davon mit dem Ziellaut „M". Mit dem Holzbuchstaben „M" in der Hand kriecht das Kind durch den Tunnel. Das Kind darf nur die Bildkarten mit dem Laut „M" zurück durch den Tunnel mitnehmen

oder

- Mit Sandsäckchen werfen die Kinder auf Bildkarten mit dem Ziellaut „M".

Tag 5

- Unsinnsgeschichte: aus den Anlautwörtern mit „M" wird eine Unsinnsgeschichte erfunden. Wörter: Maler, Mantel, Mann, Melone, Mond, Messer, Mädchen, Maus, Mauer, Meterband, Mais, Muschel.
Der Holzbuchstaben „M" liegt in der Mitte: Die Unsinnsgeschichte wird erzählt. Wer mit den Ziellaut hört, schnappt sich den Buchstaben aus der Mitte. Belohnung sind z. B. Buchstabensalzletten, Russisch Brot, Haribo-Buchstaben

oder

- „In der Kiste gut versteckt, da habe ich heute was entdeckt": Ein Kind zieht ein Kärtchen mit dem Anlaut „M" aus der Kiste und stellt ein Rätsel dazu. Wer das Bild errät, kommt als nächstes an die Reihe

oder

- Sprechzeichenvers zum Ziellaut „M":

    **Mäuseschwanz, Dideldanz
    Mäuseschwanz und du bist ganz.**

Abb. 13: Spiele zur Erfassung des Buchstaben „M"

Von der Sprache zur Schrift

Abb. 14: Arbeitsblatt und Bildkarten zum Buchstaben „M"

2 Wege zur Schrift im Schulalter

„Schriftspracherwerb ist kein zeitlich eng begrenzter, allein schulisch angeregter Vorgang, sondern ein bereits früh einsetzender, mehrstufiger Entwicklungsprozess, dessen Phasen durch jeweils besondere Aneignungsstrategien gekennzeichnet sind, die sich darüber hinaus im Wechsel über das Lesen und Schreiben entfaltet", definiert *Günther* 1987 (*Kretschmann* 1999, S. 23).

Kinder „schreiben" schon lange vor Schuleintritt. Sie verfassen Kritzelbriefe, malen Sprechblasen, kopieren Werbezeichen und beschriften ihre Bilder. Bekommen sie Anregungen, entdecken sie ganz allmählich die Funktion der Schrift.[8]

Erste Lese- und Schreibversuche bei zwei- bis vierjährigen Kindern aus literalen Elternhäusern sind dann keine Seltenheit (*Naegele* 2001, S. 34ff.).

Modelle der Schreib- und Leseentwicklung des Kindes von *Naegele* 2001, *Urbanek* 1994, *Kretschmann* u. a. 1999 und *Spitta* 1988 zeigen die verschiedenen Stufen, die sich im Wechsel über das Lesen und Schreiben entwickeln und damit die Fähigkeiten des Kindes, die es bereits erworben hat und für die es Lernanreize benötigt.

In meiner Darstellung stütze ich mich stark auf die Modelle von *Valtin* (*Naegele*, 2001, S. 46ff.) und *Spitta* (2001, S. 12ff.).

**Stufenmodell der Schreibentwicklung
und Rechtschreibentwicklung – Schreibentwicklungstabelle**

	Schreibenlernen	*Lesenlernen*
Stufe 0 ab ca. 2 Jahren	„Kritzelbriefe"	„Als-ob-Lesen"

„Schon dreijährige Kinder beginnen das Schreiben Erwachsener nachzuahmen. Schreiben ist für sie das Nachvollziehen der Schreibbewegung und das Hinterlassen von Spuren auf dem Papier, meist ohne Einsicht, dass diese Spuren kommunikative Bedeutung haben. Sie ahmen äußerlich sichtbare Verhaltensweisen geübter Leser nach und tun so, als ob sie lesen würden. Sie halten sich ein Buch vor die Nase, murmeln vor sich hin, erfinden Geschichten und sprechen mit unnatürlicher Betonung" (*Naegele* 2001, S. 46ff.). (s. Abb. 15, S. 96)

---

8 Mein Dank gilt den Kindern Constantin, Tamara, Marie, Lukas, Caliyah, Lena, Tim, Kevin, Jule, Anna, Lena und Nadine, die ich im Kindergarten und in der Grundschule besuchte und die mir gerne und stolz ihre geschriebenen Mitteilungen und Geschichten schenkten.

Von der Sprache zur Schrift

Vorkommunikative Aktivitäten

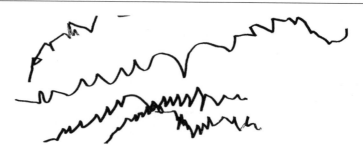

Lenas erste Leseversuche

Und dann wird es Abend. Peter sitzt am Tisch und liest ein lustiges Buch. Lena sitzt ihm gegenüber mit einem Buch, das sie von Mama bekommen hat. Sie zeigt ihm das Buch und liest: „Oma ist lieb."
„Oh, wie bist du dumm", sagt Peter. „Da steht kein Wort von Oma in dem Buch, es handelt doch von einem Eichhörnchen!"
„Das macht nichts", sagt Lena. „Ich lese, wie ich will."

(aus: Astrid Lindgren, „Ich will auch in die Schule gehen", Hamburg, 1980)

Abb. 15: Constantin, 3 Jahre

Stufe 1: „Pseudowörter" „Naiv-ganzheitliches Lesen"
mit 3/4/5 Jahren

„Die Kinder beginnen die kommunikativen Möglichkeiten von Schreiben zu entdecken und zu nutzen. Aus Kritzelbildern werden Mitteilungen, mit wohl definierten Botschaften" (*Spitta* 2001, S. 12).

„Dabei haben die Kinder begriffen, dass Schreiben etwas mit Buchstaben zu tun hat. Sie schreiben einzelne Buchstaben oder malen buchstabenähnliche Zeichen, ohne jeglichen Bezug zur Lautung der Wörter. Sie malen auch Buchstabenreihen oder den eigenen Namen.

Da sie noch keine Einsicht in die Buchstaben-Laut-Beziehung haben, erraten sie Wörter und orientieren sich dabei an charakteristischen Details. Buchstaben und Bildzeichen werden dabei häufig kombiniert" (*Naegele* 2001, S. 46 ff.).

Dies ist die Stufe des Logografische Lesens und Schreibens. (s. Abb. 16, S. 97)

Vorphonetisches Stadium

Abb. 16: Tamara, Marie, Lukas, 4 Jahre

Stufe 2: „Skelettartige Schreibung"   „Benennen von Lautelementen"
mit 4/5/6 Jahren

„Die Kinder entwickeln in ihren Schreibversuchen erste Vorstellungen davon, dass Buchstaben die Laute eines Wortes abbilden. Dabei werden meistens nur die für das Kind besonders prägnanten Laute (Lautgruppen) abgebildet. Es sind die besonders betonten und gut hörbaren Lautwerte. Zwei, drei oder vier Buchstaben stehen dabei häufig für ein ganzes Wort (*Spitta* 2001, S. 12). „Jede Silbe wird durch wenigstens einen Buchstaben markiert. z. B. ‚MS' für Maus ‚Hs' für Hase. Der nächste Schritt ist das Auslassen der Übergangskonsonanten z. B. ‚GAS' für Gans" (*Naegele* 2001, S. 46 ff.).

Auch wenn nicht alle Buchstaben bekannt sind, versuchen die Kinder, mit wenigen Zeichen die gewünschten Wörter abzubilden. Teilweise geschieht dies ohne Vokale. Erste Wortgrenzen werden schon erkannt, die Links-Rechts-Orientierung wird sicherer. Sie erraten Wörter häufig aufgrund des Anfangsbuchstabens, z. B. „Telefon" statt Toilette.

Dies sind die Anfänge des alphabetischen Lesens und Schreibens (*Spitta* 2001). (s. Abb. 17, S. 98)

Halbphonetisches Stadium

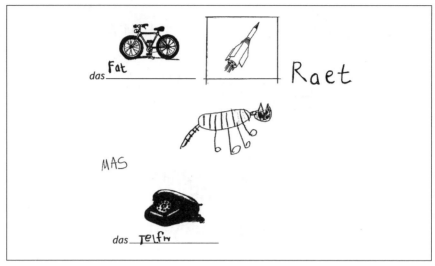

Abb. 17: Caliyah, Lena, Tim, 6 Jahre, Anfang 1. Klasse

Stufe 3:   Schreiben nach dem Prinzip   „Buchstabenweises Erlesen"
mit 5/6/7 Jahren   „Schreibe, wie du sprichst"

„Die Kinder verfeinern ihre Fähigkeit zur Abbildung der Lautstruktur von Wörtern. Immer häufiger gelingt es, die gesamte Lautfolge eines Wortes – streng nach rein phonetischen Regeln – abzubilden" (*Spitta* 2001, S. 12).

„Dabei orientieren sich die Kinder an ihrer eigenen Artikulation, d. h. an ihrer Umgangssprache. Sie sprechen Wörter langsam vor sich hin und notieren dabei die bei der Aussprache auftauchenden Laute, z. B. ‚flanse' für Pflanze, ‚Rola' für Roller. Durch das gedehnte Mitsprechen entstehen auch künstlich andersartige Laute, z. B. ‚esch' für ich, ‚ben' für bin. Gelegentlich werden auch Übergangskonsonanten ausgelassen, z. B. ‚ut' oder ‚ot' für und. Auch auf dieser Stufe gibt es noch Kinder, die keine oder nur gelegentlich Lücken zwischen den Wörtern lassen. Satzzeichen werden meist willkürlich gesetzt. Sprachtypische Rechtschreibmuster oder Regelmäßigkeiten spielen kaum eine Rolle. Da die Kinder jetzt die meisten Buchstaben und deren Lautung kennen, versuchen sie jedes Wort buchstabenweise zu lesen. Vielen gelingt dabei aber noch nicht die Bedeutungsentschlüsselung. So liest das Kind z. B. ‚Gar - ten', erkennt das Wort aber noch nicht. Falsche Betonungen (Nag **el** statt **Na** gel) verhindern auch das Erkennen des Wortes" (*Naegele* 2001, S. 47 ff.).

Diese Stufe stellt den konsequenten Ausbau der alphabetischen Schreibweise und des alphabetischen Lesens dar.

Phonetische Phase
Schreibung nach dem phonetischen Prinzip.

Wege zur Schrift im Schulalter

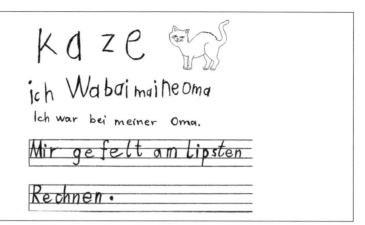

Abb. 18: Kevin, Jule, 1. Klasse

Schreibung nach dem phonetischen Prinzip, mit Anwendung erster orthographischer Regeln, z. B. Endungen -er, -en.

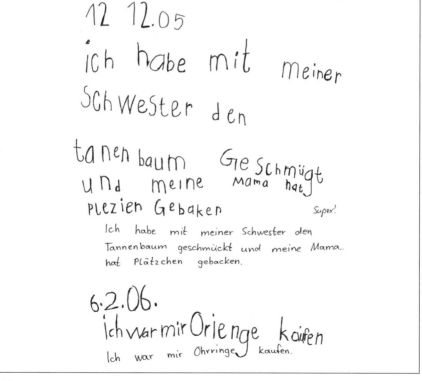

Abb. 19: Anna, 1. Klasse

Stufe 4:
ab 6/7 Jahren
1. Klasse

„Erste Verwendung orthographischer Muster"

„Erlesen größerer Einheiten"

„Die SchülerInnen entwickeln ein Gespür dafür, dass die Schreibung der Wörter neben der Bestimmung durch die Laut-Buchstaben-Zuordnung noch durch weitere orthographische Regelmäßigkeiten beeinflusst wird" (*Spitta* 2001, S. 12). „Sie erkennen, dass es Schreibweisen gibt, die vom Lautlichen abweichen, z. B. Vater. Ein und derselbe lange Vokal kann von einem Kind noch ganz verschieden geschrieben werden, so kann für das Wort ‚vier' folgende Schreibweise nebeneinander benutzt werden: fir, fia, fier, vihr, fihr. Nasale Konsonanten werden nun regelmäßig berücksichtigt. Die Schüler verwenden orthographische Muster wie Auslautverhärtung und Umlaute. Auf dieser Stufe entstehen viele Fehler dadurch, dass Kinder fälschlich orthographische Regelungen dort anwenden, wo sie nicht gefordert sind. Dies nennt man ‚Übergeneralisierung', z. B. er ‚vragt' für er fragt, ‚mier' für mir. Manche Kinder fangen dann auch an, alle Wörter mit einem Dehnungs-h zu schreiben. Jetzt beginnen die Kinder die Groß- und Kleinschreibung anzuwenden. Der in der Schule angebotene und geübte Grundwortschatz wird zunehmend sicherer und beeinflusst die Schreibung neuer Wörter. Die Kinder verwenden beim Erlesen größere Einheiten, z. B. Silben, Endungen wie -en, -er. Einige Standardwörter können schon automatisiert erlesen werden" (*Naegele* 2001, S. 48 ff.).

Diese Stufe stellt die Anfänge des orthographischen Lesens und Schreibens dar.

Phonetische Umschrift bei der in zunehmendem Maße typische Rechtschreibmuster integriert werden.

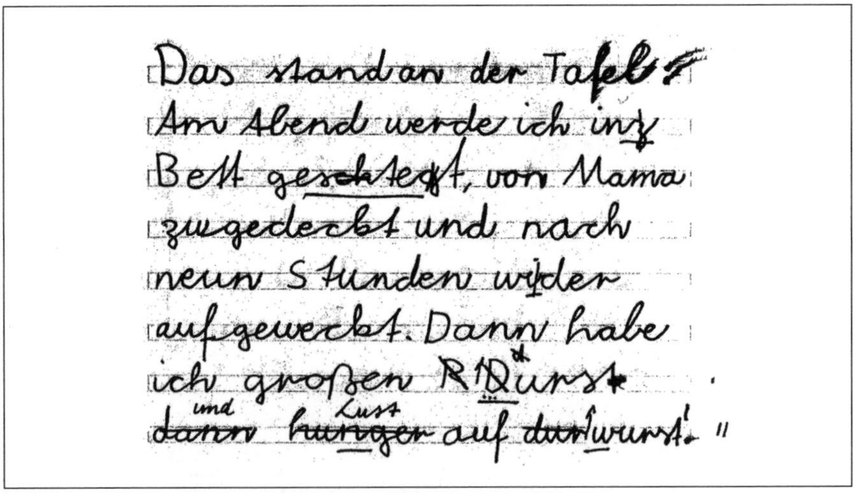
Das stand an der Tafel:
Am Abend werde ich ins
Bett geschteckt, von Mama
zugedeckt und nach
neun Stunden wider
aufgeweckt. Dann habe
ich großen Durst.
und Lust
dann hunger auf wurst."

Abb. 20: Lena, 3. Klasse

Stufe 5:   „Übergang zu entwickelten   „Fortgeschrittenes Erlesen"
ab 8/9 Jahren   Recht-Schreibfähigkeiten"
2./3. Klasse

Übergang zur entwickelten Rechtschreibfähigkeit

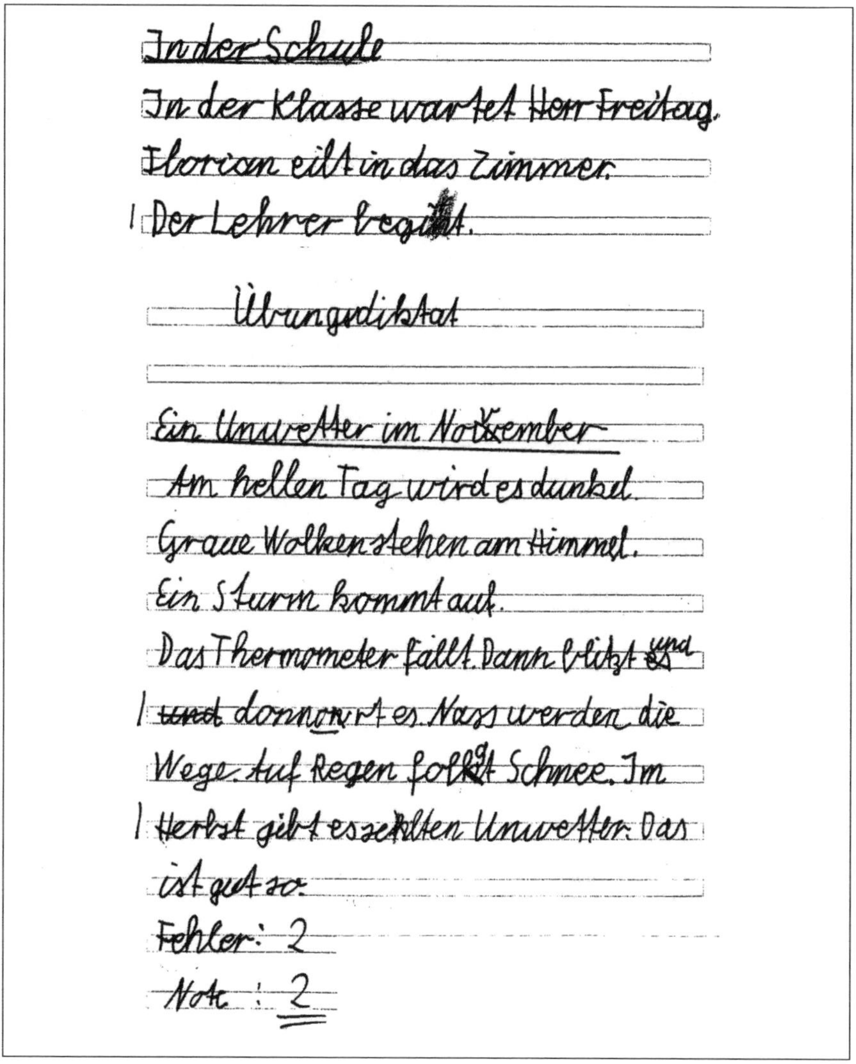

> In der Schule
> In der Klasse wartet Herr Freitag.
> Florian eilt in das Zimmer.
> Der Lehrer begrüßt.
>
> Übungsdiktat
>
> Ein Unwetter im November
> Am hellen Tag wird es dunkel.
> Graue Wolken stehen am Himmel.
> Ein Sturm kommt auf.
> Das Thermometer fällt. Dann blitzt ~~es~~ und
> ~~und~~ donnert es. Nass werden die
> Wege. Auf Regen folgt Schnee. Im
> Herbst gibt es sehlten Unwetter. Das
> ist gut so.
> Fehler: 2
> Note: 2

Abb. 21: Nadine, Anfang 3. Klasse

„Die meisten Kinder verfügen jetzt über eine grundlegende Kenntnis unseres Rechtschreibsystems, grundlegende Regeln sind verankert (Großschreibung von Nomen, sowie nach Punkt, Ausrufe- und Fragezeichen usw), der Wortaufbau (Morpheme,

Wortfamilienprinzip), die Schreibung von Vor- und Nachsilben und zusammengesetzten Wörtern werden in immer größerem Ausmaß beherrscht. Auch die Fähigkeit, Dehnungs- und Doppelungszeichen korrekt zu gebrauchen, nimmt zu" (*Spitta* 2001, S. 13).

„Neben dem wachsenden Bestand an gelernten Wörtern verfügen die Kinder jetzt über Strategien, die sie beim Schreiben unbekannter Wörter anwenden. Bei Unsicherheit wird nicht mehr ausschließlich auf die auditive Lösungshilfe zurückgegriffen, sondern in zunehmendem Maße die visuelle Korrekturhilfe mit herangezogen. Alternative Schreibweisen können visuell erprobt bzw. korrigiert werden. Je nach Verfügbarkeit und Übung kommen sie damit zur richtigen orthographischen Wiedergabe von Wörtern. Bei Stress, Zeit- und Leistungsdruck, beim Schreiben von langen und schwierigen Wörtern, bei nachlassender Konzentration gegen Ende des Diktates oder Textes greifen Kinder wieder auf eine einfachere Strategie zurück. Meist verlassen sie sich dann wieder auf ihr Gehör und schreiben fehlerhaft" (*Naegele* 2001, S. 49).

Beim Schreiben werden zunehmend von den phonetischen Regeln abweichende Rechtschreibregeln angewandt. Beim Lesen äußert sich die orthographische Zugriffsweise durch die Verwendung von Silben und Morphemen. Dies beschleunigt den Lesevorgang und es ist dann nur noch eine Frage der Häufigkeit des Übens, bis das Stadium des direkten Decodierens erreicht wird.

Dies ist die Stufe des orthographischen Lesens und Schreibens. (s. Abb. 21, S. 101)

Stufe 6: „Dudenschreibweise" „Entfaltete Lesefähigkeit"

Jetzt können die Kinder ihre grammatikalischen Strukturen verfeinern und stilistische Fertigkeiten ausdifferenzieren.

„Sie lesen flüssig und haben einen gebrauchsorientierten Zugriff auf die Schrift durch das Lesen von Zeitschriften und Büchern und das Anfertigen von Aufzeichnungen und Mitteilungen. Beim Lesen konzentrieren sie sich stärker auf den Inhalt" (*Naegele* 2001, S. 52).

Entwickelte Rechtschreibung

Die aufgezeigten Stufen und Prozesse sind Grundlage für den Deutschunterricht im Grundschulbereich, der zugleich folgende Prinzipien für die Unterrichtsgestaltung berücksichtigen sollte:

- Der Unterricht sollte entdeckendes Lernen ermöglichen,
- der Unterricht sollte jedem Kind Zeit für die einzelnen Stufen lassen und
- der Unterricht sollte jedes Kind individuell fördern und fordern.

Dazu ist es wichtig, die Lernausgangslage jedes Kindes zu kennen.

Nach *Kretschmann* hat die nachdrücklichste Veränderung der „*Spracherfahrungsansatz*" gebracht. Im Anfangsunterricht wird die Sprachförderung durch das aktive Sprechen, das Zuhören, das Erzählen von Erlebnissen und Geschichten gefördert. Die Schüler lesen und entwickeln Lese- und Übungstexte, zu denen sie eine persönliche Bedeutung entwickeln können. Sie werden motiviert, so früh wie möglich eigene Erfahrungen und Vorstellungen aufzuschreiben. Lesen und Schreiben wird parallel geübt, Phantasie rangiert vor Rechtschreibung. Durch Möglichkeiten der Selbstkorrektur werden die Schüler behutsam an die Rechtschreibung herangeführt. Sie erfahren so früh wie möglich den Gebrauchswert ihrer Schrift durch Briefe schreiben, Einkaufszettel verfassen, Klassenzeitungen lesen usw. Attraktive Leseangebote regen die Schüler zu eigenen Leseaktivitäten an. Hierbei ist auch der Umgang mit dem Computer ein wichtiges Medium, um selbstbestimmt Schriftsprache umsetzten zu können (1998, S. 307 ff.).

Auch *Eberwein* sieht den „situativen Ansatz", der von der Erfahrungswelt, den Lebensproblemen, Einstellungen, Meinungen und Ängsten des Schülers ausgeht, als „adäquates Curriculumkonzept für die Pädagogik". Schule als Erfahrungsraum ist weniger ein Ort der Belehrung als ein Ort, in dem konkrete Alltagsprobleme, die individuelle Lebensgeschichte und die Sozialisationserfahrungen Gegenstand des Unterrichts und damit Ausgangspunkt für Lernerfahrungen sein sollen. Die Achtung vor dem Schüler und die sich daraus ergebende Einbeziehung seiner Lebenssituation sind Grundlage für ein dialogisches Lern- und Lehrverhältnis (1975, S. 104).

Geht der Anfangsunterricht nur auf die Lernausgangslagen der Kinder aus „literalen" Elternhäusern ein, ist das Versagen der Kinder mit diesen fehlenden Erfahrungen vorprogrammiert. Oft finden Schüler auch nach ein oder zwei Jahren keinen Zugang zur Schriftsprache. Ihre Hilflosigkeitsreaktionen gehen einher mit Ängsten, Lernblockaden und Abwehrhaltungen. Sie verlassen die Schule dann trotz Unterricht als funktionale Analphabeten.

2.1 Diagnostik im Schulalter und einige ausgewählte diagnostische Verfahren

Lernerfolge können infolge fehlender „Passung" des Lernangebotes ausbleiben. Dann knüpfen die Aufgaben nicht an die Lernausgangslagen des Kindes und dieses scheitert wegen objektiver Überforderung. Dabei ist der Wissenserwerb eine aktive Auseinandersetzung mit der Umwelt, der Suche nach Informationen, dem Experimentieren und Erkunden (*Kretschmann* 1999, S. 13).

Um Kinder in diesem Prozess fördernd begleiten zu können, ist es wichtig, ihre Lernausgangslage zu kennen.

- Hamburger Schreibprobe (*May*)
  Diagnose orthographischer Kompetenz
  Diagnose grundlegender Rechtschreibstrategien
  HSP 1 Mitte Klasse 1, Ende Klasse 1, Mitte Klasse 2
  HSP 2 Mitte Klasse 2, Ende Klasse 2
  HSP 3 Mitte Klasse 3, Ende Klasse 3
  HSP 4/5 Mitte Klasse 4, Ende Klasse 4, Anfang Klasse 5 alle Schüler, Gymnasium
  HSP 5–9 Klasse 5, Klasse 6, Klasse 7, Klasse 8, Klasse 9

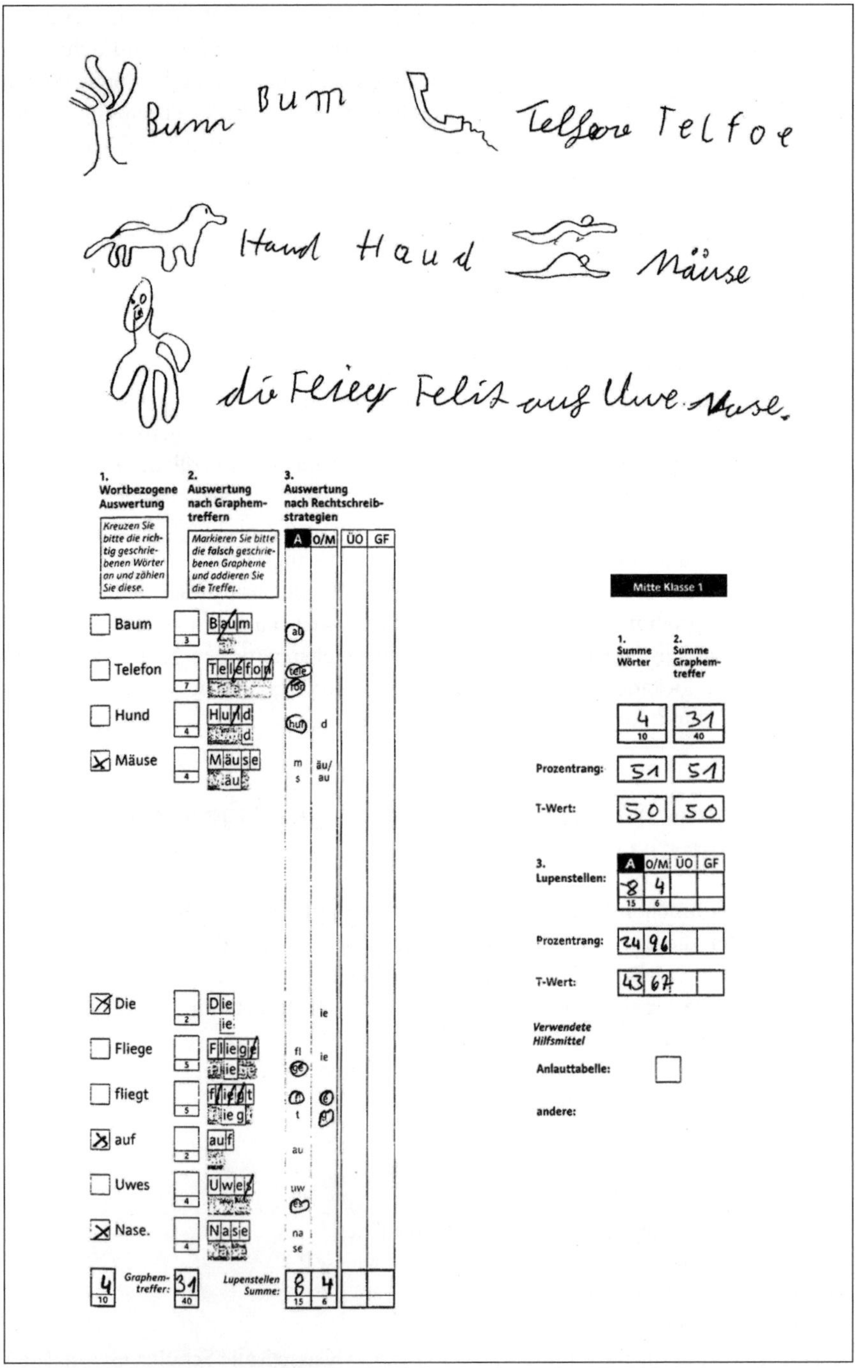

Abb. 22: HSP 1: Auswertung, Mitte Klasse 1

Wege zur Schrift im Schulalter

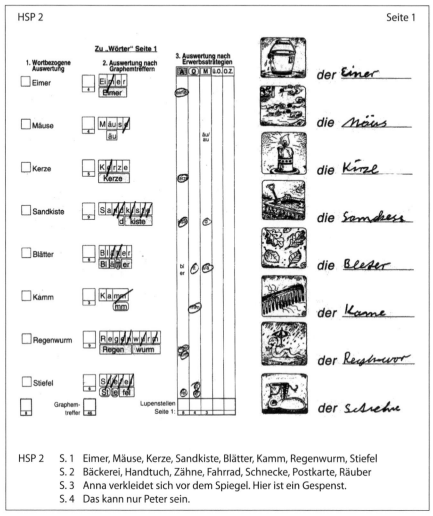

Abb. 23: HSP 2, Auswertung, Mitte Klasse 2, Seite 1

HSP 1: Mitte Kl. 1: *Wörter:* Baum, Telefon, Hund, Mäuse. *Satz:* Die Fliege fliegt auf Uwes Nase. **Ende Kl. 1:** *Wörter:* Baum, Telefon, Hund, Mäuse, Löwe, Hammer, Spiegel, Fahrrad. *Satz:* Die Fliege fliegt auf Uwes Nase. **Mitte Kl. 2:** *Wörter:* Baum, Telefon, Hund, Mäuse, Löwe, Hammer, Spiegel, Fahrrad. *Satz:* Da fliegt vor Schreck die Fliege weg.

HSP 2: *Wörter:* Eimer, Mäuse, Kerze, Sandkiste, Blätter, Kamm, Regenwurm, Stiefel, Bäckerei, Handtuch, Zähne, Fahrrad, Schnecke, Postkarte, Räuber. *Sätze:* Anna verkleidet sich vor dem Spiegel. Hier ist ein Gespenst. Das kann nur Peter sein.

HSP 3: *Wörter:* Katze, Briefmarke, Stein, Fahrrad, Räuber, Schwimmbad, Fernseher, Bäckerei, Spinne, Rollschuhe, Spielplatz, Läuferin, Schubkarre, Zähne, Schlüsselloch. *Sätze:* Die Kinder haben einen Koffer gefunden. Julia versucht ihn zu öffnen. Aber sie schafft es nicht. Jan fragt: „Wollen wir zur Polizei gehen?"

Gesamtwerte: Summe richtig geschriebener Wörter
Summe Graphemtreffer
Lupenstellen: Alphabetische Strategie
Orthographische Strategie,
Morphematische Strategie,
Überflüssige orthographische Elemente
Oberzeichenfehler

Die Schüler schreiben zu den Bildern Wörter und Sätze. (s. Abb. 22 u. 23, S. 104 f.)

2.2 Förderprogramme im Schulalter

„Förderprogramme können in mehrfacher Weise zu einer Verbesserung des Unterrichts lese- und rechtschreibschwacher Schüler beitragen, dadurch, dass sie eine theoretische Orientierung bieten und dem Lehrer helfen, den Leistungsstand des Kindes besser beurteilen zu können" (*Gasteiger/Klicpera* 1998, S. 378).

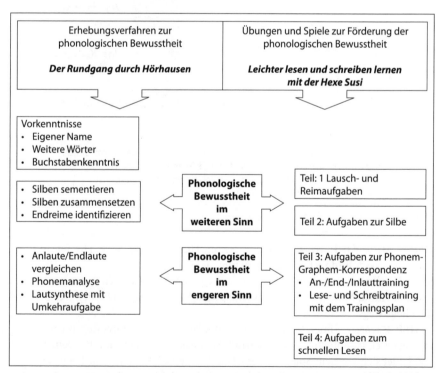

Abb. 24: Diagnose und Förderung phonologischer Bewusstheit (*Martschinke/Kirschhock/Frank* 2002, S. 6)

Ausgewählte Programme

- Übungen und Spiele zur Förderung der phonologischen Bewusstheit
  Institut für Grundschulforschung der Universität Erlangen-Nürnberg
  Leichter lesen und schreiben lernen mit der Hexe Susi
  1. Grundschuljahr, durchzuführen mit der Klasse oder als Fördermaßnahme für einzelne Schüler. Die Konzeption beabsichtigt die enge Verbindung von Diagnose und Förderung. Durch den Bausteincharakter können Elemente der Diagnose Elementen der Förderung zugeordnet werden. So ist es möglich, nur festgestellte Defizite gezielt zu fördern. Das Training kann auch begleitend im lehrgangsorientierten Unterricht mit Fibel oder in offeneren Unterrichtsformen verwendet werden. (s. Abb. 24, S. 106)
  Leichter lesen und schreiben lernen mit der Hexe Susi – Übungen und Spiele zur Förderung der phonologischen Bewusstheit
  - Durchzuführen mit der ganzen Klasse
  - Durchzuführen im Förderunterricht
  - Material für die Freiarbeit
  - Fördermaßnahme für schwache Schüler

(Marie Forster/Sabine Martschinke, 2002, Donauwörth: Auer)

Abb. 25: Hexe Susi und ihre „Trainer"

Der Gestaltungsgedanke:
Hexe Susi
erst 133 Jahre alt, kann nicht lesen, will die Hexensprüche im Zauberbuch lesen können
Hexenoma
weist Susi immer den Weg
Rabe Kunibert
er lernt Susi die Silbensprache
Kater Niko
wird ihr Trainer und übt mit ihr Laute aus einem Wort herauszuhören, Laute einem Buchstaben zuzuordnen
Hexenschule
hier übt sie das schnelle Lesen im Hexenbuch

Übungsbereiche:
- Lausch- und Reimaufgaben — Reimpaare, Reimdomino
- Aufgaben zur Silbe — Silbenbögen, Silbenpuzzle, 1-2-3-4-silbige Wörter
- Aufgaben zu den Phonemen — Phonem-Graphem-Zuordnung Anlaut-Endlaut-Inlauttrainig, Analyse des Wortes, lege für jeden Laut einen Zauberstein, Leseprüfung Schreibtraining, Schaffung von Schreibanlässen durch das Erzählen von Geschichten, Schilder und Laufzettel für das Stationentraining, Gestaltung eines kleinen Buches, Kreuzworträtsel
- Aufgaben zum schnellen Lesen — Übungs- und Spielformen, schnelles Erfassen von Blitzwörtern, Gliederung in Wortbausteine, Wörterkartei

- **Kieler Leseaufbau** (*Dummer-Smoch* & *Hackethal*)
  Erstleseunterricht, für extrem leseschwache Kinder, Leselernprozess in kleinsten Schritten, für analphabetische Erwachsene, als Elternhilfe
  - Ergänzt durch Lesehefte 1–3 für den Anfangsunterricht
  - Ergänzt durch Lernsoftware
  - Ergänzt durch den Kieler Rechtschreibaufbau
  - Ergänzt durch die Diagnostische Bilderliste (DBL), als pädagogische Diagnostik, als Erfolgskontrolle im Leselehrgang, als Fördermaterial

  Die **Prinzipien des Aufbaus** sind:
  - Einführung nur einer Buchstabenform am Anfang
  - Verwendung von lauttreuen Wörtern
  - Lautieren statt buchstabieren
  - Stufenweise Einführung von Vokalen und Konsonanten
  - Beachten von Schwierigkeitsgraden der Wortstruktur
  - Unterstützung des Leseaufbaus durch Lautgebärden – Lautgebärdensystem mit Bildern
  - Zum Förderprogramm gibt es Übungsmaterialien: Silbenteppich, Wörterkartei, Wörterlisten, Spielekartei mit Memory, Quartett.

2.3 Ausgewählte Computerprogramme im Vorschulalter und im Schulalter

Da inzwischen jeder dritte Haushalt über einen Computer verfügt, sollte er auch motivierend in der Förderung eingesetzt werden. Der Computer als Lernmedium bietet dem Kind viele Vorteile: Texte lassen sich beliebig gestalten und verändern, Fehler lassen sich einfach löschen, die Schrift ist gut lesbar, die Gliederung der Schreibhandlung in Zwischenschritte (schreiben – lesen – korrigieren) erleichtert die Kontrolle, die Lernprogramme lassen sich beliebig wiederholen, das Arbeitstempo kann selbst bestimmt werden, durch die Zuordnung von geschriebenen Wörtern und die dazu passenden Abbildungen oder die Darstellung beweglicher Handlungszusammenhänge wird das Erfassen der Wortbedeutungen erleichtert und die visuelle Methode des Übens betont, die direkten und sachlich bezogenen Rückmeldungen sanktionieren bei Fehlern nicht, es erfolgen positive Rückmeldungen.

Wichtig ist es, bei den Lernprogrammen darauf zu achten, dass auf der alphabetischen Stufe mit Lauten, nicht mit Buchstaben gearbeitet wird. So gehört z. B. der Storch zu den Tieren mit dem Anlaut „Sch".

- **Multimedia-Spiele aus dem Würzburger Trainingsprogramm zur phonologischen Bewusstheit** (*Küspert, Roth & Schneider*)
  Programme zur Vorbereitung aufs Lesen und Schreiben
  Der Hamster Hanno begleitet die Kinder durch den Spielverlauf.

Abb. 26: Lern-CD von *Küspert, Roth und Schneider*

Programm I.: *Lauschen, reimen, Silben trennen*
Die **Lauschspiele** in der ersten Vorratskammer:
- Wir machen Geräusche und lauschen
- Namen flüstern
- Wortpaare
- Hundegeschichte

Die **Reimspiele** in der zweiten Vorratskammer:
- Wir reimen mit Tiernamen
- Kannst du reimen?
- Handlungsreime
- Reimspiel

Die **Spiele mit Silben** in der dritten Vorratskammer:
- Namen klatschen
- Erst lauschen, dann schauen
- Nimm ein Ding aus der Kiste
- Koboldgeschichten

Programm II.: *Sätze, Wörter, Laute*
*Die **Spiele** in der ersten Vorratskammer:*
- Welches Wort ist das längste?
- Wörterpuzzle
- Wörter in Sätzen
- Namen raten
- Sachen finden

*Die **Spiele** in der zweiten Vorratskammer:*
- Merkwürdige Geschichten
- Finde den letzten Laut
- Wie heißt das Wort
- Koboldgeschichte 2
- Wörter mit wenigen Lauten

*Die **Spiele** in der dritten Vorratskammer:*
- Bei diesen Spielen geht es um die Vokale. Wir suchen das A ...

- **Schreibenlernen Deutsch** (*Budenberg*)
  A Form und Farbe: Zuordnungen
  B Bild und Anlaut: Bild-Wort Anlaut, Optische Diskriminierung von Anlauten, Suche zum Bild den Anlaut, Suche zum Anlaut das Bild, Bild-Anlaut-Memory
  C Erstlesen: Wort aus Buchstaben, Zuordnung Wort zu Bild, Zuordnung, Ansilbe zu Bild, Zuordnung Bild zu Wort, Memory
  D Silbenlesen: zur Ansilbe das Bild suchen, zum Bild die Ansilbe suchen, zu Bild und Ansilbe die Endsilbe suchen, zum Bild An- und Endsilbe suchen, Memory
  E Zweitlesen
  Wörter mit Bl, Fr, Sp, Tr, J, Schl,
  Wörter mit Br, Fl, Kn, St, V, Schw,
  Wörter mit J, Kl, Kr, Sp, St, Schn,
  Wörter mit ei, ie, eu, au, ä, ö,
  Wörter mit ch, ck, pf, ng, tz, x
  F Ähnliche Wörter: Affe – Auge – Auto – Ampel
  G Satzmuster: Hier ist – Zeige mir, Ich bin – Ich kann
  H Minitext

- Lernspiele für Schule und Therapie *2.–4. Klasse* (CES-Verlag)
  CESAR Lesen 1.1.
  Lernspiele zum Lese-Rechtschreiberwerb
  Spiele zur Raum-Lage-Wahrnehmung:
  - Im Alphabet auf Buchstabenebene
  - In Zauberwörtern auf Wortebene
  - In Geheimen Botschaften auf Textebene

  Spiele zur Identifizierung von Buchstaben:
  - Störenfriede
  - Honigbuchstaben
  - Einer fehlt

Spiele zu Lautanalyse und Synthese-Prozessen:
- Fahrende Buchstaben
- Reimquartett
- Reimbilder

Spiele zum Lese- und Sinnverständnis:
- Wörtersuche
- Blitzwörter
- Merkspiel

- Lernspiele für Schule und Therapie *2.–4. Klasse* (CES-Verlag)
  CESAR Schreiben 1.0
  Lernspiele zum Lese-Rechtschreiberwerb
  Spiele zur auditiven Wahrnehmung:
  Tiere anziehen
  In diesem Spiel wird das Umsetzen von Phonemen in Grapheme geübt.
  Kreuzwörter
  In diesem Spiel wird die Merkfähigkeit von Buchstaben geübt. Buchstaben werden lautgetreu oder alphabetisch diktiert.
  Puzzle-Diktat
  In diesem Spiel werden weiße Puzzleteile durch richtige Schreibung komplettiert. Dabei werden Rechtschreibthemen wie lautgetreue Verschriftung, Realisierung von Doppelkonsonanten oder das Erkennen und differenzierte schriftsprachliche Behandeln von Endlautverhärtungen geübt.
  Spiele zur visuellen Wahrnehmung:
  Frosch befreien
  In diesem Spiel wird die Buchstabenfolge jedes Wortes konstruiert und geschrieben.
  Flipper
  In diesem Spiel werden Problemwörter editiert. Dabei wird die Merkstrategie der Kinder individuell gestaltet.
  Blitz-Puzzle
  In diesem Spiel werden weiße Puzzleteile durch richtige Schreibung komplettiert. Beim Anklicken erscheint das Zielwort als Blitz.
  Spiele zur auditiv-visuellen Wahrnehmung:
  Lautquartett
  In diesem Spiel werden Reimentsprechungen gefunden.
  Quiz
  - In diesem Spiel werden Fragen über die Bildung von Lauten der Zielwörter gestellt.
  - Die Groß- und Kleinschreibung wird geübt.
  - Zu zwei bedeutungsunterscheidenden, klangähnlichen Varianten werden zwei Schreiblösungen angeboten.

- Lernspiele für Schule und Therapie *4.–6. Klasse* (CES-Verlag)
  CESAR Schreiben 2.0

Strategie und Lernspiele zur sicheren Rechtschreibung
- Schüler lernen ihr Rechtschreibwissen über Analogien spielerisch anzulegen und zu festigen.
- Schüler bekommen auf spannende Weise alle relvanten orthographischen Themen vermittelt.
- Schüler erfahren Strategien zur morphematischen Ableitung.
- Schüler sichern erworbenes Wissen auf integrativer Ebene.
- Die Lernspiele werden in drei Lernfeldern angeboten.
- 15 Lückendiktate bilden zum Abschluss eine Wiederholung und Sicherung des Erlernten an.

Lernspiele Hören: Blubber, Bankräuber, Fliegenfalle
Lernspiel Rechtschreibung: Poker, Turbanklau, Irrgarten
Lernspiel Wortlehre: Eislabyrinth, Skala, Wortwerkstatt
Lernfeld: Hören
Themen: Gemische Vokale, Stimmhafte Plosive, Doppelung, Explosivlaute, Fließlaute, Zischlaute, Auslautbestimmung, Konsonantenhäufung, Reibelaute
Lernfeld: Rechtschreibung
Themen: Dehnungs-h, Doppelvokal, ai-Schreibung, chs-Schreibung, x-Schreibung, v-Schreibung, i-Schreibung
Lernfeld: Wortlehre
Themen: Wortarten, Einzahl/Mehrzahl, Steigerung, Fälle, Verb und Person, Verb und Zeit, Aktiv/Passiv/Reflexiv, Groß- und Kleinschreibung, Satzlehre, Kreativ
Lernfeld: Lückendiktat
Wiederholung des Lernmaterials. Jedes Diktat kann als Arbeitsblatt ausgedruckt werden.

Die Fähigkeit, lautgetreu zu schreiben, ist Voraussetzung für das Erlernen orthographischer Elemente. Durch Verknüpfung von Reimwörtern findet eine Einteilung in analoge Schreibweisen statt, darauf aufbauend differenziert das Kind an hörbaren Lupenstellen einzelner Wörter seine Graphem-Entscheidung. Auf dem Weg zur Orthographie lernt es Strategien, für Stellen im Wort, die als richtige Schreibweise nicht hörbar sind. Die Wort- und Satzlehre beinhaltet dann Regelhaftigkeiten, die sich langsam internalisieren.

- Lernspiele für Schule und Therapie *Vorschule bis 2. Klasse* (CES-Verlag)
  CESAR Rechnen 1
  Förderung mathematischer Grundfähigkeiten

- Lernspiele für Schule und Therapie *Alter 4–99 Jahre* (CES-Verlag)
  CESAR Maustrainer
  Für alle, die zum ersten Mal mit der Computermaus arbeiten

- Lernwerkstatt 6 *Grundschule* (Medienwerkstatt Mühlacker)
  „Schreiblabor"
  Die Welt der Laute, Buchstaben und Wörter selbst gesteuert erforschen und das alphabetische Prinzip unserer Schriftsprache systematisch entdecken.

Übungsangebote
- auf der Laut-Buchstaben-Ebene
- auf der Wort-Ebene
- auf der Textebene

Anlauttabelle 1 – Anlauttabelle 2
Anlaute hören
Anlautwörter
Buchstaben unterscheiden
Alphabet
Zuordnen
Wörter verwandeln
Lernwörter Grundwortschatz
Buchstabensalat
Wörter sortieren
Artikel
Geheimschrift
Blitzlesen
Wörterbuch
Deutsch-Aufgaben-Karten
Sprache-Zuordnungskarten
Textübung 1: Text abschreiben; Textübung 2: Wörter suchen; Textübung 3: Wörter einsetzen; Textübung 4: Einzel-Lücken; Textübung 5: Text Diktat.
Mit Anlaut-Tastatur, Sprachsynthese, Diktattraining, Lesetraining, Rechtschreibtraining.

2.4 Unterrichtsstile im Förderkonzept

Es gibt viele Auseinandersetzungen um die geeignete Methode zur Vermittlung der Lese- und Rechtschreibfähigkeit und damit auch um die Didaktik des Erstleseunterrichts.

Während viele Pädagogen den direkten Unterricht mit Erstleselehrbüchern mit begleitenden Lehrerhandbüchern, die sehr detaillierte Anweisungen zum Unterricht enthalten, bevorzugen, geben andere Pädagogen dem Unterricht den Vorzug, der den Schwerpunkt besonders auf die Eigenaktivität der Kinder legt. Er gibt Anregungen, stellt den Raum zur Verfügung, damit die Kinder sich selbst mit der Schrift auseinandersetzen können. Dieses pädagogische Konzept des entdeckenden Lernens zählt zum „offenen Unterricht".

Eine Untersuchung von *Carr* und *Evans* in jeweils 10 Klassen, die dem Konzept des offenen Unterrichts bzw. der traditionellen Unterrichtsform folgten, zeigte deutliche Abweichungen in der Unterrichtsgestaltung.

In Klassen mit traditionellem Unterrichtsstil wird ein bedeutender Teil der Unterrichtszeit zu Stillarbeiten mit vorgegebenen Aufgaben genutzt. In den anderen Klassen wählen die Kinder ihre vielfältigen Aktivitäten selbstständiger. Die Art der

Gruppenarbeit unter Anleitung des Lehrers mit Lesen, Erzählen von Geschichten und Rechnen usw. ist in beiden Klassen gleich.

Verschieden ist die Art des Leseunterrichts. In der offenen Form wird frühzeitig Wert auf lautes, mündliches Lesen und auf das Kennenlernen von Wortbildern gelegt, während in der traditionellen Erziehung stärker die Analyse von Wörtern geübt wird. Bei den Aktivitäten, denen die Kinder selbstständig nachgehen können, zeigen sich deutlich qualitative Unterschiede zwischen den beiden Unterrichtsarten. Im traditionellen Unterricht ist die Anzahl der Aktivitäten beschränkt. Die Kinder bekommen öfters einen kleinen Text auf, den sie still lesen sollen, um danach Fragen darüber beantworten oder Arbeitsblätter bearbeiten zu können. Im offenen Unterricht sind die Aktivitäten vielfältiger, die Kinder können sich mit verschiedenen Arten von Spielen beschäftigen, ihren eigenen Interessen nachgehen, sich mit Lesen und Schreiben beschäftigen und aus vertrauten Wörtern kleine Geschichten erstellen, die sie dann auch vorlesen dürfen. Durch die Verwendung einer Vielzahl an Materialien und durch die Förderung vieler Aktivitäten sind diese Klassen lebhafter, während es in den anderen Klassen ruhiger ist und der Unterricht strukturierter verläuft. Es wird mehr Wert auf das Erlernen der basalen Fähigkeiten im Lesen und Rechtschreiben unter direkter Anleitung des Lehrers gelegt.

Als am Ende der 1. Klasse die Auswirkungen der beiden Unterrichtsarten auf den schulischen Fortschritt der Kinder bestimmt wurden, zeigte sich ein klarer Vorteil des traditionellen Unterrichts. Während in beiden Klassenarten ein gleich großer Prozentsatz der Kinder gute Fortschritte im Lesen gemacht hatte, war die Anzahl der Kinder, die das Lesen noch nicht soweit beherrschten, dass sie wenigstens einfache Texte lesen konnten, in den Klassen mit offenem Unterricht viel größer. Eine einseitige Betonung jener Aktivitäten, an denen die Kinder Interesse zeigten und die sie selbstständig durchführen können, führt in den Anfängen des Leseunterrichts bei schwächer begabten Kindern in der Tendenz dazu, dass der anfangs notwendige, aber mühsame Erwerb von Kenntnissen über die Struktur der Schriftsprache und der einzelnen Lese- und Rechtschreibkompetenzen vermieden oder nicht intensiv genug betrieben wurde (*Gasteiger-Clicpera* 1998, S. 319 ff.).

Ein neueres didaktisches Konzept, das durch das freie Verfassen von eigenen Texten den Kindern die Möglichkeit geben will, ihre eigene Welt in den Schulalltag einzubringen und das Lesenlernen auf der alphabetischen Stufe individuell für jedes Kind intensiv betont, ist das Modell „*Lesen durch Schreiben im Werkstattunterricht*" von *Reichen*.

Dieses Konzept beruht auf *drei Prinzipien*:

- Unterrichtsmethodisches Prinzip durch *Werkstattunterricht*
- Lernpsychologisches Prinzip durch *Selbstgesteuertes Lernen*
- Lesedidaktisches Prinzip durch *Lesen durch Schreiben*
  (*Schründer-Lenzen* 2004, S. 124).

„Das Buchstabentor oder die Anlauttabelle bildet die Basis und gibt Orientierung im gesamten 1. Schuljahr. Sie steht den Kindern immer zur Verfügung und ist ihr Handwerkszeug, um schon nach kurzer Zeit die ersten eigenen Wörter zu schrei-

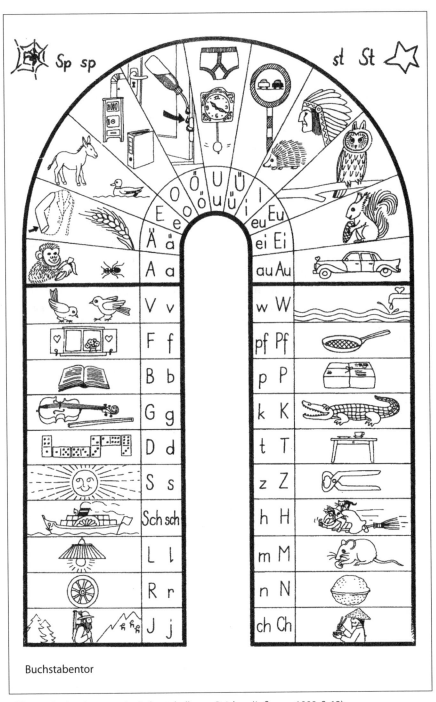

Abb. 27: Buchstabentor oder Anlauttabelle von Reichen (*Leßmann* 1998, S. 13)

ben" (*Leßmann* 1998, S. 13). Die Kinder sehen ein Bild, z. B. einen Hut, hören die ersten lauttreuen Wörter auf ihre Lautfolge hin ab, legen für jeden gehörten Laut einen Stein auf das Bild (H – U – T) und notieren dann Buchstabe für Buchstabe auf das Blatt. Diese Arbeit erfordert zu Beginn des ersten Schuljahres sehr viel Aufmerksamkeit und Konzentrationsfähigkeit (s. Abb. 27, S. 115).

Die Werkstattarbeit ist eine Unterrichtsform, in der die Schüler selbst über ihr Lernen in der angebotenen Thematik entscheiden können. Das grundsätzliche methodische Prinzip ist hierbei ein entdeckendes, handlungsorientiertes und ganzheitliches Lernen. Der Lehrer bereitet entsprechende Aufgaben vor, die dem Kind dann zur Verfügung gestellt werden. Die Stationen müssen so angelegt sein, dass unterschiedliche Leistungs- und Begabungsniveaus angesprochen werden. Dabei umfassen die vielfältigen Lernangebote Versuche, Spiele, Bastelarbeiten, Arbeitsblätter, Leseübungen und Rechenaufgaben. Alle Aufgaben werden so geplant, dass eine Selbstkontrolle durch den Schüler möglich ist. Angegebene Aufgaben müssen erledigt werden, die freiwilligen Arbeiten können bearbeitet werden. Auf einem Werkstattplan vermerken die Kinder ihre fertigen Aufgaben.

Damit dienen „die angebotenen Unterrichtsmaterialien nicht nur der Vermittlung von Lesen und Schreiben, sondern der allgemeinen Aktivierung des Denkens und Lernens" (*Schründer-Lenzen* 2004, S. 125 ff.). Schreiben ist eine geistige Leistung, dabei wird gesprochene Sprache in Schrift festgehalten. Der Schreibvorgang und das Lesen werden nicht eingeübt. „Konstruierendes" Schreiben, das Schreiben mit der Anlauttabelle, das Auflautieren von Wörtern, Sätzen und Texten steht im Zentrum des gesamten ersten Schuljahres. Korrigiert wird das Geschriebene der Kinder nur, wenn Laute vergessen werden, Laute in der Abfolge im Wort verwechselt werden oder Laute geschrieben werden, die nicht zum Wort gehören.

Später differenzieren die Kinder die Wörter:

- Hut, Simon, Ente, Wolf, Limonade als = *Mitsprechwörter* (lauttreue Wörter)
- Vogel, vier, Vater, von als = *Merkwörter* (nicht regelgeleitete Wörter; Feder – Vater: ich höre ein F)
- Pferd, Mund, Bälle als = *Nachdenkwörter* (Auslautverhärtung; Pferd kommt von den Pferden. Ich höre ein t und schreibe ein d; Pluralbildung; regelgeleitete Wörter)

Diese Unterrichtsform fordert vom Lehrer aufwändige Vorbereitungen, eine gute Beobachtung und ein differenziertes Arbeiten.

Den Kindern bietet sie die Möglichkeit, eigene Ideen, Entdeckungen und Erfahrungen einzubringen. Jedes Kind kann sich seinen individuellen Lernvoraussetzungen gemäß entwickeln, braucht dazu aber wichtige Voraussetzungen wie Motivationsfähigkeit, Konzentrationsfähigkeit, gute Wahrnehmungsvoraussetzungen, besonders in der auditiven Wahrnehmungsfähigkeit, und die Fähigkeit, selbstständig zu arbeiten.

Haben Kinder Probleme, sprachliche Elemente zu differenzieren, oder ist ihnen die Prosodie der deutschen Sprache fremd, fällt es ihnen schwer, Wörter in ihre lautlichen Bestandteile zu zerlegen (vgl. *Penner* 2005).

Leitideen Methodische Prinzipien und Unterrichtsgestaltung	Halboffene Lehrgänge z. B. Tobi, Lollipop, Jo Jo, ABS Reise, FARA + FU, Metze, Neuhausen, Hinrichs	Offene Unterrichtsmethoden	
		Spracherfahrungsansatz *Brügelmann, Brinkmann, Balhorn etc.*	Lesen durch Schreiben *Jürgen Reichen*
Stellenwert des Schriftspracherwerbs	direkte Hinführung zu den Strukturprinzipien der Schriftsprache; Effektivität der Unterrichtsorganisation steht im Vordergrund; Ansatzmöglichkeiten zu fächerübergreifendem Arbeiten	Lesen und Schreiben als bedeutungsvolle Handlungen in einem sozialen Kontext sind Basis und Motor des Schriftspracherwerbs; kommunikative Funktion des Schriftspracherwerbs steht im Vordergrund; häufiges fächerübergreifendes Arbeiten	nicht Lesen- und Schreibenlernen stehen im Vordergrund, sondern das Lernen des Lernens; selbstgesteuertes Lernen steht als lernpsychologisches Prinzip im Vordergrund; durchgängig fächerübergreifendes Arbeiten
Bezug von Lesen und Schreiben	Zusammenhang von Lese- und Schreiblehrgang; emotionale Rahmung des Unterrichts durch Aufbau einer „Fibelerlebnis-Welt"	freie Texte von Anfang; ausgeprägte Vorlesekultur; Schriftspracherwerb durch Schriftsprachgebrauch	Kinder dürfen zunächst nur auflautierend schreiben, nicht lesen; Prämisse: Häufiges Verschriften führt automatisch zum Lesen
Lesemethode	analytisch-synthetische Methodenkombination	Eröffnung unterschiedlicher Zugriffswelten auf Schriftsprache	Lesen durch Schreiben Verzicht auf Leseübungen
Buchstabeneinführung	systematische und für alle verbindliche Einführung der Buchstaben entsprechend den Fibelvorgaben mit jeweils parallelen Übungen in den Schreiblehrgängen; Einschleifen einer verbindlichen Schreibmotorik; Groß- und Kleinbuchstaben	Arbeiten am „Buchstaben der Woche", parallel freies Schreiben mit der Anlauttabelle; geringe Bedeutung des schreibmotorischen Aspektes; z.T. Votum für Großbuchstaben	von Anfang an alle Buchstaben (Anlauttor); Kinder können sich aussuchen, welche Buchstaben sie schreiben wollen; kein Training von Buchstabenkenntnissen, sondern „Schreibferien" für Kinder, die lautgetreu nicht verschriften können oder wollen; kein Druckschriftlehrgang; kein Üben der Schreibschrift; elektronische Anlauttabellen
Dimensionen der Öffnung des Unterrichts	Verbindung von direkter Instruktion und binnendifferenzierten Übungsphasen	1. methodisch-organisatorische Öffnung 2. didaktisch-inhaltliche Öffnung 3. pädagogisch-politische Öffnung	1. Werkstattunterricht 2. selbstgesteuertes Lernen 3. Prinzip der minimalen Hilfe

Abb. 28: Synopse aktueller Konzepte des Schriftspracherwerbs

Leitideen	Halboffene Lehrgänge	Spracherfahrungsansatz	Lesen durch Schreiben
Differenzierungsformen	Differenzierung „von oben"	Differenzierung „von unten"	Schulisches „Schwedenbuffet"
Sozialformen	Einzelarbeit, Partnerarbeit	Vielfalt an Sozialformen	individualisierte Arbeitsformen + Chef-System
Unterrichtsformen	lehrerzentrierte Unterrichtsformen; teilweise Stationentraining mit den Fibelmaterialen	Wochenplan, Freie Arbeit; Projekte zu bestimmten Themen	Werkstattunterricht
Lerntempo	Dominanz gleichschrittiger Unterrichtsphasen, die durch die systematische, linear-hierarchische Schrittfolge des Lehrgangs vorgegegen ist	Die individuelle Lernentwicklung bestimmt die Reihenfolge und das Bearbeitungstempo der Lernziele unter Berücksichtigung psychologischer linguistischer Aspekte	freigestellt
Lerninhalte	Fibel und Materialien, wiederholendes Üben des Fibel-Grundwortschatzes	Wörter und Texte der Kinder, gemeinsamer Aufbau eines Grundwortschatzes	die „ganze Welt der Wörter" und die Anlauttabelle
Lehrerrolle	Vermittler des Lehrgangs – instruierendes Vormachen	Organisator, kritischer Begleiter kindlicher Lernprozesse + Entwickler von Lernmaterial	Prinzip der minimalen Hilfe
Stellenwert von Lernbeobachtungen	praxisbezogene diagnostische Hinweise und Fördervoschläge im Lehrerhandbuch	praxisbezogene diagnostische Hinweise und Fördervorschläge in der „Ideenkiste"	Lernbeobachtungen haben keine Bedeutung
Umgang mit Fehlern	Prinzip der Fehlervermeidung durch Dominanz von Materialien in normgerechter Schreibweise; Fehlertoleranz bei freien Verschriftungen in der Anfangsphase	Hoher Stellenwert Freien Schreibens; Fehlertoleranz	lautgetreue Verschriftung sind dominantes Ziel des Anfangsunterrichts; Skelettschreibungen werden nicht akzeptiert
Konfrontation mit der Rechtschreibnorm	Präsenz der Rechtschreibnorm von Anfang an durch die genormte Schreibweise; strukturierte Rechtschreibübungen und Grundwortschatztraining nach Abschluss der lautorientierten Phase	Sammeln von orthographischen Modellwörtern (eigene Wörter „Klassen-Wörter"); Freies Schreiben mit dem Anspruch auf Richtigschreibung bei „Veröffentlichung"; Anregungen zur Selbstkontrolle durch Wörterbücher, Schreibkonferenzen etc.	Bis zur 2. Klasse ausschließlich lautgetreue Verschriftung, wobei Groß- und Kleinbuchstaben, fehlende Wortzwischenräume und Orthographiefehler ohne Korrektur bleiben

Abb. 29: Aktuelle Konzepte des Schriftspracherwerbs (*Schründer-Lenzen* 2004, S. 128–131)

Kritisch setzt sich *Schründer-Lenzen* mit diesem Konzept auseinander. „Trotz der Fehlertoleranz ist für viele Kinder die Reduktion auf den akustischen Aspekt der Schriftsprache ein großes Problem, da ihnen die visuelle Unterstützung des Lernprozesses fehlt." Die Eigentexte sind für die anderen Kinder nicht lesbar, und der Austausch über Geschriebenes ist nicht möglich. Die Befürchtungen eines unzureichenden Orthographieerwerbs durch das Fehlen von Vorbildern für das richtig Geschriebene sind empirisch untermauert (2004, S. 126).

Eine tabellarische Übersicht über aktuelle Konzepte des Schriftspracherwerbs und damit der Vergleich der Didaktik und Methodik zeigt die Vielfalt der in der Praxis angewandten Unterrichtsmodelle (s. Abb. 29, S. 118).

Sie zeigt damit aber auch, wie wichtig es ist, die Grundlagen des Schriftspracherwerbs zu kennen, um gute und wichtige Aspekte aus den verschiedenen Methoden für die individuellen Lernausgangslagen der Kinder nutzen zu können.

So ist es durchaus üblich, dass Erstklasselehrer die Anlauttabelle nach Reichen benutzen, eine Schulstunde täglich den Werkstattunterricht für die Kinder anbieten und dazu die Einführung der Buchstaben und weitere klassische Methoden des Schriftspracherwerbs anwenden.

Das Staatsinstitut für Schulpädagogik und Bildungsforschung – *Olesch* (Dillingen 2000) gibt hierzu *Neue Akzente* im Lernbereich „Richtig schreiben" heraus. Sie beinhalten:

- Die Abkehr von der Wortbildtheorie und damit den Wegfall der wöchentlichen Nachschriften
- Das wortspezifische Lernen. Dem Schüler werden die Wörter erklärt und es werden dazu Strategien vermittelt
- Der Aufbau und die Sicherung von Rechtschreibstrategien
- Die Strukturierung der rechtschriftlichen Phänomene und die Vermittlung der Erschließungsstrategien:
  - Lautgetreu = Mitsprechstrategie
  - Regelgeleitet = Nachdenkstrategie
  - Nicht regelgeleitet = Merkstrategie
- Die Wahrnehmungsschulung als Grundlage für Rechtschreibfähigkeit und -sicherheit
- Die Nutzung vielfältiger Zugangswege auditiv, visuell, artikulatorisch, kognitiv und schreibmotorisch
- Das Erlernen grundlegender Arbeitstechniken, das Einüben und das sichere Anwenden
- Der reduzierte Grundwortschatz im Sinne eines Arbeitswortschatzes, der für die Strategien Wortmaterial bereitstellt
- Die Erweiterung des Grundwortschatzes durch individuelles Wortmaterial aus den Schülertexten und deren Zuordnung zu den Strategien

Dazu zeigt *Schründer-Lenzen* Ergebnisse der empirischen Unterrichtsforschung auf, die sich in folgenden Tendenzen aufzeigen: „Der lernförderliche Anfangsunterricht ist auf eine systematische Instruktion angewiesen. Je *früher, strukturierter* und *übungsintensiver* auf den Gegenstand Schriftsprache bezogen dieses Instruktionsverhalten einsetzt wird, umso besser sind die individuellen Lernergebnisse – insbesondere der leistungsschwachen Schüler. Unterschiedliche methodische Konzepte des Schriftspracherwerbs zeigen differenzielle Effekte auf das Niveau der Lese-Rechtschreibleistung verstärkt ab der 2. Klasse. Unterschiedliche Prozessmerkmale der Unterrichtsform haben divergierende Effekte hinsichtlich der Ab- bzw. Zunahme von Leistungsunterschieden innerhalb einer Schulklasse. Direktes Instruktionsverhalten führt eher zu einem Ausgleich heterogener Eingangsvoraussetzungen, wohingegen es bei der Zulassung offener Lernsequenzen ab einem bestimmten Zeitpunkt zu einer Verfestigung bestehender Leistungsdifferenzen kommt. Die Methode ‚Lesen durch Schreiben' erhöht das Risikopotenzial lernschwacher Schüler und ist auch für Schüler mit Migrationshintergrund ungeeignet" (2004, S. 173).

Die Kontroverse, welches Unterrichtskonzept eigentlich das Beste für das Kind sei, ein fibelorientierter Lehrgang oder ein eher „offenes" Unterrichtskonzept wie es der Spracherfahrungsansatz oder auch der Werkstattunterricht von Reichen vorsieht, hat nach *Schründer-Lenzen* zunehmend an Brisanz verloren. Eine andere Einflussvariable des Lernerfolgs wird zunehmend betont: die der Lehrerin und des Lehrers. „Wichtig sind ihre Handlungskompetenz im Hinblick auf die Initiierung und Organisation von Lernprozessen, ihre Fähigkeit, Schwierigkeiten wahrzunehmen, strukturell angemessen zu interpretieren, passgenaue Hilfen für den nächsten Lernschritt anzubieten und ihren Erfolg fortlaufend zu kontrollieren". Nicht die Entscheidung für eine bestimmte Theorieschule des Schriftspracherwerbs ist also entscheidend, sondern die Fähigkeit, möglichst umfassende fachdidaktische und pädagogisch-psychologische Kenntnisse, situativ angemessen und der individuellen Lernausgangslage entsprechend, umzusetzen" (2004, S. 43).

Dies bestätigt meine Berufserfahrung als heilpädagogische Förderlehrerin bei sprachbehinderten und entwicklungsverzögerten Vorschulkindern. Auch hier ist eine frühe, strukturierte und übungsintensive Instruktion der Lautsprache und darauf aufbauend der Schriftsprache Voraussetzung für Lernerfolge.

Das Förderprogramm: „Hören, lauschen, lernen", durchgeführt mit diesen Kindern, integriert in ein ganzheitliches Förderkonzept, mit viel Bewegungsspielen, Zeit für Spielideen, umgesetzt mit viel Freude und Kreativität, hat nicht nur ihre phonologische Bewusstheit geschult, sondern auch ihre Sprachentwicklung wesentlich gefördert.

Sogar die Kinder, die an die Diagnose- und Förderklassen eingeschult wurden, hatten keine Probleme beim Schriftspracherwerb. Sie lernten dort, unterstützt mit den Lautgebärden, problemlos lesen.

Als Förderlehrerin in einem Lehrinstitut für Orthographie und Schriftspracherwerb mit lese-rechtschreibschwachen Grundschülern arbeite ich mit den meisten Schülern auf der alphabetischen Stufe und fördere als Basis ihre phonologische Bewusstheit. (s. Abb. 30, S. 121)

Trotz guter visueller Merkfähigkeit und der Umsetzung von orthographischen Regeln, trotz Ableitung von Wörtern aus den Wortfamilien fällt es den Schülern oft schwer, jeden Laut eines Wortes zu verschriften, die An-, In- und Auslaute herauszuhören, das Wort in Silben zu zerlegen oder die Silben zu einem Wort zusammenzusetzen. Unterstützt durch Lautgebärden, mit Ideen aus dem Förderprogramm „Leichter lesen und schreiben mit der Hexe Susi", mit Silbenspielen, Bewegungsspielen, Singspielen, selbst gestalteten Sprachspielen und Arbeitsblättern usw. unterstütze ich zusätzlich zu den vorgegebenen Förderprogrammen, die auf das Stufenmodell von May aufbauen, den individuellen Schriftspracherwerb.

Stationen des Trainingsplanes	Handlungsanweisung	Ausführung
Bild 1: Deutlich sprechen – genau hinhören!	Sprich das Wort deutlich: „Oma"	
Bild 2: Ganz langsam sprechen! (Gedehnt sprechen)	Sprich das Wort ganz gedehnt: „O::m::a"	
		Unterstützende Geste: Mit beiden Händen vor dem Oberkörper ein imaginäres Gummiband auseinanderziehen.
Bild 3: Immer wieder sprechen, für jeden Laut einen Stein legen!	Sprich immer wieder von Anfang an und leg für jeden Laut einen Stein: „O:" → lege den ersten Stein „O:m:" → lege den zweiten Stein „O:m:a:" → lege den dritten Stein	
Bild 4: Tippe und sprich dazu!	Sprich die Laute des Wortes deutlich hintereinander aus und tippe für jeden Laut auf dem dafür geeigneten Stein: „O:m:a:"	
Bild 5: Sprich noch einmal: Stimmt es?	Sprich das Wort noch einmal deutlich, schau dabei mit den Augen auf die gelegten Steine und kontrolliere so noch einmal, ob die Anzahl der Steine den gehörten Lauten entspricht: „Oma"	

Abb. 30: Analyse des Wortes „Oma" aus „Leichter lesen und schreiben lernen mit der Hexe Susi" (*Forster/Martschinke* 2002, S. 50)

Auch bei der im Folgenden dargestellten Förderung von Paul ist die Wahrnehmung der phonologischen Bewusstheit und die Förderung der alphabetischen Strategie unser Schwerpunkt.

Nicht *ein* Programm oder *eine* Methode ist also die richtige für ein Kind oder für eine Schulklasse. Mit dem Wissen um die Lernausgangslage, diese kann auch durch Beobachtungen (Beobachtungsaufgaben oder unterrichtsbegleitende Diagnostik, in *Füssenich & Löffler* 2005) oder durch die Auswertung von aufgeschriebenen Wörtern oder Texten erfolgen, und dem Wissen um die Inhalte und damit die Förderschwerpunkte der Lernstufen, besteht die Möglichkeit, flexibel auf die individuellen Bedürfnisse des Kindes eingehen.

Dabei kann Sprachförderung und damit auch Schriftsprachförderung ein Besuch im Zoo sein ebenso wie kreatives Gestalten oder ein Gespräch.

Und damit ist jeder Dialog und jede erlebnisorientierte Tätigkeit Schriftsprachförderung. Kinder dürfen bei diesem Prozess nicht ohne Unterstützung bleiben!

IV Falldarstellungen

1 Paul

Waltraud Bouda

Angeregt durch die Mitarbeit im Forschungsprojekt „Soziale Benachteiligung, Analphabetismus und Medienkompetenz" begann ich im Schuljahr 2004/2005 mit der Förderung des damals 15-jährigen Paul (Name aus Datenschutzgründen verändert), der nur seinen Namen schrieb und größte Auffälligkeiten beim Lesen zeigte. Die anfängliche Begrenzung auf Anamnese, Diagnostik und Fördermaßnahmen erweiterte sich um die Aufzeichnung der Lebens- und Bildungsbiographie dieses Jugendlichen. Durch Gespräche (Interviews) versuche ich nach dem Vorbild der „life history method" in Verbindung mit Aktenunterlagen ein Gesamtbild seiner bisherigen Lebensgeschichte aufzuzeigen.

Die *Anamnese* und *schulbiographischen Akten* zeigen von Paul folgendes Bild: Paul, geb. 1989, besucht seit dem 1.11.2004 eine Sonderschule für Lernhilfe in Frankfurt/Main. Bedingt durch einen Umzug wurde er im Schuljahr 2004/05 dort in die 8. Klasse eingestuft. Seit 13.1.2005 wird er einmal wöchentlich für zwei Schulstunden zusätzlich von mir im Lesen gefördert. Der hier aufgezeigte Bildungsverlauf ist der Schülerakte entnommen.

Kindergarten und Grundschulzeit

1992 bis 1996: Kindergarten und Vorklassenjahr
Einschulung mit 7;5 Jahren

1996/1997: 1. Klasse Grundschule
„Leistungs- und Lernrückstände bereits im 1. Halbjahr der 1. Klasse. Die Empfehlung zur Ausschulung lehnen die Eltern ab."

1997/1998: 2. Klasse Grundschule
In der 2. Klasse *Sonderpädagogisches Gutachten zur Feststellung des Förderbedarfs*:

„Paul kann den erarbeiteten Unterrichtsstoff in Deutsch und Mathematik nicht umsetzen. Trotz Unterstützung sind seine Leistungen ungenügend. Die Versetzung in die 3. Klasse ist stark gefährdet."
„Abwartendes Verhalten, keine Kontaktschwierigkeiten, Probleme im Leistungsverhalten, Arbeitsweise oberflächlich, flüchtig, überhastet, geringe Lernbereitschaft, großer Konzentrationsmangel, motorisch unruhig, überfordert, kurzfristige Kon-

zentrations- und Motivationsfähigkeit bei Erfolgserlebnissen, sie erhöhen seine Lernbereitschaft, geringer Lernzuwachs. Die Sprache ist durch Begriffsarmut geprägt, Grammatik und Wortschatz entsprechen nicht der Altersnorm, unvollständige Satzstrukturen, Antworten oft in 1-Wort-Sätzen. In Deutsch Misserfolge, durch unzureichende Lesefähigkeit. Buchstaben-Lautzuordnung relativ sicher (außer b-d, v-f). Einfache Wörter (Mama, Papa, im, am) sind ganzheitlich eingeprägt. Versagt beim Leseprozess völlig! Keine Schriftbildvorstellung! Alle Wörter im Diktat sind entstellt. Wahrnehmungsdefizite im optischen und melodischen Bereich. Das Denken vollzieht sich auf der praktisch-anschaulichen Ebene. Transferleistungen nur auf einfachen Ebenen, mit Bilddarstellungen zum Teil möglich. Erkennt keine logischen Zusammenhänge und entwickelt auch keine altersgerechten Lösungsstrategien. Die Ausfälle in Mathematik sind geringer, aber auch hier sind Leistungen nicht altersgemäß. Grundrechenarten bis 10 sicher. Kann nur nach intensiven Übungsphasen die Rechenschritte auf die Zahlen bis 20 transferieren. Keine Abstraktion mit Variablen und in Tabellen. Bei Textaufgaben völliges Versagen! Keine Grob- und feinmotorischen Auffälligkeiten. Logopädische Betreuung. Ständige Überforderung, Störfaktor. Paul lebt bei den Eltern, beide sind arbeitslos."

Bemerkung im Zeugnis:
„Trotz intensiv pädagogischer Unterstützung nur geringer Lernzuwachs. Ist nur schwer zu motivieren. Seine unzureichend entwickelte Lesefähigkeit führt zu ständigen Misserfolgen."

1998/1999: ab 3. Klasse Lernhilfeschule

Bericht zum Förderbedarf:
„Gute, freundliche Mitarbeit in Mathematik. Das Erlesen der Wörter bereitet ihm große Schwierigkeiten. Die Mitarbeit ist stark interessensgebunden. Geringe Anstrengungsbereitschaft. Nur schwer zu begeistern. Die Hilfe des Lehrers fasst er als Kritik auf."

1999/2000: 4. Klasse
Bericht zum Förderbedarf:
„Geringe Anstrengungsbereitschaft. Mangelnder häuslicher Fleiß."

Hauptschulzeit

2000/2001: 5. Klasse
Bemerkung im Zeugnis:
„Du musst unbedingt deine Leseleistung verbessern und dir eine saubere, lesbare Handschrift aneignen. Arbeite an deinem Verhalten!"

2001/2002: 6. Klasse
Bemerkung im Zeugnis:

„Deine Leistungen sind nur mangelhaft. Du solltest dich wieder mehr anstrengen, um bessere Lernergebnisse zu erzielen."
Nicht versetzt!

2002/2003: 6. Klasse
Bemerkung im Zeugnis:
„Paul muss regelmäßig zur Schule kommen, um ausreichende Lernergebnisse zu erreichen."
Nicht versetzt!

Schulwechsel

2003/2004: 6. Klasse
Bis zum Zwischenzeugnis 29 Fehltage und 15 Unterrichtsstunden!
Zwischenzeugnis wird per Post zugestellt.
Reaktion der Schule:
Brief an die Mutter. Nach § 43 des Schulgesetzes ist sie als Sorgeberechtigte für die Einhaltung der Schulpflicht ihres Sohnes verantwortlich.
Meldung an die Ordnungsbehörde wird angedroht.
Brief an die Mutter. Mitteilung, seit wann Paul die Schule nicht mehr besucht.
Brief an die Mutter über den Leistungsabfall ihres Sohnes. Die Versetzung ist gefährdet!
Versäumnisanzeige. Erneutes Fehlen an 23 Tagen und 27 Schulstunden. Mutter soll Grund der Versäumnisse mitteilen.
Einladung zum Elterngespräch am Ende des Schuljahres.
Bemerkung im Zeugnis:
„Paul ist bei regelmäßigem Schulbesuch durchaus in der Lage, zufriedenstellende Leistungen zu erzielen."
Überweisung an die 7. Klassenstufe!
Bericht zum Förderbedarf:
„Im Unterricht ruhig, arbeitet zeitweise mit.
Deutsch: Schwierigkeiten beim Erlesen unbekannter Texte. Keine Kenntnisse über Wortarten und orthographische Regeln.
Mathematik: Gutes Zahlenverständnis.
Paul müsste regelmäßig in die Schule gehen."

Umzug nach Hessen

2004/2005: im 9. Schulbesuchsjahr (Probeweise in die 8. Klasse)
„Konstantes Arbeitsverhalten. Geringe Frustrationstoleranz. Relativ regelmäßige Anwesenheit. Steigerung der Leistungen in Mathematik, trotz gravierender Leistungsdefizite. Sprachliche mündliche Mitarbeit durch stark dialektgefärbte Sprechweise deutlich reduziert.
Befreiung vom Vorlesen. Im Schreiben deutlicher Leistungsrückstand."

Notenspiegel (Jahreszeugnis) in der Sonderschule für Lernhilfe

	98/99	99/00	00/01	01/02	02/03	03/04	04/05	05/06
Schulart:	Lern-hilfe-schule							
Klasse	3	4	5	6	6	6	8	9
Fehltage/fehlende Unterrichtsstunden	6	12	1	9/19	49/54	72	42/34	
Noten:								
Deutsch			4	5	5	5	3	
Lesen	4	5						
Sprachbetrachtung	3	5						
Sprachgebrauch		3						
Rechtschreibung	3							
Mathematik	2	3	4	5	5	3	2	
Heimat- und Sachkunde	2	2						
Biologie			2	3	5	4	5	
Physik (Chemie)			3	3	3	4	2	
Geschichte			3	2	3	3	3	
Geographie			3	4	4	2	4	
Sport (Schwimmen)	1	3	2	3	4	3	6	
Werken	1	2	2	1	3	3	6	
Textiles Gestalten	2	1						
Kunst	2	2	3	3	4	4	2	
Musik	2	2	5	5	2	4		
Schulgartenunterricht	1	2	2	2	3	3		
Versetzt ja/nein	ja	ja	ja	nein	nein	ja	ja	

Erneuter Umzug und Schulwechsel nach Frankfurt/Main ab November 2004

2004/2005: 8. Klasse
2005/2006: 9. Klasse
Beurteilung im Praktikum
„Freundliche und gute Mitarbeit. Hält Termine meist ein. Meist geschickt. Zeigt Interesse und Einsatz. Erfasst das Wesentliche. Fähigkeiten im handwerklichen Bereich."
Beurteilung des Klassenlehrers
„Paul ist im Klassenverband gut integriert, er beteiligt sich am Unterricht, findet angemessene Themen, mit denen er sich beschäftigt. Im mathematischen Bereich und

im logischen Denken ist er gut. Seine Berufschancen schätzt er realistisch ein, er ist handwerklich begabt. Seit kurzer Zeit liest Paul manchmal in der Kleingruppe und schreibt auch Texte, die aber nicht lesbar sind" (Auszüge aus den Schülerakten).

Leseförderung

Diagnostik 8. Klasse:
Überprüfung **HSP 3** nicht auswertbar! Für Klasse 3
Überprüfung **HSP 2** nicht auswertbar! Für Klasse 2
Feststellung der Rechtschreibfähigkeit durch die **Hamburger-Schreib-Probe**
Überprüfung **HSP 1 RW** 51%, **GT** 51%, **A** 24%, **O/M** 96% = Mitte 1. Klasse
RW = richtig geschriebene Wörter, GT = Graphemtreffer, A = alphabetische Strategie, O/M = orthographisch-morphematische Strategie.
Baum = Bum
Telefon = Telfoe
Hund = Haud
Mäuse = Mäuse
Die Fliege fliegt auf Uwes Nase = die Flieg Felit auf Uwe Nase.
Hinweis auf ausgeprägte Defizite im phonologischen Bereich, der als Voraussetzung für die alphabetische Strategie gilt.

Feststellung der Lesefähigkeit durch die **Limburger-Lese-Probe**
Das Wiedererkennen von Wörtern und Buchstaben erfolgt sicher und schnell, Unsicherheit, auch lautlich bei B-b und D-d. Kennt die Umlaute Ä und Ü nicht. Die Unterscheidung der Laute n/ng, g/k, f/w ist fehlerhaft. Liest bei den Häufigkeitswörtern z. B. für im (mit), für Mond (Mon), für an (am), für es (is). Lässt Endsilben weg. Schließt aus abgebildeten Bildern auf den zu erlesenen Text. Ausfälle bei der Synthese in allen Bereichen.
Der Satz: „Es sitzen Leute drin" wird zu „Er säuts ein wird dicht".

Häusliche Situation – nach Gesprächen mit der Mutter und dem Stiefvater

Paul ging in den Kindergarten und ein Jahr in die Vorschule. Sprachlich gab es keine Auffälligkeiten, der Schulreifetest war in Ordnung. In der Schule zeigten sich von Anfang an Probleme im Lesenlernen, in Mathematik war und ist Paul gut.
 Paul hat noch drei Brüder. Alle besuchten die Sonderschule. Zwei haben Arbeit. Ein Bruder von ihm kann nicht rechnen und nicht lesen. Er ist arbeitslos.
 Seit August 2004 leben die Mutter, Paul und sein Stiefvater in Westdeutschland. Im November 2004 zog die Familie nach Frankfurt. Beide sind arbeitslos. Der Stiefvater hat eine abgebrochene Kfz-Mechaniker-Lehre und keinen Führerschein.
 Paul schwänzt noch immer die Schule. Er ist der Mutter gegenüber und besonders seinem Stiefvater gegenüber sehr aggressiv. Er geht nur unter Druck in die Schule. Die Mutter ist hilflos. Da sie wegen des Schuleschwänzens ihre Sorgepflicht verletzt hat, zahlt sie heute noch an der ihr damals auferlegten Geldstrafe.

Über Pauls Probleme wird offen in der Familie gesprochen, er sieht an seinen Geschwistern die Notwendigkeit eines Schulabschlusses, dazu muss er lesen können.
Er möchte unbedingt Kfz-Mechaniker werden und den Führerschein machen.

Verhaltensbeobachtung in der Förderung

Paul möchte Lesen lernen!

Er ist sehr motiviert, arbeitet konzentriert und ausdauernd mit, versteht Arbeitsanweisungen, kann logisch denken, freut sich über kleinste Leseerfolge, ist sehr ruhig, redet wenig, hat eine gute Körpersprache. Wichtige Informationen (sein Geburtstag, seine Freundin, der Tod seines Vaters, die Zusammenarbeit mit Mitschülern) teilt er mir kurz mit. In der Klasse gebärdet er die Laute im „Kopf".

Sprachlich auffällig sind seine einfache Ausdrucksweise, seine sehr undeutliche Aussprache und sein klonisch-tonisches Stottern. Oft fehlt das Sprachverständnis für die von ihm erlesenen Wörter.

Die Förderung ist ihm sehr wichtig, hier ist er zuverlässig und das Arbeiten geschieht in einer harmonischen Grundstimmung.

Diagnostik 9. Klasse
Feststellung der Rechtschreibfähigkeit durch die **Hamburger-Schreib-Probe**
Überprüfung **HSP 1 RW** 67 %, **GT** 43 %, **A** 29 %, **O/M** 89 % Mitte 1. Klasse
RW = richtig geschriebene Wörter, GT = Graphemfehler, A = alphabetische Strategie, OM = orthographisch-morphematische Strategie
Baum = Baum
Telefon = Telfon
Hund = Hund
Mäuse = Mäsen
Die Fliege fliegt auf Uwes Nase = Die Wllig wlig auf Uwe Nase.

Anmerkung: Schwerpunkt der Fördereinheit war die Einführung des Lautes und der Lautgebärde „W", Silben mit W und W-Wörter.

Der Laut „F" ist bereits internalisiert. Die Überprüfung fand am Ende der Förderung statt. Phonologisch werden die Laute F und W gleich gebildet (Reibe-Engelaut). F wird stimmlos und W wird stimmhaft gesprochen.

Diese Verwendung des neu gezeigten W-Lautes für das F deutet auf eine starke phonematische Differenzierungsschwäche hin.

Häusliche Situation nach Gesprächen mit der Mutter

Sie erzählt von ihrem Umzug nach Hessen. Ihre anderen drei Kinder leben in Brandenburg. Besondere Sorgen macht sie sich um Pauls älteren Bruder, der weder lesen noch rechnen kann und auch keinen Beruf erlernt hat. Er hat mit seiner Freundin zwei kleine Kinder. Da die Freundin eine Lehre begonnen hatte, übernahm er die Betreuung des Säuglings und des Kleinkindes. Er war so unzuverlässig, dass die

Freundin die Lehre abbrach. Jetzt sind beide arbeitslos. Sie erzählt von Pauls Vater. Er war Alkoholiker und arbeitslos. Nachdem sie es nicht mehr bei ihm aushielt, verließ sie ihn mit den vier Kindern. Seine Androhung sich umzubringen, hat er dann auch durchgeführt. Sie erzählt von Pauls Praktikum in diesem Schuljahr. Er war unpünktlich und zeigte gegen Ende nur noch wenig Interesse. Deshalb musste er sich für das zweite Praktikum einen neuen Platz suchen. Trotz ihrer Sorgen wegen Pauls Bruder möchte sie hier bleiben, damit Paul hier noch die Schule beenden kann.

Paul erzählt seine Geschichte

„An meine Kindergartenzeit und die ersten Schuljahre kann ich mich nicht erinnern. Nach der 2. Klasse musste sich meine Mutter entscheiden, ob ich wiederhole oder in die Sonderschule gehe. Sie hat sich für die Sonderschule entschieden und das war in Ordnung.

In die Lernhilfe-Schule kam ich wegen meines Verhaltens und wegen dem Lesen.

Ab der 5. Klasse war dann alles anders. Ich war 10 Jahre alt und mein Vater war gestorben.

Er war gut. Meine Mutter hat mit einem Lebensgefährten zusammengelebt und von dem habe ich mir nichts sagen lassen. Ein Jahr später habe ich angefangen, die Schule zu schwänzen. Ich hatte keinen Bock mehr auf Schule und habe 2–3-mal in der Woche gefehlt. Ich habe auch nur einzelne Stunden gefehlt. Ich war deshalb dreimal in der 6. Klasse. Mit den Lehrern bin ich gar nicht klar gekommen. Die konnte ich nicht leiden. Sie haben mich provoziert und immer extra Aufgaben gegeben. Ich musste länger in der Schule bleiben oder sie haben mich gar nicht beachtet. Es war egal, was ich tat. Ich konnte machen, was ich wollte. Ich konnte auch kommen, wann ich wollte. Die hatten Angst vor mir.

Wegen der Fehlzeiten musste ich Sozialdienst in einem Wiesenpark machen. Dort habe ich Laub gefegt oder Käfige sauber gemacht. Diese Strafe wurde mir nicht angedroht. Das hat sich keiner getraut. Ich war aggressiv und habe alle geschlagen. Ich habe auch den Lehrer geschlagen. Er ist dann mit blutiger Nase ins Klassenzimmer gelaufen. In der Klassenkonferenz bekam ich eine Verwarnung. Entschuldigen musste ich mich nicht.

Meine Mutter hat nachts gearbeitet und mich morgens in die Schule geschickt. Sie hat dann geschlafen. Ich bin zum Kaffee trinken oder in die Kaufhäuser gegangen. Mein älterer Bruder hat auch die Schule geschwänzt. In den Kaufhäusern haben wir alles geklaut, ich habe auch geklaut, wenn meine Mutter dabei war. Sie hat es nicht gemerkt. Wir haben auch teure Elektrodinge geklaut. Ich war der Boss. Es gab ständig Schlägereien. Ich habe alle geschlagen, Männer, Frauen, Kinder und andere Jugendliche. Sie haben mich beleidigt oder meine Mutter als dick und fett beschimpft. Wir waren viel am Busbahnhof.

Die Polizei war viel bei uns, sie haben mich oft beim Klauen erwischt. Mit 14 Jahren habe ich aufgehört. Meine Kumpels machen noch weiter. Wenn ich in den Ferien nach Hause fahre, sehe ich sie.

Jetzt bin ich immer zu Hause und bin am Computer. In die Schule mag ich nicht gehen.

Von Alfons, meinem Stiefvater lasse ich mir nichts sagen. Vor meiner Mutter habe ich mehr Respekt, aber nicht so viel wie vor meinem Vater.

In der Schule ist es in Mathe zu einfach und in Deutsch zu schwer. Was soll ich in der Schule? Das macht doch keinen Sinn.

Auch an der jetzigen Schule habe ich im 1. Jahr immer im Sport gefehlt. Ich war nur einmal im ganzen Jahr im Schwimmunterricht. Jetzt in der 9. Klasse schwänze ich auch noch. Mama weckt mich, geht arbeiten und wenn sie nach Hause kommt, schimpft sie, lässt mich aber da."

Förderansatz nach dem Kieler Leseaufbau

Der **Kieler Leseaufbau** von *Dummer-Smoch* und *Hackethal* (1999) ist aus der praktischen Arbeit mit extrem leseschwachen Kindern, die in zwei, drei oder mehr Schuljahren nicht lesen gelernt hatten, und aus der Arbeit mit analphabetischen Erwachsenen entstanden. Gleichzeitig ist das Programm auch als Hilfe für die Eltern gedacht, da es Lernfortschritte schnell deutlich macht.

Dabei sind folgende Vorstellungen berücksichtigt:

- Kinder gehen individuelle Lernwege.
- Es besteht eine enge Verknüpfung zwischen Lesen und Schreiben – Analyse und Synthese. Kinder lernen Lesen auch durch Schreiben.
- Grundlegende Komponenten sind die „alphabetische Strategie", das Lautieren und die Silbengliederung, nicht das Einprägen von Wortbildern.
- Die Einstellung von „Schwächen im Kind" beim Leselernprozess erschweren diesen.
- Kinder brauchen Zeit für den Erwerb der Schriftsprache.

Wichtiger Ansatzpunkt bei Leselernversagern ist der Lernweg in kleinsten Schritten. Nur er motiviert und verhindert erneutes Scheitern. Bei diesem Leselehrgang wird versucht, Schwierigkeitsstufen zu berücksichtigen und folgende *Prinzipien* umzusetzen und sukzessive zu erweitern:

- *Diagnose* des Leselernstandes
- *Einführung nur einer Buchstabenform* am Anfang (Großbuchstaben in Druckschrift)
- *Schriftsprache ist Lautsprache* – Keine Vermischung von lautgetreuen Wörtern mit Wörtern, die sich aus orthographischen Regeln ableiten.
  Lauttreues Wort „Elefant". Das Kind verschriftet das gehörte Wort.
  Nicht lauttreues Wort „Wald". Die Schreibung ergibt sich aus der Orthographie, das Wort leitet sich aus der Mehrzahl ab – Wälder. Das Kind hört aber ein T am Ende des Wortes, muss aber ein D schreiben.
- *Lautieren statt Buchstabieren* K/a/m/e/l nicht Ka/a/äm/e/äl
- *Stufenweise Einführung von Vokalen und Konsonanten* – Sukzessive Einführung langer und kurzer Vokale. Kurze Vokale können nicht gedehnt werden, Kinder

hören sie nur schlecht heraus. z. B. bei Monika („Tom" Vokal o wird lang gesprochen).
Dehnbare Konsonanten sind anfangs leichter wahrzunehmen als die Verschlusslaute b/p, g/k, d/t z. B. bei Paket („Lisa": Konsonanten werden lang gesprochen).
- *Beachten von Schwierigkeitsgraden der Wortstruktur* – Hierbei wird der Aufbau des Wortes hinsichtlich der Stellung und Aufeinanderfolge von Vokalen, Konsonanten und des Silbenumfanges berücksichtigt.

Daraus ableitend vollzieht sich die Lese-Schreibentwicklung in qualitativen Stufen.

Das Kind lernt, nach den Vokalen in kleinen Schritten Wörter, aufbauend aus den Stufen, lauttreu zu lesen und zu schreiben.

Stufen = *Laute und Buchstaben* → *Wörter und Sätze*
Vorstufe = a, e, i, o, u, au, ei
Stufe 1 = m, r, s → Mama, Omi, Rosa, Rose, Mofa, Maus, Susi,
Stufe 2 = n, f, l → Limo, Nase, Seife, Nina in Eile, Los, Omi, eine Maus,
Stufe 3 = h, -en, -er → Hafer, Maler, Rosinen, Salami, Eisen, Reifen, Reihenhaus, Ferien. Es ist leise im Haus. Mama und Lisa lesen.
Stufe 4 = ch1, ch2, w, z → Lauch, fauchen, ich, weich, Zehen, ich weine, wir weinen.
Stufe 5 = p, t, k → Sehen wir ein Polizeiauto? Wer kann ein Kamel sehen?
Stufe 6 = b, d, g → Bote, Datum, Gauner, Auf dem Dach, Badehose,
Stufe 7 = eu, sch, -el → Scheune, Heugabel, Maschinenhebel, Schulbesuch
Stufe 8 = j, v, ß → Vogelfeder, Jupiter, Metermaß,
Stufe 9 = ä, ö, ü → Mögen Schüler Hausaufgaben?
Stufe 10 = qu, x, y → Hexenhaus, Aquarium, Dynamo,

Die orthographischen Regeln werden im nachfolgenden Rechtschreibaufbau nach Stufe 10 erarbeitet. Während des gesamten Leseaufbaus kommen orthographische Probleme nicht vor (langes „ie", Dehnungen mit h, Mitlautverdoppelungen usw.).

Nach anfänglich eingeschränktem Wortschatz lassen sich schnell ein-, zwei-, drei-, und mehrsilbige Wörter zu kleinen Sätzen und später zu kleinen Geschichten zusammenschreiben und lesen.

Aufbauend auf den Kieler Leseaufbau sind vom Veris Verlag die Hefte *„Lesen mit Lisa"* und *„Schreiben mit Lisa"* erschienen. Sie sind die Grundlage meiner Förderung.

- Unterstützung des Leseaufbaus durch *Lautgebärden*
Schon Ayres weist auf die Einheit von Wahrnehmung und Motorik hin, die auch als sensomotorische Integration im Sprachbaum von Wendlandt aufgezeichnet ist. Entwicklung geschieht beim Kind durch die Auseinandersetzung mit der Umwelt, dabei werden Handlungen und Wahrnehmungen miteinander koordiniert und kognitive Strukturen gebildet (*Brand & Breitenbach & Maisel* 1985, S. 21).

Jedem Laut wird bei seiner Einführung zugleich mit dem Buchstaben ein Handzeichen zugeordnet, so dass damit eine motorische Merkhilfe dem Kind die Lautfolge und Zeichenfolge des Wortes erleichtert.

Das Lautgebärdensystem wird häufig im Sonderschulbereich und im Förderunterricht für Legastheniker angewendet. Die Lautgebärden orientieren sich oft an der Artikulationsstellung des Mundes und fördern damit auch die differenzierte Wahrnehmung und Bildung der Sprachlaute. Als Beispiel zeige ich das Wort „LISA" auf.

Lisa dargestellt mit Lautgebärden:

L, l

L, l Die Hand wird geöffnet zum Kinn geführt und schließt sich dort um einen imaginären „langen Bart". Sie streicht um diesen Bart herum nach unten.

I, i

I, i Der Zeigefinger tippt leicht oben auf den Kopf und deutet damit den I-Punkt an, den man oben auf dem kleinen i nicht vergessen darf.

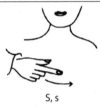

S, s

S, s Der rechte Zeigefinger wird ausgestreckt, der Ellenbogen nach rechts angehoben. Der Zeigefinger „saust" am Oberkörper vorbei nach links. Die Vorstellung ist „ein Auto saust vorbei".

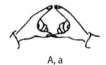

A, a

A, a Zeigefinger und Daumen beider Hände bilden in Anlehnung an das gedruckte A ein Dreieck in Höhe des Halses. Die Figur symbolisiert zugleich die weite Mundöffnung beim Sprechen des A.

Abb. 31: *Lisa,* dargestellt mit Lautgebärden

- Die Betonung der **Silbengliederung**. Die akustische Analyse wird durch die Gliederung des Wortes in Sprechsilben erleichtert. Silben bilden den natürlichen Sprechrhythmus unserer Sprache und rhythmische Einheiten sind den Kindern durch Abzählverse und Lieder bekannt. Durch das Zerlegen und Lesen des Wor-

tes in Silben besitzen die Kinder eine Strukturhilfe, die es ihnen ermöglicht, auch längere Wörter leichter zu lesen.
- Die Übungen zum Leseaufbau sind an verschiedene Materialien gebunden, die vielfältige Spiel- und Übungsmöglichkeiten bieten, z. B. Wörterkartei, Silbenteppich, Spielekartei mit Memory, Quartett für jede Übungsstufe, Schwarze-Peter-Spiele und Wörterlisten. Sie bieten sich an für Lautgebärdendiktate, Diktate, Lesetexte, sowohl für Partnerübungen, Einzelübungen und Kleingruppenübungen.

In der Förderung mit Paul haben sich, individuell auf seinen Leselernprozess abgestimmt, folgende **Therapieinhalte** herausgebildet:

Schwerpunkt	Praktische Umsetzung
Wir gebärden die Wörter	Rätselspiele, Partnerspiele, Lautgebärdendiktate
Wir zerlegen die Wörter in Silben	Puzzlespiele, Silbenpfeil, Silbenbögen unter die Wörter malen, Wörter rhythmisch klatschen, gehen, singen, zählen, zuordnen, Reimwörter
Wir schauen uns die Struktur eines Wortes an	Wir hören den Anlaut, den Inlaut und den Auslaut des Wortes, wir legen Steine für jeden Laut, wir verändern Laute, Minimalpaare z. B. Bach-Dach, Anlautspiele, Wortfächer aus Lauten
Wir schreiben das Wort	für Memoryspiele, für Anlautspiele, Sätze, Geschichten, im Diktat, am Computer
Wir sprechen über die Bedeutung des Wortes	Zauberwörter durch Lautveränderungen, Sinnerfassendes Lesen
Wir erarbeiten uns einfache orthographische Regeln und notieren diese	Anwendung von Regeln im Diktat
Wir gestalten alle Sprachspiele selbst	zusätzlich, freies, kreatives Schreiben am Computer
Wir gestalten ein Heft für häufig gebrauchte Wörter	Schnell-Leseheft
Wir sprechen über Erlebnisse, Probleme und halten uns an abgesprochene Regeln	Absage bei Krankheit und Verhinderung usw.

Wir respektieren uns gegenseitig. Der Schriftspracherwerb ist für Paul ein anstrengender, mühsamer Weg, den wir gemeinsam gestalten.

Gestaltung einer Fördereinheit

- *Einstieg: Gespräch* über die Ereignisse der Woche, Schule, Praktikum, persönliche Erlebnisse
- *Förderverlauf:*
    - *Wiederholung* der Förderinhalte der letzten Stunde. Besprechung der Hausaufgaben, Computereinträge

- *Erarbeitung neuer Lerninhalte* mit dem Arbeitsheften: Lesen mit Lisa, Schreiben mit Lisa, Rechtschreibaufbau durch selbstgestaltete Sprachspiele
- *Diktat* Differenzierung: zuerst nur Wortdiktat, dann Sätze, inzwischen kleine Geschichten
- *Regeln* ins Merkheft – *Schnell-Lese-Runde*
- *Vertiefung* der Lerninhalte *am Computer*, evtl. als Hausaufgabe
• *Abschluss:* Reflexion der Stunde, Fragebogen dazu, Absprachen für das nächste Mal.

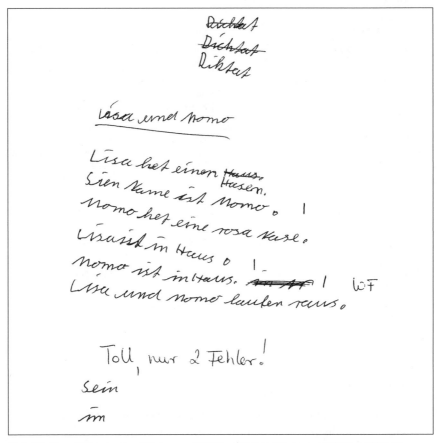

Abb. 32: Vom Diktat einzelner Wörter zum Diktat von kleinen Sätzen zum Diktat von kleinen Geschichten

Reflexion der Förderung

Paul hat große Schwierigkeiten, seine Schulbesuche sinnvoll zu erleben. Schuleschwänzen ist deshalb immer noch ein Thema. Nur intensive Beziehungsarbeit motiviert ihn, sich auf den für ihn immer negativ erlebten Schriftspracherwerb einzulassen. In den Förderstunden ist er motiviert, konzentriert beim Arbeiten, zuverlässig, hat Ideen, die wir gerne umsetzen, und entwickelt Spaß an Sprache und Schriftsprache.

Bei Verhinderungen wegen schulischer Ereignisse (Projekte, Praktika) treffen wir uns nachmittags in der Schule oder bei ihm zu Hause. Über Erfolge freut er sich, selbst gestaltete Sprachspiele nimmt er mit nach Hause und spielt sie manchmal mit seiner Mutter.

Er benutzt gerne den Computer, um als Abschluss der Förderung bereits erarbeitete Wörter und kleine Sätze zu schreiben und für Spielformen (Memory, Anlautspiele) auszudrucken.

Der Erwerb der Schriftsprache ist sehr anstrengend für Paul, er zeigt jedoch nie direkt Unlust oder den Wunsch, die Förderung früher aufzuhören.

Die Förderung verlangt von mir Sensibilität und einen guten Ausgleich zwischen Anforderungen, Abwechslungen und Spielformen, die auch Spaß am Lesen und Schreiben beinhalten. Trotzdem bin ich verwundert und erfreut über Pauls Motivation. Wir arbeiten schon sehr lange auf der alphabetischen Stufe, die Verwendung von lauttreuen Wörtern lässt uns wenig Spielraum für seine sprachlichen Interessen. Doch dieses Wissen ist Voraussetzung für die spätere erlebnisbezogene Lese- und Schreibförderung. Der Lebensweltansatz bedeutet für Paul kontinuierlich an der synthetischen Schriftsprache zu arbeiten. Dies ist nur durch einen Dialog und wirkliches Interesse von beiden Seiten möglich.

Meine Motivation, mit einem Jugendlichen zu arbeiten, war die Frage: „Gestaltet sich der späte Erwerb der Schriftsprache anders als bei Grundschulkindern?" Die Praxis zeigt für mich zunächst wenig Unterschiede. Für den Erwerb der Schriftsprache gibt es elementare Regeln, Methoden, aufeinander aufbauende Stufen, die auch Jugendliche und Erwachsene anfangs erlernen müssen, um ihre Lautsprache in Schriftsprache umzusetzen zu können. Sensibler und schwieriger gestaltet sich jedoch der zwischenmenschliche Kontakt.

Jugendliche, die über viele Jahre als Leselernversager unendliche Frustrationen und Abwehrmechanismen entwickelt haben, brauchen das Angebot des Lernweges in kleinsten Schritten, auf dem sie, ohne erneut zu scheitern, Erfolge erleben und eine neue Lesemotivation und den Zugang zur Schriftsprache neu gewinnen können. Dies erfordert Fachwissen *und* eine Beziehung zum Lernenden. Lernen und besonders Sprache braucht Beziehung, ein Gegenüber, Ermutigung, Vorbild und Anregungen.

Die Biographie von Paul zeigt schon sehr früh sprachliche Auffälligkeiten! Dabei ist die Prävention von Leseversagern und funktionalen Analphabeten nicht die alleinige Aufgabe der Schule. Die Bedingungsfaktoren dafür bestehen aus einem multifaktorellen Gefüge in den Ebenen der Bildungspolitik, Sozialarbeit, Kulturarbeit, Arbeitsmarktpolitik und der Familienpolitik. Vielfältige literale Erfahrungsräume im Elternhaus, im Kindergarten und in der Schule, eine dialogische Haltung dem Schüler gegenüber, die Stärkung seines Selbstwertgefühles, die Verankerung des Themas Analphabetismus in der Lehrerfortbildung und interdisziplinäre Zusammenarbeit mit anderen Fachbereichen wären ein Ansatz. Der Einsatz vorschulischer Sprachprogramme und damit der spielerische Umgang mit Sprache, die Einbeziehung von Eltern in das Lernen der Kinder mit vielfältigen Anregungen für den häuslichen Bereich wären ebenfalls sinnvoll.

Analphabetisierungskurse für Erwachsene, als Impuls, den Kreislauf von Schulversagen über Generationen zu durchbrechen, die außerschulische Sozialarbeit für Jugendliche mit Jugendfreizeitheimen, Kulturhäusern, Ferienkurse, Geschichten- und Lesewettbewerbe sind weitere Präventionsfelder.

1/2	**Diktat**	
		17,10,2005
MO; lesen, Lisa, Susi, Diktat,		
Lisa ist im Haus und malt ein Haus in den Susi ist.		
		18,10,2005
Di; ich sich mich weich reich Weiche		
Lisa ist im Haus. Susi ist auch im Haus. Was tun sie da? Lisa und Susi lesen. Sie lernen das W. Sie lesen;		
Ware Weser Wut Woche Winter werfen weinen		
		19,10,2005
Mi; wa we wi wo wu wau wie wen wer Ali ist im Haus. Heiner ist auch im Haus. Was tun sie da? Ali und Heiner lesen. Sie lernen das Z.		
Zaun Zehen Zeile Zoo Zeichen Zelt zum zur		
		20,1,2005
Do; Am Teich		
Es ist Sommer. Der Teich ist warm. Die Sonne ist warm. Ma will sich ausruhen. Mi und Mo sind im Wasser. Wo ist Lisa?		
		21,10,2005
Fr; za ze zi zo zu zau zei zen zer Eis, Melonen, Eier, Wein, Rosinen, Weizen, Ananas, Reis, Rum, Hafer, Limo, Salami, Lauch		
Mit freundlichen Grüßen		

Abb. 33: Hausaufgabe in den Ferien von Paul am Computer gestaltet

„Angesichts der großen Überschneidung von Analphabetismus und sozio-ökonomischer Unsicherheit kann die Beseitigung von Armut als sozialpolitisches Instrument zur Beseitigung von funktionalem Analphabetismus gelten" (Nickel 2001, S. 10).

„Kinder lernen früh, schnell und mit Spaß"! Auch sprachschwache Kinder verfügen teilweise über ein gutes Potenzial, komplexe sprachliche Regeln zu erfassen, wenn das Umfeld ihnen dazu die Möglichkeiten gibt.

Abb. 34: Paul, 15 Jahre, 8. Klasse, im Januar 2005

Abb. 35: „Mir hat die Arbeit Spaß gemacht mit Ihnen." Paul 16 Jahre, 9. Klasse, im März 2006

Frühe Diagnostik, frühe Förderung, frühe spielerische Erfahrungen mit Sprache, nicht Selektion und Aussonderung, sondern Differenzierung und Mut zu neuen pädagogischen Erfahrungen und das Schaffen von Freiräumen für Bewegung, Spiel, Tanz, Kunst, Märchen und eine kinderfreundliche Umwelt sind Lösungen und erstrebenswerte Ziele.

2 Eren

Heinz Martin

Die Vorgeschichte und Motivation für das Projekt

Es war eher Zufall, als ich kurz vor Beginn des Sommersemesters 2004 vor dem Schwarzen Brett des Fachbereichs stand und mir der Aushang für das Projektseminar ins Auge sprang. Ich wollte sofort mehr darüber wissen und telefonierte mit Frau Rössel, die mir dann alle weiteren, für mich wichtigen Informationen gab.

Mein Interesse an diesem Projekt ging hierbei hauptsächlich von meiner Tätigkeit als Nachhilfelehrer aus, bei der ich häufig mit Schülern zu tun hatte, welche sich selbst aufgegeben und keine Motivation mehr für ihr Problemfach hatten. Auch gab es unter ihnen Jugendliche, die von ihren Lehrern ihre Unfähigkeit schriftlich bestätigt bekamen: „5! Gewöhne dich lieber daran, dass du bis zu deinem Schulabschluss keine bessere Note bekommst!" (Bemerkung unter einer Klassenarbeit in Deutsch).

Meine ersten Gedanken waren, dass ein Jugendlicher, der noch immer nicht lesen und schreiben kann, sicher besonderer Wege bedarf, um sich erneut mit einem Gegenstand zu beschäftigen, bei welchem er bisher immer wieder bestätigt bekam: „Das kannst du nicht!" Diese Ideen und Wege wollte ich kennen lernen.

Eren, die Klasse und die Klassenlehrerin

Erste Hospitationen in der Klasse

So besuchte ich voller Spannung das Projektseminar und war zunächst etwas enttäuscht, nicht sofort einen Schüler fördern zu können. Allerdings empfinde ich es jetzt im Nachhinein als gut, vor meiner Förderung ein Semester lang erst einmal Berichte von den bereits im Projekt tätigen Studierenden gehört zu haben und mich so auf Problemfelder einstellen zu können. Ähnlich gut hätte ich es allerdings aufgrund meiner Vorkenntnisse empfunden, mich anhand von Projektberichten in die speziellen Problematiken einzulesen. Dadurch ging ich selbstsicher, gestärkt und vorbereitet in meine Förderung an eine Lernhilfeschule in Frankfurt. Die Förderung begann ich wenige Wochen nach den Sommerferien mit zwei Hospitationen in der

Klasse meines späteren Projektschülers (einer 9. Klasse) und Gesprächen mit der Klassenlehrerin. Dieser Start mit Hospitationen und auch der frühe Start, wenige Wochen nach den Sommerferien – obwohl die anderen Kommilitonen erst im November beginnen würden –, war für mich wichtig, damit ich nicht übereilt einfach irgendeinen Schüler auswählen musste und mit ihm oder dem Klassenlehrer nicht vernünftig warm werden könnte. So ging ich mit dem Wissen in die Hospitation, wenn ich mich in diesem Setting nicht wieder finde, habe ich noch genug Zeit, einen anderen Schüler zu finden. Umso begeisterter war ich, sofort auf für mich optimale Bedingungen für eine gute Förderung zu stoßen.

Auswahl des Schülers

Zu Beginn der zweiten Pause traf ich mich mit der Klassenlehrerin im Lehrerzimmer, und wir stellten uns einander vor. Sie erzählte mir gleich zu Beginn, dass sie in ihrer Klasse mehrere Schüler hätte, welche einer Förderung bedürfen und vom Prinzip her Analphabeten wären. Mit einem dieser Schüler – Eren (16 Jahre; der Name wurde geändert) – hätte sie schon einmal darüber geredet, aber wenn ich meinen würde, einer der anderen wäre besser für das Projekt geeignet, dann wäre dies auch in Ordnung.

So gingen wir in die Klasse, und ich durfte mich am Anfang der Stunde kurz vorstellen und von dem Projekt berichten. Dann setzte ich mich zur Hospitation an einen der Tische im hinteren Bereich der Klasse.

Während die Schüler später mit Aufgaben beschäftigt waren, zeigte mir die Klassenlehrerin die Schüler, welche sie im Blick hatte, und gab mir einige kurze Erklärungen zu ihrem jeweiligen Leistungsstand, ihrer Mitarbeit im Unterricht und Besonderheiten. Sie erklärte mir, dass Eren ihrer Meinung nach am meisten der Förderung bedürfe und er wahrscheinlich auch am bereitwilligsten und zuverlässigsten mitarbeiten würde.

Beim Hospitieren entschied ich mich dann letztlich, die Förderung mit Eren durchzuführen, auch weil sich klar zeigte, dass Eren nicht einfach nur zur Förderung vorgeschlagen war, weil er im Unterricht problematisch war. Auch war mir durch die Hospitation klar, dass er, wie von der Klassenlehrerin beschrieben, gut und interessiert im Unterricht mitarbeitete und dies auch während der Förderung wahrscheinlich so sein dürfte.

Diese Auswahlmöglichkeit in Bezug auf einen Schüler und das Wissen, ich bekomme nicht einfach einen Problemschüler aufs Auge gedrückt, waren für mich sehr gute Startvoraussetzungen für die Förderung. Dies ließ mich auch von Anfang an erkennen, dass die Lehrerin an einem positiven Förderverlauf interessiert war.

Allerdings würde ich bei einer erneuten Förderung vor einer Vorstellung in der Klasse (aufgrund der Peer-Group-Problematik bei älteren Analphabeten) vorher mit der Lehrerin klären wollen, wie genau wir dieses Projekt vorstellen wollen, um nicht den Klassenkameraden eine Angriffsfläche zu bieten, weil der Schüler noch immer eine Förderung im Lesen und Schreiben brauche. Dies hätte sich durchaus negativ auf die Motivation bei der Förderung auswirken können.

Klärung der Förderarbeit mit der Klassenlehrerin

Die Klassenlehrerin und ich unterhielten uns über Eren und darüber, wie die Förderstunden ablaufen könnten. Es war mir zunächst besonders wichtig, Eren näher kennen zu lernen, um einen Förderansatz zu finden, der sein Interesse weckt.

Klare Absprachen darüber, wie und wie nicht eine Förderstunde ablaufen würde, waren für mich wichtig, damit ich mich nicht ständig in Konflikt mit den Interessen der Lehrerin kam und die Basis der Arbeit geklärt war. Als Ort für die Förderung wurde mir die Bücherei der Schule vorgeschlagen und wir sahen im Belegungsplan nach, wann diese für die Förderstunden frei war. Auf Wunsch der Klassenlehrerin fand eine Stunde parallel zum Unterricht statt, die andere nach der regulären Schulzeit.

Zum Schluss tauschten wir noch unsere Telefonnummern aus, und ich durfte mich wegen eines Praktikums von Eren nochmals ein wenig gedulden, bis die Förderung endlich begann.

Die Klasse

Obwohl Eren in einer 9. Klasse den Unterricht besucht, befindet er sich in der 10. Jahrgangsstufe, da für ihn der Schulbesuch an der Lernhilfeschule verlängert wurde. Die Klassenlehrerin erklärte mir, dass es schade sei, dass er nach diesem Schuljahr die Schule verlassen müsse und so eine weitere Förderung im Lesen und Schreiben danach auch nicht mehr möglich sein würde. Dennoch freue sie sich darüber, dass er noch einmal die Chance erhielte, Lesen und Schreiben zu lernen, und auch im Gespräch mit ihr wurde klar, dass er selbst ein starkes Interesse daran hatte.

Zunächst war für die Förderung die Klassengemeinschaft nicht von Bedeutung, was sich allerdings nach den Weihnachtsferien änderte. Ab diesem Zeitpunkt versuchten die Mitschüler, Eren regelmäßig mit den Förderstunden aufzuziehen. Er nahm es zum Glück äußerst gelassen, da er zu dieser Zeit schon mit richtig viel Begeisterung zu den Förderstunden ging. Von Klassen mit jüngeren Schülern wird berichtet, dass die anderen Schüler gerne auch eine Person hätten, die sich alleine um sie kümmert. Es war hier aber auch zu beobachten, dass jede vermeintliche Schwäche zu Abwertungen im Klassenverband genutzt wurde.

Für eine Förderung mit älteren Schülern würde ich daher vorschlagen, diese Förderung außerhalb der Schule stattfinden zu lassen, damit diesen Schülern nicht ständig von Klassenkammeraden auch noch vermittelt wird: „Du bist so doof, dass du sogar noch eine Förderung brauchst."

Kennenlernen und Vertrauen gewinnen

Schon direkt bei unserem ersten Treffen war mir klar, dass Eren nicht besonders gerne Gespräche mit privatem Inhalt führt: „Über Privates redet man nicht!" Fragen wurden möglichst knapp beantwortet, und es schien für ihn erst richtig angenehm, als der Computer angeschaltet war und er mir zeigen konnte, mit welchen Programmen er schon in der Schule gearbeitet hatte. Ab diesem Zeitpunkt schien ihm das Ganze erst Spaß zu machen.

Vorher erzählte ich ihm einiges über mich, erklärte ihm etwas die Möglichkeiten dieses Projekts und das mögliche Arbeiten mit Computer und Internet sowie das Erstellen einer Website. Dann fragte ich ihn nach seinen Vorstellungen über unsere gemeinsame Zeit. Er hatte keine. Beim Arbeiten am Computer änderte sich sein Gesprächsverhalten völlig. Er erzählte, was er schon alles für Erfahrungen mit dem Computer hatte, zeigte und erklärte mir die Lernsoftware, und wir probierten einige Programme aus, die er in Ordnung fand.

Auch in den nächsten Stunden war das private Reden zäh. Ab dem Moment, wo gearbeitet wurde, wurde auch das Unterhalten rege. Auch wenn ich so wenig über seine Interessen in Erfahrung bringen konnte, hatte ich trotzdem einen sehr positiven ersten Eindruck von ihm. Ich sagte mir, dass es zwar etwas länger dauern könnte, bis das Arbeiten auch seinen Interessen entspricht, aber dafür zeigte er von Anfang an einen guter Arbeitseifer. Erst allmählich bekam ich so ein Bild von meinem Schüler.

Eren hat drei ältere Schwestern und einen jüngeren Bruder. Die Familie lebt in einem sozialen Brennpunkt in Frankfurt. Sein Vater arbeitet auf dem Flughafen und seine Mutter ist Hausfrau. Die Familie stammt aus der Türkei, lebt aber seit über 30 Jahren in Deutschland, und nach seiner Auskunft reden sie zuhause auch deutsch, wobei er aber auch türkisch sprechen kann. Deutsch spricht er aber grammatisch nicht fehlerfrei. Von seinen Schwestern erzählte Eren gelegentlich etwas, erwähnte allerdings nie einen ihrer Namen. Von seinem Bruder hörte ich als erstes von einem Lehrer im Lehrerzimmer, der mir erzählte, dass Erens kleiner Bruder dieselbe Schule besucht. Eine seiner Schwestern besuchte auch früher einmal diese Schule. Was mit den anderen Schwestern ist, weiß ich nicht. Eren erwähnte aber eine Schwester, die eine richtige Leseratte sei und ständig Bücher wie z. B. Harry Potter lesen würde.

Weiterhin mag Eren Sport, fährt gerne Rad und ist an Geschichte, Erdkunde, Biologie und Technik interessiert. Als ich dieses Interesse entdeckte, hatten wir endlich Gesprächsthemen außerhalb der Arbeitsphasen, und er erzählte mir nahezu wöchentlich etwas Neues, was er über einen dieser Bereiche im Fernsehen gehört und gesehen hatte. Als die Schule im neuen Jahr endlich über Internet in den einzelnen Räumen verfügte, suchten wir häufig dort nochmals nach näheren Infos, wobei wir über die Bildersuche zu diesen Gebieten einstiegen und in aller Regel dort auch auf kurze erläuternde Texte zu den Bildern stießen.

Eren hat nach eigener Aussage auch einen Computer zuhause, welcher allerdings nicht über Internet verfügt. So geht er gelegentlich in ein Internetcafé und hat sich darum auch vor zwei Monaten eine Internetadresse angelegt. Auch hierbei zeigte sich sein Bestreben, möglichst wenig Privates preiszugeben. So richtete er seine Adresse noch mit seinem eigenen Namen ein, gab allerdings bei allen späteren Fragen wohl falsche Daten an. So wird als Inhaberin dieser E-Mail-Adresse immer eine Elke Fanz (Name geändert) angezeigt. Unter diesem Pseudonym gehen nun gelegentlich Mails von Eren bei mir ein.

Es ist eigentlich schwierig, von einem Vertrauensverhältnis zu sprechen, wenn eine der beteiligten Personen der anderen im Grunde nichts Privates erzählt. Trotzdem würde ich von einem guten Vertrauensverhältnis zu Eren sprechen, auch wenn es eher nach einem guten Arbeitsverhältnis ausschaut. Es ist eben Erens Eigenart, nichts Privates von sich zu erzählen, möglicherweise nur, weil er immer wieder in der Familie gehört hat, dass man dies nicht mache. Auch gab es im Laufe der Monate immer mehr Momente, wo er auch, ohne gefragt zu werden, Kleinigkeiten mitteilte, welche ihm wohl nicht ganz so privat erschienen.

Stärken und Schwächen

Eren hat ein zurückhaltendes und sehr freundliches Wesen. Er ist sehr wissbegierig, so zählt er in allen Fächern außer Mathe und Deutsch zu den Besten in seiner Klasse. Er ist ausdauernd, gewissenhaft und zuverlässig. Weiterhin ist er sportlich, ausgeglichen und nicht so leicht aus der Ruhe zu bringen, was ihm bei den Hänseleien seiner Klassenkameraden wegen der Förderung zugute kam. Die Mitschüler ließen zwar bis zum Ende nicht mit ihren Kommentaren locker, hatten aber nie Erfolg auf eine Reaktion oder einen Kommentar von ihm. Er zeigte Eigeninitiative, wie z.B. mit der E-Mail-Adresse und ich traue ihm zu, dass er auch ohne die Förderung versucht, weiter Zeitschriften und die „Bildzeitung" zu lesen.

Auch hat er ein gesundes Selbstvertrauen und weiß, was er kann oder erreichen möchte. Er möchte den Hauptschulabschluss machen, doch erscheint das angesichts seiner Rückstände in Deutsch und Mathematik nicht realisierbar.

Er hat Angst zu versagen. In der Klasse muss er aus dieser Angst heraus sich früher regelmäßig geweigert haben, überhaupt zu lesen, wenn die Wörter und der Text länger waren. Er braucht sehr stark das Vertrauen in seine Person. Es wäre so am Anfang der Förderung nicht möglich gewesen, mit ihm längere Übungen zu machen, die er als kindisch empfindet. Am Ende der Förderung hätte ich mit ihm solche Übungen sicherlich für einige Wochen machen können. Das Lesen von Texten, die ihn interessieren, kann er hingegen auch selbstständig üben. Deshalb habe ich ihn hierin bestärkt.

Inhalte der Förderstunden

Das Arbeiten mit dem Computer schuf einen guten Zugang. Doch wurde deutlich, dass für ihn Schreiben die schrecklichste Tätigkeit ist. Dennoch ließ ich damit nicht locker, und ich denke, ich habe dadurch viel bei ihm bewirkt, dass ich nie einen Fehler bei ihm kritisiert habe, sondern ihn dort bestätigte, wo er Wörter so schrieb, wie er es hörte. Wir vereinbarten, dass er wenigstens für jede Stunde in zwei, drei kurzen Sätzen aufschreiben sollte, was er in den letzten Tagen erlebt hatte. Dies tat er am Anfang auch regelmäßig und es ging später leider durch einige Stundenausfälle und die Osterferien wieder verloren. Auch machten wir zunächst regelmäßig Übungen zum Erkennen von Silben, Wortendungen und minimalen Wortveränderungen durch klangähnliche Laute. Doch damit diese Übungen ihm nicht zu kindisch vorkamen und er nicht jedes Interesse an solchen Übungen verlor, musste ich mir immer wieder neue Übungen und Variationen überlegen. Auch war es für mich wichtig, mit ihm so zu arbeiten, dass er auch selbstständig weitermachen konnte, wenn er keine Förderung mehr erhält.

Nach dem Entdecken von Erens Interessen, nämlich seinem Wissensdurst in Geschichte, Technik etc., seiner Leidenschaft für das Arbeiten mit dem Computer sowie seiner Begeisterung für die Formel 1, änderte sich der Ablauf der Förderstunden deutlich. Meist ließ ich mir zu Anfang kurz berichten, ob er etwas Interessantes in einem Fernsehbeitrag gesehen oder was er sonst so die letzten Tage gemacht hatte, und häufig hatte er ein spannendes Thema zu berichten. Montags war in der Regel die Formel 1 am interessantesten, und wir stiegen über www.bild.de in die Stunde und in die Formel-1-Berichte ein. Am Ende der Förderung wurde oftmals der komplette Bericht gelesen, höchstens unterbrochen durch das Ansehen einer Bilderserie über das Ereignis. Die zweite Priorität hatte in der Regel das Wetter, wobei dies häufiger auch den Schluss bildete. Hier wurde das Wetter für Frankfurt und die Türkei in Augenschein genommen, zum einen aus Interesse, zum anderen bot dies auch eine kleine Lesepause. Dann waren entweder das Surfen bei www.tvtotal.de, www.wasguckstdu.de oder die Internetsuche nach einem ihn interessierenden Thema an der Reihe. Hier wurde nach bestimmten ausgefallenen Tieren, speziellen Autos oder Flugzeugen gesucht, Städten und Regionen, Geschichtlichem etc. geforscht und kurze Texte darüber gelesen. Fiel ihm nichts Spezielles ein, schauten wir bei www.geolino.de rein, einem Ableger der Zeitschrift GEO für ältere Kinder, und fanden dort neues Wissen. Mittwochs erfolgte der Einstieg über eine Suche zu einem Bericht, den er im Fernsehen sah.

Während am Anfang noch Zeit für ein kurzes Spiel – am liebsten „Wer wird Millionär" am PC – blieb, waren in den letzten Wochen unsere Stunden eigentlich immer zu kurz. Da ich seinen starken Wissensdurst nicht stören wollte, machten wir am Ende keine ihn nervenden Übungen mehr, da diese nach der Förderung nicht mehr fortgeführt werden, versuchten aber, das Interesse am Lesen weiter zu stärken.

Lernfortschritte

Mit Eren wollte ich keinen Lese- oder Schreibtest für die erste oder zweite Klasse machen. Die würde er kindisch finden. Man kann ihn auch ohne Test relativ gut durch eigene Beobachtungen und Aussagen der Lehrerin beschreiben.

Zu Beginn der Förderung verweigerte Eren häufig im Unterricht das Lesen vor der Klasse, besonders bei schwierigen Wörtern und langen Texten. Alleine mit der Lehrerin und mir las er bereitwillig, aber sehr stockend. Bei langen oder schwierigen Wörtern schien er häufig nur noch zu raten oder die Buchstaben nicht richtig zu erkennen. Ich übte mit ihm nochmals, einzelne Buchstaben schnell und sicher zu erkennen. Er las nicht silben- oder wortweise, sondern die einzelnen Buchstaben zusammenziehend. Allerdings gab es von Anfang an auch schwierige Wörter, die er sofort wiedererkannte und sowohl lesen als auch schreiben konnte. Dies waren in der Regel Wörter aus seinen Interessensgebieten wie z. B. Ländernamen. Trotz seiner

Schwierigkeiten konnte er jedoch immer den Sinn des Textes erfassen und berichtigte seine falsch erratenen Wörter sinnvoll.

Beim Schreiben alphabetisiert er alle Wörter auf seine ihm eigene Weise, und man kann seine Texte, wenn man ihn und seine Schreibweise kennt, alle erlesen. Ungeübt ist dies schwer möglich. Er kann aber seine Texte jederzeit wieder vorlesen, ist also auch im Lesen seiner Alphabetisierung treu. Nur sehr wenige Wörter schreibt er orthographisch korrekt.

Am Ende der Förderung hatte sich das Lesetempo deutlich gesteigert. In der Klasse verweigerte er nicht mehr das Lesen. Er liest noch immer etwas stockend und hat große Schwierigkeiten mit langen Wörtern, hat aber eine große Ausdauer im Lesen entwickelt. Manchmal las er in den letzten Wochen mit kurzen Unterbrechungen (z. B. Wetterbericht und Bilderserien) fast 40 Minuten.

Das Arbeiten mit dem Computer und seine Begeisterung daran haben sicherlich stark zu seiner Motivation, seiner Ausdauer und guten Leistungen beigetragen. Besonders die Möglichkeit, ihm jetzt auch E-Mails schreiben und von ihm empfangen zu können, weckt in mir die Hoffnung, dass er auch in Zukunft mehr Interesse am Schreiben entwickeln wird.

Leider ist einerseits jede Lernsoftware zu kindisch für einen Jugendlichen von 16 bzw. nunmehr 17 Jahren, und andererseits sind die meisten Internetseiten wiederum viel zu anspruchsvoll für einen ungeübten Leser. Daher ist das Zusammenspiel zwischen Schüler und Förderer extrem wichtig, damit der Schüler nicht bei zu schwierigen Texten frustriert wird und sich von zu kindischen Dingen veralbert vorkommt. Hierzu gehören sehr viel Fingerspitzengefühl und eine gute und ausführliche Kennenlernphase. Diese Kennenlernphase kann bei bestimmten Schülern wie auch Eren sicherlich etliche Monate dauern, bis soviel Vertrauen da ist, dass auch Kindisches und zu Anspruchvolles nicht mehr übel genommen werden und ein Arbeiten mit allen vorhandenen Mitteln und auch mit dem Medium Computer möglich ist.

Schon nach wenigen Monaten konnte ich Eren durch die Arbeit im Internet deutlich vor Augen führen, wie viele neue Wörter er in dieser Zeit schreiben gelernt hatte. Denn da besuchte er schon in einem guten Tempo Seiten von Zeitungen und Magazinen, die ihn interessierten, von Shows und Soaps und von seinen Lieblingsgruppen und Vereinen. Für einen Schüler, der ganz am Anfang unseres Zusammentreffens kaum ein Wort schreiben mochte und auch nur wenige Wörter korrekt schrieb, doch eine beachtliche Leistung. Auch seine Leseleistungen verbesserten sich durch diese ihn interessierende Arbeit deutlich. Während er zu Beginn der Förderung stockend und unsicher einen oder zwei Sätze las, so waren es nach einigen Monaten Internetarbeit bereits kleine Abschnitte. Besonders motivierend bei diesen Zeiten im Netz war für ihn sicherlich, dass er selbst sich auf die Suche nach für ihn interessanten Themen begeben konnte. Da er die neuen Net-Adressen immer selbst eingeben „durfte", war jeder Wechsel zu einer neuen Homepage auch ein neuer Schreibanlass und ebenso ein neuer Ort, an dem es etwas zu lesen gab. Besonders motivierend dürfte hier gerade am Anfang der Umstand gewesen sein, dass ich auch öfters längere Abschnitte vorgelesen habe. Da die Suchanlässe in sehr engem Zusammenhang mit dem standen, was ihm in den letzten Tagen beim Fernsehen und in seiner Freizeit begegnete und bewegte, machte es ihm sichtlich Freude, weitere Informationen zu diesen Bereichen zu sammeln.

Von Sitzung zu Sitzung wurde er so sicherer im Umgang mit Computer und Internet und steigerte, ohne dass es für ihn – wie all die Jahre zuvor – eine große Mühe war, seine Lese- und Schreibfertigkeiten. Die meiste Zeit, denke ich, war er sich nicht bewusst, dass er schon wieder etwas gelesen oder geschrieben hatte. Ganz im Gegensatz zu unseren ersten Schreib- und Leseübungen, als es noch keinen Internetanschluss in unserem Förderraum gab. Für meinen Schüler war das Internet der ideale Lernweg.

Besonders gerne hätte ich noch ein kleines Buch mit ihm gemeinsam gelesen, um ihm seine Angst vor langen Texten endgültig zu nehmen und ihm die Erfahrung mitzugeben, auch so etwas Großes bewältigen zu können.

Kooperation mit der Lehrerin und mit Eren

Die Kooperation mit der Lehrerin lief von Anfang an sehr gut. Es gab immer kurze Gespräche und Rückmeldungen von beiden Seiten. Besonders bereichernd war es, zwischendurch auch zu hören, wie sich sein Leseverhalten in der Klasse verändert hatte, und zu erfahren, dass sie der Ansicht war, sein Lesen habe sich verbessert.

Neue Absprachen, wie Terminänderungen, waren problemlos. Der einzige Punkt, in dem wir deutlich unterschiedlicher Meinung waren, waren Erens Pläne, den Hauptschulabschluss zu machen. Sie vertrat die Auffassung, für Eren sei es nicht möglich, den Hauptschulabschluss zu erlangen, wobei ich mir dies bei ausreichender Förderung durchaus vorstellen konnte.

Sie betonte den realistischen Gesichtspunkt meiner Meinung nach so stark, um Eren vor Enttäuschungen zu bewahren. Vielleicht sah sie dabei zu wenig, welches Potenzial in Eren steckt. Die negative Erwartung kann auch Erens Chancen reduzieren, wenn die Schule ihn nicht zu einem Abschluss ermuntert.

Mit Eren verliefen die Fördersitzungen immer sehr gut. Als ich seine Interessen erkannte, war eine gemeinsame Arbeit mit deren Einbeziehung sehr günstig. Ich konnte ihm die Auswahl für große Bereiche der Stunde überlassen, da er selbst sehr wissbegierig war. Am Anfang wählte er in aller Regel das Spiel „Wer wird Millionär?" und las dort mit großer Ausdauer Frage um Frage und versuchte, diese zu beantworten. Später fiel seine Wahl in aller Regel auf die Suche nach einem bestimmten Wissensgegenstand im Internet. Nur am Anfang wählte er auch häufiger einmal ganz normale Computerspiele, was er am Ende nur noch tat, wenn er vom vielen Lesen einmal erschöpft war. Ich hätte es in Ordnung gefunden, wenn er am Ende der Stunde immer etwas hätte spielen wollen und es wäre möglich gewesen, dass wir uns die Zeit genommen hätten, doch in aller Regel tat er etwas für die Verbreiterung seines Wissens.

Fazit

Die gemeinsame Arbeit mit Eren war sehr angenehm und problemlos. Es war nur schade zu sehen, dass Schüler mit einem solchen Potenzial wie er sich so in unserem Schulsystem verweigern, dass sie weit unter ihren Möglichkeiten bleiben. Ich wurde durch die Arbeit mit Eren auch selbst sehr bereichert, und unsere Förderstunden haben mir immer sehr viel Freude bereitet.

Als Abschiedsgeschenk gab ich ihm ein „Was ist was-Buch" über die Sieben Weltwunder, einen kleinen Ordner, in dem ich ihn bat, jeden Tag einen kleinen Eindruck von seinem nun folgenden Türkeiurlaub zu vermerken, und einen kleinen Karteikasten mit der Bitte, jeden Tag einen kleinen Abschnitt zu lesen und sich zwei Wörter aus dem Text herauszusuchen, die er richtig schreiben lernen will.

3 Anmerkungen zu den Falldarstellungen

Gerd Iben

In beiden Fällen wurden Jugendliche mit einer langen Versagensgeschichte gefördert. Beide sind durch bestimmte Zielvorstellungen (Führerschein, Hauptschulabschluss) stark zur Mitarbeit motiviert, so dass Paul sich sogar auf das Einüben von Grundlagen des Lesens einlässt, was für Eren mit einer gewissen Lesekompetenz weniger notwendig erscheint. Bei ihm geht es mehr die Überwindung der Versagensangst. Der zweite Fall (Eren) ist deutlicher durch unseren lebensweltlichen und dialogischen Ansatz geprägt, während Paul noch auf dem Weg dahin ist.

Beide Förderstudenten bringen Vorerfahrungen mit. Waltraud Bouda schöpft als langjährige Förderlehrerin aus einer breiten Kenntnis von Fördermaterialen und Konzepten, beweist aber auch ein sehr sensibles Eingehen auf den schwierigen Schulverweigerer, den sie auch über den finanzierten Förderzeitraum hinaus begleitet hat.

Bei Heinz Martin wird neben dem großem persönlichen Engagement auch erkennbar, welche Entwicklungsanreize im Aufspüren der verborgenen Interessen, Erfahrungen und Stärken des Schülers liegen, die im Sinne unseres Situationsansatzes zu Lernprozessen genutzt wurden, ohne sie zum didaktischen Trick werden zu lassen. Auch wird deutlich, wie viel der fördernde Student aus dieser Begegnung profitiert hat. Sehr günstig erwies sich auch die gute Kooperation mit Lehrern und Schule. Wenn diese die Förderfortschritte nicht sehen und anerkennen, kann eine Förderung vergeblich sein.

Beide Fälle waren in ihrem Rahmen durchaus erfolgreich, hätten aber viel früher einsetzen müssen, um die Potenziale der Jugendlichen so rechtzeitig zu entwickeln, dass noch Schulabschlüsse zu erreichen wären. So bleibt nur zu hoffen, dass nachschulische Weiterentwicklungen möglich werden, wozu beide Studenten auch ihre Beratung und Kontakte angeboten haben.

V Anregungen zur Leseförderung

Waltraud Bouda

1 „Am Anfang steht eine Geschichte"

Und Geschichten lassen sich in vielen Variationen erzählen. Ohne Geschichten, ohne Bücher ist die Welt eng, die Möglichkeiten dessen, was denkbar und damit auch machbar ist, bleiben begrenzt. Mit Geschichten lassen sich neue, innere Welten aufbauen.

Bei Büchern geschieht etwas anderes als bei Filmen. So beschreibt *Mirjam Pressler*, die Autorin des Buches „Wenn das Glück kommt, muss man ihm einen Stuhl hinstellen", folgende Szene:

„Angenommen, ich sehe das Bild eines Waldes, Sonnenstrahlen werden gezeigt, die schräg durch die Blätter fallen, silbrig glänzende Buchenstämme.

Ein schönes Bild, ich freue mich.

Wenn ich aber von Wald, Sonnenstrahlen und silbrig glänzenden Buchenstämmen lese, entsteht ein anderes, inneres Bild. Mein Bild dieses Waldes, an einem Morgen, mit einem alten Mann, der sich bückt und vorsichtig einen Pilz abschneidet. Sein Hemd rutscht aus seinem Hosenbund, er lacht. Daneben steht ein Mädchen. Sie sieht die Hände, grobe, rissige Hände, sieht die Zartheit, mit der diese Hände den Pilz umfassen und wundert sich, woher der Mann diese ungewöhnliche Zartheit nimmt" (*Richter & Riemann* 2000, S. 90).

Pressler schreibt: „Beim Lesen habe ich Zeit, ich folge meinem eigenen Rhythmus, kann meine eigenen Assoziationen zulassen. Seltsame, überraschende und ungewohnte Assoziationsketten sind eines der größten Vergnügungen beim Lesen." Langsam erweitert und differenziert sich das Bekannte, egal ob es sich um Menschen oder Dinge handelt. So ist es zum Beispiel mit dem Wort „Oma". „Für mich war eine Oma dick, grauhaarig, großnäsig, laut und unbeherrscht. Mit jeder Oma, von der ich las, wurde das Bild leicht geändert, es kamen andere Farben, andere Schattierungen, andere Töne dazu. Heute kann ich mir unter ‚Oma' sehr viel vorstellen. Hätte ich andere Omas nur im Fernsehen gesehen, wären neue Gestalten dazu gekommen, die ich in mein Gedächtnis aufgenommen hätte. Aber sie hätten nebeneinander gestanden, unverbunden, wären nicht zu diesem facettenreichen Begriff geworden, über den ich jetzt verfüge" (*Richter & Riemann*, a.a.O. S. 92).

Der Leser lässt sich ihrer Meinung nach nicht nur auf den von einem anderen Menschen geschriebenen Text ein, sondern auch auf die Wirkung und damit auf

Prozesse, die er dabei auslöst. „Lesen, im Vergleich zur Rezeption anderer Medien, fördert die Entwicklung einer eigenen Identität und ist deshalb anstrengend", betont sie. Die neuen Medien, auch die interaktiven, halten offenbar nicht, was sie versprechen. Sie scheinen weder Identitätsbildung noch Individualität zu fördern, sondern eher Konsumfreudigkeit und Farblosigkeit.

Dabei scheinen kleine Kinder eine natürliche Liebe zu Büchern zu empfinden. Ich kenne kein kleines Kind, das lieber fernsieht, als dass es vorgelesen bekommt. „Mir tun alle Kinder leid, die nicht lesen. Ihnen fehlt ein außerordentlich wichtiger Faktor in ihrer Persönlichkeitsentwicklung. Mir tun auch alle Erwachsenen leid, die nicht lesen. Sie wissen nicht, was ihnen entgeht" (*Richter & Riemann*, a. a.O. S. 92).

Kinder wachsen in einer Mediengesellschaft auf und kommen sehr früh damit in Berührung. Sie nehmen zwangsläufig von Anfang an am Medienkonsum ihrer Eltern (Radio, TV) teil.

So nennen *Mikos & Wiedemann* als Beginn dieser Mediennutzung das Geschichtenerzählen der Eltern. Die mediale Sozialisation beginnt und es sind die Eltern, die diesen Prozess in Gang setzen. Dabei sind die Medien in die rituellen Abläufe des häuslichen Alltagslebens eingebunden (z. B. Gutenachtgeschichte).

Neben den *Geschichten* gehören *Bilderbücher* und *Hörkassetten* zu den beliebtesten Kindermedien. *Radio* und *TV* werden später zum festen Bestandteil des kindlichen Medienalltags. Mit dem Erwerb der Lesekompetenz in der Schule kommen *Bücher, Zeitschriften, Comics, Video-* und *Computerspiele* und *Internet* hinzu.

Dabei unterliegen die Kinder- und Jugendliteratur mit einer Veränderung der Freizeitinteressen und einer intensiven Mediennutzung einem Wandel, wie keine andere Literatur. Was bleibt, sind die Geschichten, die Kinder und Jugendliche brauchen (*Richter & Riemann* 2000, S. 8 ff.).

Gelberg sieht die Wirklichkeit der Kinder, die sich verändert hat und die nicht leichter geworden ist. Dies heißt nicht nur Kinder ernst zu nehmen, sondern ihr Kindsein zu verteidigen. „Literatur ist immer mit Sinnsuche verknüpft, das Kind liest, weil es sich und die Wirklichkeit, in der es lebt, besser verstehen lernt und sich selbst besser kennen lernt. Dabei wird es immer wichtiger, dass Kinder ihre eigene Welt entdecken können, bevor sie die Welt durch die audiovisuellen Medien kennen lernen. Dies muss selbsttätig und eigensinnig geschehen, in der Phantasie, mit Worten und Geschichten, in der sich das Kind heimisch fühlt, nicht der Erwachsene (*Richter & Riemann* 2000. S. 69).

Bücher haben mit Sprache zu tun. Sie können nach *Härtling* zu neuen Gedanken herausfordern. Und dies mit Witz, Vergnügen, Liebe, Anschauung und Erfahrung, Genauigkeit, Leidenschaft, Vernunft und einer Sprache, die Empfindungen nicht verkleinert. Kleine Kinder nehmen Bücher sinnlich wahr. Wird ein Buch, eine Geschichte vorgelesen, kann dies viel bedeuten – Nähe, Zuwendung und Zärtlichkeit (1977, S. 48).

„Vielleicht ist Kinderliteratur so etwas wie ein notwendiges Korrektiv; denn als einzige Literatur der Welt, die stets hoffnungsvoll endet, wo immer sie beginnt, lässt sich mit ihrer Hilfe so etwas wie Zukunft finden". Für *Christine Nöstlinger*, eine bekannte Kinderbuchautorin, kann das Medium Buch dies erfüllen. „Ein Kind braucht sein magisches Denken, um seine Angst binden zu können und seine Hoffnung aufrechtzuerhalten" (1989, S. 4).

Wie Fernsehen und Computer das Leseverhalten verändern, zeigen entsprechende Umfragen. Analysiert man, was gelesen wird, so stehen heute neben den immer noch hoch im Kurs stehenden Pferdebüchern u. a. Bücher zu Fernsehserien und Daily Soaps an erster Stelle. Ob es gelingt, jene Leser auch für literarische Bücher zu begeistern, hängt vom Elternhaus und der Schule als Ort gesellschaftlicher Auseinandersetzung und als Ort der Leseförderung ab. Denn nur wer „dem Erzählrhythmus im literarischen Text mit Interesse folgt und der besonderen intimen Begegnung mit poetischen Kunstwelten etwas abgewinnt, wird am Ende ein Leser" (*Richter & Riemann*, 1999, S. 19).

Unbestritten bleibt der große Handlungsbedarf in der Leseförderung. Die PISA-Studie zeigt: 15-jährige Schüler lesen ungern, selten und schlecht. Damit können Sie am beruflichen, kulturellen, politischen und gesellschaftlichen Leben nur reduziert partizipieren.

Mit dem Erwerb der elementaren Lesefähigkeit eröffnet sich nach *Rathenow* für das Kind ein neuer Weg sprachlicher und geistiger Entfaltung. Dadurch trägt das Lesen zur „Entwicklung der Selbstständigkeit, des Denkens und der Individualität" bei (*Naegele & Valtin* 1989, S. 127).

In der Schule gelingt es aber nicht bei allen Kindern, dauerhafte Leseinteressen und Lesebereitschaft zu wecken. Deshalb müssen Elternhaus und Schule zusammenarbeiten. Lesen, als lebenslanger Lernprozess, beginnt nicht mit dem Schulbesuch und endet auch nicht mit einem Schulabschluss. Lesekompetenz, Lesemotivation, Lektüreninteresse und Lesehaltungen werden also in einem lebenslang dauernden Sozialisationsprozess erworben. Schrift ist Abbild gesprochener Sprache. Je weiter die Sprachentwicklung eines Kindes fortgeschritten ist, das heißt auch je intensiver sie angeregt wurde, desto erfolgreicher verläuft der Leseprozess. Dabei wächst kindliche Lesefreude am Elternvorbild.

Kinder mit Leseschwierigkeiten brauchen Erfolgserlebnisse, damit Motivation und Freude am Lesen sich entwickeln können. Nichts bremst die Leseentwicklung mehr als Bücher, die langweilig, nicht altersgemäß, für das Kind uninteressant und nicht an seine Lesenentwicklung angepasst sind.

Leseanfänger lesen langsam. Erstlesebücher müssen deshalb hinsichtlich Inhalt, Sprache und Schriftgröße diesen Entwicklungsschritt berücksichtigen.

Pfiffige Geschichten und Illustrationen zeichnen gute Kinderbücher aus. Leseförderung heißt nicht nur, die Kinder in ihrer Lesefertigkeit zu unterstützen, sondern auch die Bedeutung von Texten durch Verständnisfragen, die der jeweiligen Lesestufe entsprechen, zu erfassen.

Kinder und Jugendliche mit Leseschwierigkeiten brauchen Texte, die dies erfüllen. Dazu sind individuelle Anregungen nötig. Die Kinder werden angeregt, eigene Erfahrungen, Wünsche, Vorstellungen und Erlebnisse aufzuschreiben. Ihr Geschriebenes ist wichtig und nützlich. Das Erstellen des Einkaufszettels, eines Briefes, einer kleinen Geschichte macht Spaß und hilft in alltäglichen Situationen. In der Schule lernen die Kinder mit Hilfe von Wortkarten eigene Texte zu verfassen. Attraktive

Leseangebote, Leseecken, der Besuch einer Bücherei, kleine Texte oder Bücher als Belohnung, das Erstellen einer Schülerzeitung sind Möglichkeiten, individuell die Lesefähigkeit und damit das Lernen zu schulen.

Tipps zur Leseförderung

- Leseförderung beginnt schon im Kleinkindalter
  Das Interesse an Sprache, Sprachspielen und Büchern sollte möglichst früh geweckt werden.
- Vorlesen fördert das Lesen
  Nicht nur kleine Kinder lieben Geschichten und hören begeistert zu. Das Vorlesen sollte ritualisiert werden. Die dabei stattfindende Kommunikation, Fragen und Gedanken schaffen positive Beziehungen, auch zu Texten und Büchern.
- Das Interesse des Kindes entscheidet über die Buchauswahl
  Jedes Kind hat eigene Interessen, Vorlieben und Bedürfnisse.
- Bibliotheksbesuche regen an
  - Besuche in Büchereien oder Bibliotheken motivieren zum Lesen. Büchereien bieten oft Vorlesestunden, Mal- und Bastelnachmittage zu bestimmten Themen an.
  - Buchgeschenke und Zeitschriftenabonnements motivieren ebenfalls zum Lesen und machen auf Geschichten aufmerksam. Theaterbesuche zu bekannten Kinderbuchtexten und Märchen lassen Geschriebenes erlebbar werden.
- Verschiedene Medien ermöglichen den Zugang zu Schriftsprache
  Bücher, Fernsehen, Filme, Kassetten, Hörbücher, Computerspiele motivieren zum Lesen und Schreiben.
- Motivation heißt das Zauberwort
  Lesen bildet, erweitert den Horizont des Kindes, macht selbstbewusst und neugierig. In der Familie wird der Grundstein für die Leseentwicklung des Kindes gelegt.

2 Empfehlenswerter Lesestoff

Rückblickend auf viele Vorlesestunden mit meinen eigenen Kindern und den Kindern in der Schule stelle ich eine kleine Auswahl literarisch wertvoller Kinder- und Jugendbücher vor:

Bilderbücher und Vorlesebücher

- Elementarbilderbücher von Ravensburger: Themen: Häschen hat viel zu tun. Mein Müllauto. Mein Feuerwehrauto.

- ZIP Bücher: Themen: Wer piepst denn da? Wenn Weihnachten ist.
- *Was fühlst du?* von Ravensburger
- Spielen und Lernen: *Mein erstes Sätzebilderbuch.* Velber Verlag
- Eric Carle: *Die kleine Raupe Nimmersatt. Die kleine Grille singt ihr Lied.*
- Marcus Pfister: *Der Regenbogenfisch. Die vier Lichter des Hirten Simon. Hoppel. Pinguin Pit.*
- Janosch: *Post für den Tiger. Oh, wie schön ist Panama. Das Regenauto.*
- Paul Maar: *Der tätowierte Hund. Lippels Traum. Alice.*
- Helme Heine: *Die 5 Freunde. Das schönste Ei der Welt.*
- Sven Nordqvist: *Geschichten mit Findus und Pettersson*
- Leo Lionni: *Das größte Haus der Welt. Swimmy. Frederick. Tico und die goldenen Flügel. Alexander und die Aufziehmaus.*
- Rolf Zuckowski: *Immer wieder kommt ein neuer Frühling.*
- Astrid Lindgren: *Pippi Langstrumpf. Die Kinder aus Bullerbü. Michel aus Lönneberga. Die Kinder aus der Krachmacherstraße.*
- Maurice Sendak: *Wo die wilden Kerle wohnen.*
- Otfried Preussler: *Die kleine Hexe. Der kleine Wassermann. Der Räuber Hotzenplotz. Das kleine Gespenst.*
- Luis Murschetz: *Der Maulwurf Grabowski.*
- Martin Waddel: *Gehen wir heim, kleiner Bär.*
- Wolf Erlbruch: *Vom kleinen Maulwurf, der wissen wollte, wer ihm auf den Kopf gemacht hat. Frau Meier, die Amsel.*
- Erich Kästner: *Till Eulenspiegel. Münchhausen. Die Schildbürger. Gullivers Reisen*
- Michael Ende: *Das Traumfresserchen.*
- Gudrun Mebs: *Oma, schreit der Frieder und zupft an Omas Rock. Und wieder schreit der Frieder Oma.*
- Briefe von Felix an alle Kinder dieser Welt

Märchenbücher

- Die schönsten Märchen der Brüder Grimm

Sachbilderbücher

- Die kleine Kinderbibliothek: Erste Sachbuchreihe zum Entdecken und Wiedererkennen, Meyer Lexikon Brockhaus
  - Ab *2 Jahren* für die Kleinsten. Sie gibt Antworten auf die ersten Fragen. *Klappe auf.* Themen: Auf dem Bauernhof. Im Wald. Im Meer. Im Garten.
  - Ab *3 Jahren* Transparente Seiten zeigen das Innenleben der Dinge und machen Verstecktes sichtbar.
  - Ab *4 Jahren* Licht an. Daumen drauf. Mit schlauen Texten und tollen Bildern die Welt entdecken. Mit der Taschenlampe aus Papier geht es auf Entdeckungs-

reise. Themen: Wunderwelt Körper. Tief im Meer. Unter der Stadt. Hexen und Elfen. Tiere in der Nacht. Schätze und Wracks. Tiere unter der Erde.
- Ab 5 *Jahren* Themen: Das Ei. Der Körper. Der Pinguin. Im Kindergarten. Die Zahlen. Das Wetter. Die ersten Menschen. Der Elefant. Die Farben. Das Flugzeug. Die Wüste. Das Weltall. Das Internet.
- Meine ersten Bildergeschichten Geschichten zum Vor- und Mitlesen ab 3 Jahren. Themen: Im Park. In den Ferien. Warum stinkt der Käse? Indianer. Wie macht die Kuh die Milch? Velber Verlag.
- Das große Jahrbuch „Spielen und Lernen", Ideen rund um das ganze Jahr
- Wieso? Weshalb? Warum? Junior-Sachbilderbücher für Kinder, Sachbuchreihe ab dem Kindergartenalter. Ravensburger Themen: z. B. Farben. Auf dem Bauernhof. Mein Körper. Alles über die Eisenbahn. Ich komme in die Schule. Rund um den Sport. Wir entdecken die Ritterburg Wir entdecken Tierkinder. Unser Wetter.

Erstes Lesealter

- Die farbige Oetinger-Lesereihe für Leseanfänger
- Sigrid Heuck: Erstlesebücher mit Bild und Text: Ponybär und Apfelbaum
- Lesemaus Lesestufe 1 zum Lesenlernen: Lückentexte für Schulanfänger, Carlsen Verlag, z. B. *Conni sucht Kater Mau*
- Lesemaus Lesestufe 2 für alle, die zusammenhängende Sätze lesen können
- Lesemaus Lesestufe 3 für alle, die eine kleine Geschichte lesen können
- Die Oetinger Kinderbuchreihe: Sonne, Mond und Sterne in großer Schrift z. B. Christine Nöstlinger: *Schulgeschichten von Franz*
- Der Buchstabenclown, Große Druckschrift für Erstleser
- Margret Rettichs Lesebilderbuch für Erstleser. Mit Bildern lesen lernen, Gondolino Verlag
- Die schönsten Erstlesegeschichten, z. B. von Cornelia Funke, Loewe Verlag. *Monstergeschichten. Rittergeschichten. Tiergeschichten*
- Loewe-Leseleiter
  1. Stufe: RiRaRutsch: Eine Geschichte zum Mitlesen, ab 5 Jahren: *Lirum Larum Lesemaus* Kurze Geschichten um eine beliebte Figur
  2. Stufe: Lesespatz: Allererstes Lesen, ab 6 Jahren
  3. Stufe: Lesefant: Erstes Lesen ganz leicht, ab 7 Jahren
  4. Stufe: Leselöwen: Kurze Geschichten für geübte Leseanfänger
  5. Stufe: Lesekönig: Ein spannender Kinderroman, ab 8 Jahren
- Lesedetektive, ab 2. Klasse, Leseförderung mit System Brockhaus
- Logli: Leseförderung, Loewe Verlag. Mit lustigen Lese-Rätseln zum Textverständnis ab 7 Jahren. Mit Silbenspiel und Puzzle. *Die Suche nach dem Ritterschatz. Hexe Trixi lernt zaubern. 4 Freunde auf dem Ponyhof. 2 Piraten auf Schatzsuche. Besuch auf dem Bauernhof.*
- Duden Lesedetektive 4 Lesestufen 1.–4. Klasse

- Lesemaus: Lesestufe 2 für alle, die zusammenhängende Sätze lesen können.
- Lesemaus: Lesestufe 3 für alle, die eine kleine Geschichte lesen können.
- Lesespaß Ratekrimis: Kurze Geschichten zum Mitraten. Rätsel fördern das Textverständnis. Große Fibelschrift, ab 6 Jahren.
- Lesefix Ratekrimis: vielfarbige Illustration. Spannende Ratekrimis. Förderung des Textverständnisses, ab 8 Jahren.
- Was ist was-Reihe: Themen, z. B. Unsere Erde. Das Mikroskop. Chemie. Mathematik. Energie. Moderne Physik. Die Zeit. Piraten.

Kinderbücher

- Michael Ende: *Jim Knopf und die Wilde 13. Lukas, der Lokomotivführer*
- Astrid Lindgren: *Madita. Karlsson vom Dach. Kalle Blomquist. Ferien auf Saltkrokan. Ronja Räubertochter. Die Brüder Löwenherz*
- Mirjam Pressler: *Wenn das Glück kommt, muss man ihm einen Stuhl hinstellen*
- Peter Härtling: *Oma. Ben liebt Anna*
- Christine Nöstlinger: *Gretchen Sackmeier. Der Hund kommt*
- Erich Kästner: *Das doppelte Lottchen. Emil und die Detektive. Das fliegende Klassenzimmer. Pünktchen und Anton*
- Gudrun Mebs: *Das Sonntagskind*
- Cornelia Funke: *Wilde Hühner. Die wilden Hühner auf Klassenfahrt. Die schönsten Erstlesebücher*
- Antoine de Saint Exupéry: *Der kleine Prinz*
- Paul Maar: *Eine Woche voller Samstage*
- Roald Dahl: *Hexen, hexen. Mathilda*
- Eva Ibbotson: *Annica und der Stern von Kazan*
- Sempé & Goscinny: *Der kleine Nick und seine Bande. Der kleine Nick und die Ferien. Der kleine Nick und die Mädchen*
- Enid Blyton. *Fünf Freunde*-Reihe *Detektivgeschichten. Hanni und Nanni*
- Stefan Wolf: *TKKG*-Reihe *Jagd nach den Millionendieben. Die Gift-Party*

Jugendbücher

- Joanne K. Rowling: *Harry Potter*
- Michael Ende: *Die unendliche Geschichte*
- Fynn: *Hallo, Mister Gott, hier spricht Anna*
- Kai Hermann: *Engel und Joe*
- Mary Hoffman: *STRAVAGANZA Die Stadt der Sterne. Die Stadt der Masken. Die Stadt der Blumen*
- Virginia Wolff: *Wenn dir das Leben eine Zitrone gibt, mach Limonade draus. Fest dran glauben*
- Jostein Gaarder: *Sofies Welt. Das Kartengeheimnis*

- Jules Verne: *Reise zum Mittelpunkt der Erde*
- Judith Kerr: *Warten, bis der Frieden kommt. Eine Art Familientreffen. Als Hitler das rosa Kaninchen stahl*
- Cornelia Funke: *Tintenherz. Tintenblut. Herr der Diebe. Drachenreiter*

Zeitschriften

- Spielen- und Lernen-Spiel mit: Elternzeitschrift und Kinderzeitschrift
- Mach mit, für Leseanfänger ab 6 Jahren
- Treff: Schülermagazin ab 9 Jahren
- *Geolino:* Kindermagazin von GEO ab 8–14 Jahren
- *Geolino Extra*: Sonderheft, Die spannende Welt der Tiere

Empfehlungen vom Arbeitskreis Lesekompetenz – Grundschulen/Hauptschulen

Büchertipps für Klassenlektüren der Stadtbibliothek Nürnberg 2006

Für die 1. und 2. Klasse

- Rainer Crummenerl: *Leselöwen Wikinger-Wissen*
- Paul Maar: *Der Buchstaben-Fresser*
- Jackie Niebisch: Die *kleinen Wilden*
- Christine Nöstlinger: *Die schönsten Schulgeschichten vom Franz*
- Klaus-Peter Wolf/Bettina Göschl: *Jenny und die Seeräuber*

Für die 3. und 4. Klasse

- Jürgen Banscherus: *Kwiatkowski – Duell der Detektive*
- Marion Dane Bauer: *Winzling*
- Kate DiCamillo: *Winn-Dixie*
- Amelie Fried: *Taco und Kaninchen*
- Olaf Fritsche: *Aufgepasst, zugefasst!*
- John Reynolds Gardiner: *Steinadler*
- Andreas Hensgen: *Darf ich bleiben, wenn ich leise bin?*
- Sabine Ludwig: *Mops und Molly Mendelssohn*
- Manfred Mai: *Nebelgrauer Gruselschauer*
- Bettina Obrecht: *Marlene, Räuberhauptfrau*
- Ursel Scheffler: *Huhubert und das Schloss der 13 Geister*
- Annelies Schwarz: *Meine Oma lebt in Afrika*
- Thomas Springer: *Mein Bruder ist ein Hund*
- David H. Wilson: *Jeremy James oder Elefanten sitzen nicht auf Autos*

Für das 5. und 6. Schuljahr

- Margaret Peterson: *Schattenkinder*
- Sofia Nordin: *In Lebensgefahr!*
- Andreas Schlüter: *Der Schnappschuss*
- Lisa Tetzner: *Die Kinder aus Nr. 67*
- Geraldine MacCaughrean: *Piraten im Paradies*
- Alison Prince: *Orangen, Mörder und ein Buch*
- Mats Wahl: *Emma und Daniel*

Für das 7. bis 9. Schuljahr

- Jürgen Banscherus: *Novemberschnee*
- Kevin Brooks: *Martyn Pig*
- Ken Catran: *Blue – bei Anruf Gefahr*
- Mark Haddon: *Supergute Tage oder die sonderbare Welt des Christopher Boone*

Literaturverzeichnis

Ahlheim, R. (2005): Psychoanalytisches Fallverstehen. Zur Methode des psychoanalytischen Erstinterviews. In: Freyberg, T. von/Wolff, A. (2005): Störer und Gestörte: Band: Konfliktgeschichten nicht beschulbarer Jugendlicher. Frankfurt/Main: Brandes & Apsel

Augst, G./Dehn, M. (1998): Rechtschreibung und Rechtschreibunterricht. Können – Lehren – Lernen. Stuttgart: Klett 2002

Beland, H. (1988): Computerfaszination und Lebensgeschichte. In: Krafft, A./Ortmann, G. (1988): Computer und Psyche. Angstlust am Computer. Frankfurt/Main: Nexus

Bion, W. R. (1962): Lernen durch Erfahrung. Frankfurt: Suhrkamp 1992

Bos, W./Lankes, E.-M. et al. (Hrsg.) (2003): Erste Ergebnisse aus IGLU. Schülerleistungen am Ende der vierten Jahrgangsstufe im internationalen Vergleich. Münster, New York, München, Berlin: Waxmann

Brand & Breitenbach & Maisel. (1985): Integrationsstörungen. Diagnose und Therapie im Erstunterricht. Würzburg: Maria-Stern-Schule

Brügelmann, H. (1983): Kinder auf dem Weg zur Schrift. Eine Fibel für Lehrer und Laien. Lengwil: Libelle 2000

Brügelmann, H./Brinkmann, E. (1998): Die Schrift erfinden. Lengwil: Libelle 1998

Brügelmann, H./Richter, S. (Hrsg.) (1994): Wie wir recht schreiben lernen. Lengwil am Bodensee: Libelle

Bundschuh, K. (2003): Emotionalität, Lernen und Verhalten. Ein heilpädagogisches Lehrbuch. Bad Heilbrunn/Obb.: Verlag Julius Klinkhardt

Butterwegge, C./Holm, K./Zander, M. u. a. (Hrsg.) (2003): Armut und Kindheit. Ein regionaler, nationaler und internationaler Vergleich. Wiesbaden: VS-Verlag 2004

Ciompi, L. (1997): Die emotionalen Grundlagen des Denkens. Entwurf einer fraktalen Affektlogik. Göttingen: Vandenhoeck & Ruprecht 1999

Dammasch, F./Katzenbach, D. (Hrsg.) (2004): Lernen und Lernstörungen bei Kindern und Jugendlichen. Frankfurt: Brandes & Apsel

Döbert, M. (1997): Schriftsprachunkundigkeit bei deutschsprachigen Erwachsenen. In: Eicher, T.: Zwischen Leseanimation und literarischer Sozialisation. Oberhausen

Döbert, M./Hubertus, P. (2000): Ihr Kreuz ist die Schrift. Analphabetismus und Alphabetisierung in Deutschland. Stuttgart: Klett

Dummer-Smoch, L. & Hackethal, R. (1999): Kieler Leseaufbau. Handbuch. Kiel, Veris. Lernsoftware „Laute-Silben-Wörter" Übungsbuch zur phonologischen Bewusstheit

Eberwein, H. (1975): Zur Integration sog. lernbehinderter und verhaltensgestörter Schüler in die allgemeine Schule. In: Iben, G.: Heil- und Sonderpädagogik. Kronberg/Ts.: Scriptor

Fegers, M. & Schiffmann, M. & Seidel-Reichenberg, H. (2003): Lesen mit Lisa – Schreiben mit Lisa-Hefte 1–4. Kiel: Veris

Finnish National Board of Education (FNBE) (2004): National Core Curriculum for Basic Education 2004. Helsinki

Fonagy, P./Gergely, G./Jurist, E./Target, M. (2002): Affektregulierung, Mentalisierung und die Entwicklung des Selbst. Stuttgart: Klett-Cotta 2004

Forster, M. & Martschinke, S. (2002): Diagnose und Förderung im Schriftspracherwerb. Leichter lesen und schreiben lernen mit der Hexe Susi. Übungen und Spiele zur Förderung der phonologischen Bewusstheit. Donauwörth: Auer

Freymann, T. v. (2002): Zur Binnenstruktur des finnischen Schulwesens. In: Freiheit der Wissenschaft, Heft 2, S. 11–15

Frith, U. (1986): Psychologische Aspekte des orthographischen Wissens: Entwicklung und Entwicklungsstörung. In: Augst, G. (Hrsg.): New trends in graphemics and orthography. Berlin/New York: de Gruyter, S. 218–233

Füssenich, I. (1993): Wie wird man Analphabetin? In: Stark & Fitzner & Schubert: Berufliche Bildung und Analphabetismus. Evangelische Akademie Bad Boll

Füssenich, I. & Löffler, C. (2005): Schriftspracherwerb. Einschulung, erstes und zweites Schuljahr. München: Reinhardt

Füssenich, I. & Löffler, C. (2005): Materialheft Schriftspracherwerb. München: Reinhardt

Gelberg, B. (2000): Ein Buch ist ein Buch ist ein Buch. Kinderliteratur im veränderten Kontext aus der Sicht des Verlages. In: Richter, K. & Riemann, S. (Hrsg.): Kinder Literatur „neue" Medien. Diskussionsforum Deutsch. Band 1. Hohengeren: Schneider

Gerspach, M. (1998): Wohin mit den Störern? Zur Sozialpädagogik der Verhaltensauffälligen. Stuttgart, Berlin, Köln: Kohlhammer

Gerspach, M./Katzenbach, D. (1996): An der Szene teilhaben und doch innere Distanz dazu gewinnen. In: Behindertenpädagogik 35:2, 354–372

Grimm, H. (1999): Störungen der Sprachentwicklung. Göttingen: Hogrefe

Hartnuß, B./Maykus, S. (Hrsg.) (2004): Handbuch Kooperation von Jugendhilfe und Schule. Berlin: Eigenverlag des Deutschen Vereins für öffentliche und private Fürsorge

Härtling, P. (1977): Rede zum 30jährigen Bestehen der Österreichischen Jugendschriftenkommission. In: Werkstattbuch P. Härtling. Weinheim: Beltz

Hellbrügge & Montessori M. sen. (1978): Die Montessori-Pädagogik und das behinderte Kind. Referate und Ergebnisse des 18. Montessori-Kongresses. München: Kindler

HFL-Team. Bamberger Buchstabengeschichten für Vorschulkinder im Kindergarten. Martin-Wiesend-Schule. Bamberg

Hoelscher, Gerald R. (1994): Kind und Computer. Springer Verlag, Berlin; Heidelberg

Hüther, G. (1999): Biologie der Angst. Wie aus Stress Gefühle werden. Göttingen: Vandenhoek & Ruprecht 2004

Iben, G. (1968): Kinder am Rande der Gesellschaft. München: Juventa

Iben, G. (2002): Förderung sozialbenachteiligter Kinder und Jugendlicher. In: Butterwegge/Klundt (Hrsg.): Kinderarmut und Generationengerechtigkeit. Opladen 2002

Iben, G. (Hrsg.) (1980): Soziales Lernen. Praxishefte für Erzieher. Ravensburg

Iben, G. (Hrsg.) (1992): Erzieheralltag. Situatives Lernen mit sozialbenachteiligten Kindern. Mainz: Grünewald

Iben, G. (Hrsg.) (1996): Dialogische Heilpädagogik. Hammersbach

Iben, G. (Hrsg.) (1998): Kindheit und Armut. Analysen und Projekte. Münster: Lit

Jansen, H., Mannhaupt, G., Marx, H. & Skowronek, H. (1999): Bielefelder Screening zur Früherkennung von Lese- und Schreibschwierigkeiten. Göttingen: Hogrefe

Jansen, B. (2002): Arbeitsbögen zum Kieler Rechtschreibaufbau. Kiel: Veris

Katzenbach, D. (1997): Kompetentes Lernen am Computer. Psychoanalytische Aspekte der Computerfaszination und didaktische Konsequenzen für den Unterricht. In: Geistige Behinderung, 36:2, 158–169

Katzenbach, D. (1999): „Die schlimmste Zeit meines Lebens". Das Leiden am Referendariat: (Wie) kann Supervision hier helfen? In: Pädagogik, 51:10, 49–53

Katzenbach, D. (1999): Computer und Psyche – Technologisierung des Inneren? In: Lamers, W. (Hrsg.) (1999): Computer und Informationstechnologie. Geistigbehindertenpädagogische Perspektiven. Düsseldorf: Verlag Selbstbestimmtes Leben

Katzenbach, D. (2004): Wenn das Lernen zu riskant wird. Anmerkungen zu den emotionalen Grundlagen des Lernens. In: Dammasch, F./Katzenbach, D. (Hrsg.) (2004): Lernen und Lernstörungen bei Kindern und Jugendlichen. Frankfurt: Brandes & Apsel

Katzenbach, D. (2005): Braucht die Inklusionspädagogik sonderpädagogische Kompetenz? In: Geiling, U./Hinz, A. (Hrsg.) (2005): Integrationspädagogik im Diskurs. Auf dem Weg zu einer inklusiven Pädagogik? Bad Heilbrunn: Klinkhardt

Katzenbach, D. (2005): Zwischen Professionalisierung und Entlastung. Supervision mit ReferendarInnen für das Lehramt. In: Die Deutsche Schule, 97:1, S. 49–64

Katzenbach, D. & Iben, G. & Rössel, D. (WS 2004/05): Reader zum Projekt: Soziale Benachteiligung, Analphabetismus und Medienkompetenz

Klein, G. (2001): Sozialer Hintergrund und Schullaufbahn von Lernbehinderten/Förderschülern 1969 und 1997. In: Zeitschrift für Heilpädagogik, 52:2, 51–61

Klicpera, C. & Gasteiger-Klicpera, B. (1998): Psychologie der Lese- und Schreibschwierigkeiten. Entwicklung, Ursachen, Förderung. Weinheim: Psychologie Verlags Union

Klicpera, C. & Schabmann, A. & Gasteiger-Klicpera B. (2003): Legasthenie. München: Reinhardt

KMK (Sekretariat der Ständigen Konferenz der Kultusminister) (Hrsg.) (2006): Sonderpädagogische Förderung in den Schulen 1994–2003. Bonn [Download: http://www.kmk.org/statist/ Dokumentation177.pdf am 16.05.06]

Kornmann, R./Klingele, C./Iriogbe-Ganninger, J. (1997): Zur Überrepräsentation ausländischer Kinder und Jugendlicher in Schulen für Lernbehinderte: Der alarmierende Trend hält an! In: Zeitschrift für Heilpädagogik, 48:5, 203–207

Kretschmann, R. (1998): Erlebnisbezogene Lese- und Schreibförderung. Perspektivenwechsel in der Lese- und Schreibdidaktik. In: Zeitschrift für Heilpädagogik, 49:7, 306 ff.

Kretschmann, R. (1999): Prozessdiagnose der Schriftsprachkompetenz in den Schuljahren 1 und 2. Horneburg: Persen

Krug, W. (2000): Lese-/rechtschreibschwache Kinder erfolgreich pädagogisch therapieren. Berlin: trainmedia

Krumenacker, F.-J. (Hrsg.) (2004): Sozialpädagosische Diagnosen in der Praxis. Erfahrungen und Perspektiven. Weinheim, München: Juventa

Küspert, P. & Schneider, W. (1999): Hören, lauschen, lernen. Sprachspiele für Kinder im Vorschulalter. Würzburger Trainingsprogramm zur Vorbereitung auf den Erwerb der Schriftsprache. Göttingen: Vandenhoeck & Ruprecht

Küspert, P., Schneider, W., Roth, E. (1996): Trainingsprogramm zur phonologischen Bewusstheit. Forschungsprojekt. Universität Würzburg

Kutter, P. (1994): Spiegelungen und Übertragungen in der Supervision. In: Pühl, H. (Hrsg.) (1994): Handbuch der Supervision 2. Berlin: Marhold

Leber, A. (1976): Rückzug oder Rache. Überlegungen zu unterschiedlichen milieuabhängigen Folgen früher Kränkung und Wut. In: Leber, A. et al. (Hrsg.) (1983): Reproduktion der frühen Erfahrung. Frankfurt/Main: Fachbuchhandlung für Psychologie

Leßmann, B. (1998): Schreiben und Rechtschreiben. Ein Praxisbuch zum individuellen Rechtschreibtraining. Heinsberg: Dieck

Luder, R. (2003): Neue Medien im heil- und sonderpädagogischen Unterricht. In: Beiträge zur Heil- und Sonderpädagogik, Haupt Verlag, Stuttgart

Martens, R. (2005): Erste quantitative Bilanz nach Hartz IV: Jedes siebte Kind lebt auf Sozialhilfe-Niveau. In: Soziale Sicherheit, Heft 9, S. 282–291

Martschinke, S. & Kirschhock, E. & Frank, A. (2002): Diagnose und Förderung im Schriftspracherwerb. Der Rundgang durch Hörhausen. Erhebungsverfahren zur phonologischen Bewusstheit. Band 1. Donauwörth: Auer

May, P. (1987): Diagnose orthographischer Kompetenz. Zur Erfassung der grundlegenden Rechtschreibstrategien mit der Hamburger Schreibprobe. Hamburg

Maykus, S. (2004): Kooperation von Lehrern und Sozialpädagogen – regulierte Machtverhältnisse als Voraussetzung und Ergebnis einer funktionalen Kooperationsstruktur und -kultur? In: Hartnuß/Maykus (Hrsg.) (2004)

Mayring, Ph. (2003): Qualitative Inhaltsanalyse: Grundlagen und Techniken. Weinheim: Beltz

Meiers, K. (2000): Schrift gebrauchen lernen – ein schwieriger Prozess!? Pädagogische Leitlinien im Förderunterricht. Berlin: trainmedia

Mikos, L. & Wiedemann, D. (2000): Aufwachsen in der „Mediengesellschaft" und die Notwendigkeit der Förderung von Medienkompetenz. In: Richter, K. & Riemann, S. (Hrsg.): Kinder Literatur „neue" Medien. Diskussionsforum Deutsch. Band 1. Hohengeren: Schneider

Mollenhauer, K./Uhlendorff, U. (1992): Sozialpädagogische Diagnosen I. Über Jugendliche in schwierigen Lebenslagen. Weinheim, München: Juventa 2004

Mollenhauer, K./Uhlendorff, U. (1995): Sozialpädagogische Diagnosen II. Selbstdeutungen verhaltensschwieriger Jugendlicher als empirische Grundlage für Erziehungspläne. Weinheim, München: Juventa 2000

Mollenhauer, K./Uhlendorff, U. (1997): Sozialpädagogische Diagnosen III. Ein sozialpädagogisch-hermeneutisches Diagnoseverfahren für die Hilfeplanung. Weinheim, München: Juventa 2001

Müller, B. (2004): Handlungskompetenz in der Schulsozialarbeit – Methoden und Arbeitsprinzipien. In: Hartnuß/Maykus (Hrsg.) (2004)

Naegele, I. M./Valtin, R. (Hrsg.) (2000): LRS in den Klassen 1–10. Handbuch der Lese-Rechtschreibschwierigkeiten. Band 2: Schulische Förderung und außerschulische Therapien. Weinheim; Basel: Beltz

Naegele, I. (2001): Schulschwierigkeiten in Lesen, Rechtschreibung und Rechnen. Vorbeugen, verstehen, helfen. Ein Elternhandbuch. Weinheim: Beltz

Nickel, S. (2001): Prävention von Analphabetismus: vor, in, nach und neben der Schule. In: Alfa-Forum. Zeitschrift für Alphabetisierung und Grundbildung. Heft 47/2001

Nickel, S. (2002): Funktionaler Analphabetismus – Ursachen und Lösungsansätze hier und anderswo. Vortrag Universität Bremen. Im Reader zum Projekt. Soziale Benachteiligung, Analphabetismus und Medienkompetenz. WS 2004/2005

Nöstlinger, C. (1989): Wenn Ansichten Einsichten werden. In: 1001&1Buch. Zeitschrift für Kinder und Jugendliteratur

Oevermann, U. (1996): Theoretische Skizze einer revidierten Theorie professionalisierten Handelns. In: Combe, A./Helsper, W. (1996): Pädagogische Professionalität. Untersuchungen zum Typus pädagogischen Handelns. Frankfurt: Suhrkamp

Oevermann, U. (2002): Professionalisierungsbedürftigkeit und Professionalisiertheit pädagogischen Handelns. In: Kraul/Marotzki/Schweppe (Hrsg.): Biographie und Profession, Bad Heilbrunn: Klinkhardt, 2002, S. 19–63

Penner, Z. (2004): Forschung für die Praxis. Neue Wege der Intervention bei Kindern mit Spracherwerbsstörungen. In: Forum Logopädie 2004, 6/18

Penner, Z. (2004): Sprachliche Frühförderung als Chance: Über Lern- und Lehrpotenzial im Kindergarten. Konstanz: Kon-Lab

Penner, Z. (2005): Auf dem Weg zur Sprachkompetenz. Neue Perspektiven der sprachlichen Frühförderung bei Migrantenkindern. Ein Arbeitsbuch. Konstanz: Kon-Lab

Pieper, I./Rosebrock, C./Wirthwein, H./Volz, S. (2004): Lesesozialisation in schriftfernen Lebenswelten. Lektüre und Mediengebrauch von HauptschülerInnen. Weinheim, München: Juventa

PISA-Konsortium Deutschland (Hrsg.) (2002): PISA 2000 – Die Länder der Bundesrepublik Deutschland im Vergleich. Zusammenfassung zentraler Befunde. Berlin: Max-Planck-Institut für Bildungsforschung

PISA-Konsortium Deutschland (Hrsg.) (2004): PISA 2003. Der Bildungsstand der Jugendlichen in Deutschland – Ergebnisse des zweiten internationalen Vergleichs. Münster: Waxmann

Pressler, M. (2000): Lesen oder Zuschauen. In: Richter, K. & Riemann, S. (Hrsg.). Kinder Literatur „neue" Medien. Diskussionsforum Deutsch. Band 1. Hohengeren: Schneider

Rathenow, P. (1989): Lesen ist auch Familiensache. In: Naegele, I. & Valtin, R. (Hrsg.): LRS-Legasthenie – in den Klassen 1–10. Band 1. Weinheim: Beltz

Reichen, J. (1988): Lesen durch Schreiben. Wie Kinder selbstgesteuert lesen lernen. Zürich: SABE, Verlagsinstitut für Lehrmittel

Reiser, H. (1997): Lern- und Verhaltensstörungen als gemeinsame Aufgabe von Grundschul- und Sonderpädagogik unter dem Aspekt der pädagogischen Selektion. In: Zeitschrift für Heilpädagogik, 48, 266–275

Reiser, H. (1998): Sonderpädagogik als Service-Leistung? In: Zeitschrift für Heilpädagogik, 49, 46–54

Reiser, H. (2006): Psychoanalytisch-systemische Pädagogik: Erziehung auf Grundlage der Themenzentrierten Interaktion. Stuttgart: Kohlhammer

Richter, K. & Riemann, S. (1999): Märchen, Zeichentrick und Daily Soaps. Interessen und Vorlieben von Fünftklässlern. In: Deutschunterricht 1999

Schneider, W. et al. (1998): Kurz- und langfristige Effekte eines Trainings der sprachlichen (phonologischen) Bewusstheit bei unterschiedlichen Leistungsgruppen: Befunde einer Sekundäranalyse. In: Zeitschrift für Entwicklungspsychologie und Pädagogische Psychologie 30:1, 26–39

Schründer-Lenzen, A. (2004): Schriftspracherwerb und Unterricht. Bausteine professionellen Handlungswissens. Opladen: Leske + Budrich

Schumann, M./Sach, A./Schumann, T. (2004): Wissenschaftliche Evaluation der Schulsozialarbeit (SIS) an der Ernst-Reuter-Schule II in Frankfurt aus der Nutzerperspektive – Zwischenbericht. Universität Siegen: Zentrum für Planung und Evaluation Sozialer Dienste

Spitta, G. (1988): Kinder schreiben eigene Texte: Klasse 1 und 2. Frankfurt

Spitta, G. (2001): Gut zu wissen: 12 Tipps zum Verbinden von freiem Schreiben und Rechtschreibenlernen. In: Die Grundschulzeitschrift. Heft 144/2001. S. 9–13

Spitzer, M. (2002): Lernen. Gehirnforschung und die Schule des Lebens. Heidelberg: Spektrum

Straßburg, H. M. (2000): Zentrale Sprachentwicklungsstörungen bei Kindern aus Sicht des Neuropädiaters. Die Sprachheilarbeit Jg. 45 (3), S. 100–107

Straub, S. (2004): „Hauptsache, die Kinder kommen gerne zur Schule!"? – Eine fachdidaktische Perspektive zum Umgang mit Schwierigkeiten beim Schriftspracherwerb. In: Dammasch/Katzenbach (Hrsg.) (2004)

Straus, F. (2002): Netzwerkanalysen. Gemeindepsychologische Perspektiven für Forschung und Praxis. Wiesbaden: Deutscher Universitätsverlag GmbH

Szagun, G. (1991): Sprachentwicklung beim Kind. Eine Einführung. München: Psychologie Verlags Union

Trescher, H.-G. (1985): Theorie und Praxis der Psychoanalytischen Pädagogik. Frankfurt/Main: Campus

Urbanek, R. (1994): Rechtschreiben lernen und lehren. Bochum: RS-Papier

Välijärvi, J. (2003): The System and How Does It Work – Some Curricular ans Pedagogical Characteristics of the Finnish Comprehensive School. In: Education Journal, 31:2 & 32:1

Wendlandt, W. (2000): Sprachstörungen im Kindesalter. Stuttgart: Thieme

Wocken (2005): Andere Länder, andere Schüler? Vergleichende Untersuchungen von Förderschülern in den Bundesländern Brandenburg, Hamburg und Niedersachen. Potsdam (Forschungsbericht) [Download unter http://bidok.uibk.ac.at/library/wocken-forschungsbericht.html, 07.05.06]

Wocken, H. (2000): Leistung, Intelligenz und Sociallage von Schülern mit Lernbehinderungen. In: Zeitschrift für Heilpädagogik, 51:12, 492–503

Internetquellen

http://www.linse.uni-essen.de/esel/comp_lern.htm
http://www.tu-berlin.de/fb2/lbd/clw/forsch/literatu/text26/text26.htm
http://www.alphabetisierung.de/Nickel_-_Computer_beim_SSE_BB.pdf

Die Autoren

Waltraud Bouda, geb. 1957. Heilpädagogische Lehrerin einer Schule zur Sprachförderung und am Institut für Orthographie und Schreibtechnik für Grund- und Hauptschüler mit LRS.

Gerd Iben, geb. 1932. Prof. Dr. em. Institut für Sonderpädagogik der Johann Wolfgang Goethe-Universität Frankfurt am Main seit 1972, Sozial- und Sonderpädagogik. Schwerpunkte: Randgruppenarbeit, Wohnungsnot und Stadtentwicklung, Gemeinwesenarbeit und Gemeinsinn. Didaktik lebensweltorientierter Förderansätze.

Dieter Katzenbach, geb. 1960. Dr. phil. Sonderschullehrer und Dipl.-Pädagoge. Nach der Promotion Tätigkeiten in Einrichtungen der Behindertenhilfe und der Schule für Praktisch Bildbare. Er hat heute eine Professur für Erziehungswissenschaft mit dem Schwerpunkt Geistigbehindertenpädagogik an der Johann Wolfgang Goethe-Universität Frankfurt am Main inne. Forschungsschwerpunkte sind u. a. psychodynamische Aspekte der Genese von Lernstörungen, der Gemeinsame Unterricht behinderter und nichtbehinderter Kinder und Jugendlicher sowie der Einsatz der Neuen Medien in der sonderpädagogischen Förderung.

Heinz Martin, geb. 1971. Student des Lehramtes für Sonderschulen, langjährige Erfahrungen in der Jugendarbeit.

Virginia Peters, geb. 1982. Studentin des Lehramts für Förderschulen und Magisters für Erziehungswissenschaften und Soziologie, mehrjährige Erfahrungen durch Tätigkeiten als Betreuerin und Förderin von Kindern und Jugendlichen allen Altersstufen (Druckvorbereitung und Layout).

Dominique Rössel, geb. 1969. Dipl. Pädagogin, Weiterqualifizierung in systematischer Familientherapie, Praxiserfahrung mit Kindern mit Leseproblemen, wissenschaftliche Mitarbeiterin und Supervisorin im Forschungsprojekt „Soziale Benachteiligung, Analphabetismus und Medienkompetenz".

Es haben als FörderInnen im Projekt „Soziale Benachteiligung, Analphabetismus und Medienkompetenz" mitgewirkt: Barbara Abraham, Viola Boi, Beate Feyerabend, Janine Hartwig, Markus Kahlert, Julia König, Steffen König, Annica Maier, Valerie Mersemann, Lotte Müller, Ulrike Rümker, Irina Scheidel, Frauke Schick, Jeannette Schölzel-Blancke, Janine Sothmann, Sara Steinmetz, Tanja Swetlitschkin, Matthias Terp, Catrin Trageser, Christian Wagner.

Wilfried Schubarth

Gewalt und Mobbing an Schulen

Möglichkeiten der Prävention und Intervention

2010. 208 Seiten. Kart. € 24,-
ISBN 978-3-17-020529-1

„Gewalt an Schulen" ist ein emotional besetztes Thema in der öffentlichen Diskussion. Umso notwendiger ist eine sachliche und empirisch fundierte Auseinandersetzung. Das Buch gibt einen Überblick über Ausmaß, Erscheinungsformen und Ursachen von Gewalt und Mobbing an Schulen sowie über Möglichkeiten der Prävention bzw. Intervention. Es verbindet systematisch die Analyse der schulischen Gewaltphänomene mit Ansätzen der Gewaltprävention bzw. -intervention. Ein Schwerpunkt liegt dabei auf den schulischen Präventions- und Interventionsprogrammen, die einer kritischen Bewertung unterzogen werden. Der interdisziplinär angelegte Band, der Erkenntnisse der Erziehungswissenschaft, Psychologie und Soziologie integriert, verknüpft Ergebnisse der Gewaltforschung mit Anforderungen an eine moderne Präventionsarbeit im Kontext einer Schul- und Bildungsreform. Die systematische und kompakte Darstellung mit Übersichten und Wiederholungsfragen macht den Band zu einer unverzichtbaren Orientierungs- und Arbeitshilfe.

W. Kohlhammer GmbH · 70549 Stuttgart
Tel. 0711/7863 - 7280 · Fax 0711/7863 - 8430 · www.kohlhammer.de

Werner Kany/
Hermann Schöler

Diagnostik schulischer Lern- und Leistungsschwierigkeiten

Ein Leitfaden

2009. 260 Seiten. Kart. € 28,-
ISBN 978-3-17-020615-1

Diagnostik zählt nicht nur in der Medizin und Psychologie zu den grundlegenden Aufgabenfeldern. Auch in der Pädagogik ist die Diagnostik ein zentrales Instrument der Begutachtung. Besonders Grund- und Sonderschullehrer sollen damit Fragen zur Schulfähigkeit, zum Förderbedarf oder zum Leistungsstand etwa im Bereich schriftsprachlicher (Lesen/Rechtschreiben) und mathematischer Fertigkeiten beantworten. Das Buch klärt zunächst, zu welchem Zeitpunkt und bei welchen Entwicklungs- und Leistungsrückständen Diagnostik notwendig wird. Dann werden diagnostische Methoden wie Beobachtung, Befragung und standardisierte Testverfahren vorgestellt. Im Mittelpunkt stehen anschließend die nach Entwicklungsbereichen (Kognition, Sprache, Wahrnehmung usw.) geordneten Kurzdarstellungen der Verfahren, die sich zur Bestimmung des Entwicklungs- und Leistungsstandes eignen. Ein abschließendes Kapitel vermittelt die Standards bei der Abfassung der sonderpädagogischen Gutachten.